THE MAN WHO BROKE CAPITALISM

How Jack Welch Gutted the Heartland
and Crushed the Soul of Corporate America
—and How to Undo His Legacy

韦尔奇陷阱

美国资本主义崩坏之源

DAVID GELLES

〔美〕**大卫·盖勒斯** 著

谭媛媛 译

中国出版集团 东方出版中心

图书在版编目（CIP）数据

韦尔奇陷阱 ：美国资本主义崩坏之源 /（美）大卫
· 盖勒斯（David Gelles）著 ；谭媛媛译. -- 上海 ：
东方出版中心，2025. 1. -- ISBN 978-7-5473-2660-2

I. F471. 266

中国国家版本馆 CIP 数据核字第 2025CH0645 号

上海市版权局著作权合同登记：图字 09-2024-0880 号

韦尔奇陷阱：美国资本主义崩坏之源

著　　者　[美]大卫·盖勒斯
译　　者　谭媛媛
策　　划　陈义望
责任编辑　周心怡
特约编辑　陶媛媛
装帧设计　钱　珺

出 版 人　陈义望
出版发行　东方出版中心
地　　址　上海市仙霞路 345 号
邮政编码　200336
电　　话　021-62417400
印 刷 者　山东临沂新华印刷物流集团有限责任公司

开　　本　889 mm×1194 mm　1/32
印　　张　10.25
字　　数　188 千字
版　　次　2025 年 4 月第 1 版
印　　次　2025 年 4 月第 1 次印刷
定　　价　59.00 元

出版说明

本书首次出版于 2022 年的纽约。杰克·韦尔奇登上历史舞台四十多年之后,本书所持有的观点仍属于少数派。在赞美这位美国商业奇才的书籍大量涌现的今天,本书并非故作惊人之语,而是通过调查、采访、案例梳理与数据分析,以不同于大多数媒介通常采用的材料与叙事方式,讲解了美国式资本主义的过去、现在及其可能的未来。为使中文读者多角度地了解这位曾开创多项"第一次"的职业经理人,了解发达的现代高级金融和企业谎言公关的复杂运作如何腐蚀了资本主义实体产业的根基,特引进出版本书。

谨以此书献给我的家人
感谢他们为我所做的一切

目 录

前　言

　　要理解一种文明，先观察他们的英雄。古埃及人美化法老是居于人神之间的中介；罗马人颂扬他们的将军以武力征伐，扩张了帝国版图；希腊人为他们的哲学家一直在探求真理而骄傲。还有一些伟大的文明是被他们的诗人、画家、雕刻家和音乐家定义的。最近，探险家、科学家和民权运动领袖成了这个时代的标志性人物。我们的英雄折射出我们的集体愿望，暗示了我们最深切的渴望、最理想化的行为方式和对整个社会而言最重要的东西。英雄改变了历史发展的轨迹，即使早已离世，也依然在定义着他们所处的时代，影响着诸多事件。再过几十年，当未来的人类学家试图去理解当下这个时刻的美国人正在经历什么、试图靠观察我们的偶像去探查我们优先考虑的事项时，他们将不得不面对一个令人迷惑却无法否认的事实：在美国，我们崇拜老板。

　　我们把首席执行官捧上神坛，授权他们可以广泛、自由地影响国家话语，赋予他们巨大的财富却免于承担责任。我们公开赞美企业家和风险资本家的头脑是多么出众，颂扬他们取得的业绩，庆祝股东价值增长，仿佛那是了不起的重大医学突破。我们把最有钱的人捧成道德权威，让首席执行官取代宗教领袖和哲学家，让他们在一系列令人忧心的政治和社会议题上影响共识。我们选举亿万富豪当市长，选举私募大佬当参议员，让隐形垄断主义者成了最知名的慈善家。定期民调显示，公众对首席执行官的信任超过了政治家和神父，对企业的信赖超过了政府。我们如此坚定地信任老板，甚至选出了一个在电视上扮演成功商人的失败者当美国总统。

然而，即便后果如此糟糕，即便我们的英雄是骗子，我们仍想要更多骗子。怎么可能不想要？这个国家是靠不停的折腾和庞大的经济体量而强大起来的，工业巨头象征了美国式成功。首席执行官就像一任又一任美国总统，带领我们从一个时期走进下一个时期——铁路大佬和强盗大亨让位给了产业资本家，产业资本家让位给了传媒巨头，传媒巨头让位给了金融家，金融家让位给了科技新贵……但即使在这个成功商人处处吃香的社会，也还是有一个首席执行官凌驾于所有成功商人之上，一个活着的时候被尊为文化英雄和经济学英雄的首席执行官、一个从根本上改变了世界且死后仍在影响世界的首席执行官、一个抓住并利用时代潮流之变改写了经济学法则的首席执行官，他就是杰克·韦尔奇。

1981 年至 2001 年，韦尔奇担任通用电气董事长兼首席执行官。在这二十年里，世界被塑造成了我们今天所熟悉的模样，韦尔奇对美国的资本主义施加了绝无仅有的影响。在职业生涯的全盛期，他作为美国顶尖企业的领导者被誉为有远见卓识之人士。他预判了即将到来的全球化，迅速改造了通用电气公司，使之加入全球化竞争。他把握趋势，适时推动通用电气进军媒体和金融业。最重要的是，他深谙股市运作，利用通用电气公司自身的强大实力和复杂特性，给幸好持有该公司股票的人发奖金。他能让公司的财务数据变得亮眼，这是无可否认的。他在任时，通用电气官方公布股价年均涨幅高达 21%，远超同样处于历史性大牛市的其他世界 500 强企业。他刚接手通用电气时，公司总市值 140 亿美元，二十年后达到 6000 亿美元，成为全球市值最高的上市公司。

物质上的成功遮蔽了阴暗的真相。韦尔奇并不是一个有良好教养、商业判断力强、人品好的管理者，虽然他希望我们这样看待他。他也不是一个交易技巧高超、高尔夫球技出众的职业经理人。相反，他贪权又贪财，更像是一个不惜一切代价追求利润最大化的意识形态破坏者。他在通用电气实施的变革将托马斯·爱迪生创办的这家企业从以高品质工程和卓越解决方案而闻名的可敬工业巨头变为一家漠视员工利益、沉迷于短期利润的庞大的跨国集团。大家都跟他学。

韦尔奇上台前的五十年里，美国企业、员工和政府之间保持着某种相对和谐的平衡——几乎所有企业都会付给员工体面的薪资，员工则会付出劳动时间；人人依法纳税；行业规范被视为必要的安全保障；政府持续投资教育和基础设施。

这种平衡虽然不完美，而且存在一些不平等，但在 20 世纪的绝大多数时段行之有效，促进了经济多元化蓬勃发展，也促进了美国中产阶层的崛起。

进入 20 世纪 70 年代，这一秩序遭受抨击。以米尔顿·弗里德曼①为首的一批经济学家重新定义了企业的宗旨及其社会角色，为推翻既有的经济秩序铺垫了理论基础。在他们看来，企业应不惜一切代价地实现股东收益最大化，市场应该是完全自由的，政府应该滚得远远的，除了股东以外的其他所有社会人都应该学会自我照顾。这批经济学家的观点是对第二次世界大战以来经济平衡的诅咒，因这种秩序看起来运行良好，所以他们的言论起初并未引起关注。实际上，不受监管的市场、利润至上的世界这种梦想实在过于极端，以致在接下来的十年里几乎完全停留在理论层面。那些年，相关的政策文件、学术论文和演讲都出现了，这一理论的主要支持者也开始进入权力阶层。但直到 1981 年，仍没有一个人能真正利用这种理论，没有一个人得逞。此时，韦尔奇登场了。

韦尔奇接管通用电气公司时不可避免地受到了一些干扰。每位首席执行官都想给手下的企业打上自己的专属印记，况且当时通用电气正处在一个飞速变化的世界里，迫于形势，

---

① 米尔顿·弗里德曼（Milton Friedman，1912—2006），出身于美国犹太家庭，芝加哥经济学派领军人，美国财政部前顾问，1976 年获诺贝尔经济学奖。（除特别标注外，本书所有注释均为原注）——译注

不得不接受整改，无论是由谁来接管。美国企业骄傲自满，海外竞争日趋激烈，新的科技正在改变一切，从塑料业到银行业。为了应对挑战，韦尔奇决定带领通用电气公司——第二次世界大战后仁心雇主的象征——转向全新赛道。他欣然接受右翼激进经济学派制定的策略，设计了一套唯利是图的独家手段，彻底改造了通用电气。

在这场改造中，韦尔奇使用了三个主要工具：裁员、并购和金融化。让他名声大噪的是头一个。一上任，他就进行一系列大规模裁员，破坏美国劳工阶层的稳定性。数十年来，人们一直以为只要能入职通用电气这样的企业总是能干到退休的。但在韦尔奇看来，这完全不可接受。他认为企业应该忠于工人的想法很可笑，并采取行动，让工人们终于相信，通用电气除了结清前一日的薪水就不欠他们什么了。他裁掉了数千名员工，坚信只要人员减少了就是划算的。毕竟他算计的是：员工越少，劳动成本就越低，利润就越丰厚，公司股价就越高。为了规范劳资之间新型的买卖关系，韦尔奇很快制定了一项俗称"评级与解雇"的新政策——经理们每年都要给下属做排名，末位的 10% 将被解雇。

不能直接开除员工时，韦尔奇就想出其他招数，设法让通用电气推卸掉作为雇主所应承担的责任。他大力推行外包政策，把数千名工会员工的岗位转移到海外如墨西哥等国，因为海外劳动力更低廉。他沉迷于外包，连会计、文印等行政工作也都外包。这些做法为他赢得"中子杰克"的绰号，典出中子弹，据称这种炸弹能在保持建筑物完整的情况下把人杀死。韦尔奇滥用裁员的行径被员工称为"反忠诚运动"，这从根本上改变了通用电气，它不再是模范雇主，不再是持续培养一代又一代机械工程师的企业，而是连长期雇员都会在临近退休时被突然辞退的地方——这里最看重的不再是员工的素质，而是代表利润的数据。

韦尔奇将通用电气打造成全球最高市值企业的第二个主要武器是并购。经过一系列令人眼花缭乱的并购操作，他将通用电气从一家自豪的美国制造商变成一台各项业务互不相干的现金收割机，引发并购狂潮——影响范围远超通用电气本身，辐射各行各业，从传媒到金融，业务更集群化，也更缺乏竞争性。韦尔奇在任时的通用电气完成了近 1000 笔并购交易①，斥资 1300 亿美元买入，要价 106 亿美元卖掉，共涉及 408 项业务。有史以来，从未有一家企业这么迅速地完成了这么多次交易，其中最大一笔交易导致通用电气与其工业根基脱钩断链。这些交易往往是灾难性的。有时，韦尔奇把买入的企业迅速分拆再分散卖掉。虽然并购结果并不理想，却助力韦尔奇实现了几个更大的目标。他想让通用电气旗下的

---

① 参见马特·莫瑞（Matt Murray）2001 年 9 月 5 日发表在《华尔街日报》的文章《为何杰克·韦尔奇的领导力对全球企业至关重要》（"Why Jack Welch's Leadership Matters to Businesses World-Wide"）。详见：https://www.wsj.com

每项业务都是行业数一数二的，否则就会被抛弃。"要么修理，要么关掉，要么卖掉。"他说。他卖掉了很多公司，甚至卖掉了曾被视为通用电气身份标识的核心部分，来保住他认为利润最高的业务——即使这些业务与通用电气的传统制造业务毫不相关。他靠无情的收购淘汰竞争对手，整合行业资源，攫取市场份额，推动通用电气向所有可能的领域扩张。

韦尔奇精通的第三种黑暗艺术是金融化。他上台时，通用电气是一家工业企业；他退休时，该公司绝大部分利润来自通用电气金融公司，本质上是一家不受监管的银行巨头。韦尔奇让该公司以各种方式涉足风险债务工具、保险产品和信用卡等业务，金融业务最终成了通用电气的重中之重，营业收入占比为40%，利润占比为60%。对韦尔奇来说，靠金融戏法挣钱比靠制造高质量产品挣钱更轻松，成本也更低。大量资金流向了金融业务，韦尔奇利用资金优势，在全球子公司形成的庞大网络中大玩数字游戏，曾连续近八十个季度随意调取数据，以迎合或打击股票分析师的评估——这种手法前所未有。利用不光彩的金融模型实现目标收益，模型藏在黑箱之中，信息披露极为受限，公众几乎不知道通用电气内部是如何运作的。然而一个季度接着一个季度，通用电气的利润却源源不断，然后韦尔奇进行大量回购与分红，把这些钱发放给股东。

以上三种手法——裁员、并购和金融化——都是为了实现韦尔奇的同一个目标：让他的投资人无休止地增加财富。如果达成这一目标意味着要砍掉成百上千个工作岗位，那也只能这样；如果达成这一目标意味着把要买入的公司分拆再零卖，只能说"这就是生活"[①]；如果达成这一目标意味着财务造假，那又有什么坏处？韦尔奇爱财，是的。他想让通用电气尽可能地盈利。但若将韦尔奇的动机简单归纳为贪婪，未免失之偏颇。他是被一股舍我其谁的野心、一股想让通用电气名垂史册的欲望迷了心窍。他相信自己有技巧、有手段、有神权[②]，能把通用电气打造成有史以来最强大的盈利机器，对所有质疑、妨碍或者不能帮他无休止地追求财务辉煌的人都怀有极端偏见。他是米尔顿·弗里德曼倡导的股东至上论的具体落实者，二十年来，他所做的一切几乎都奏效了。通用电气成了全球市值最高的企业，通用电气的股东个个有钱有势，韦尔奇被奉为有史以来最伟大的首席执行官。

一路走来，韦尔奇抬高了首席执行官的作用。以前的首席执行官只是经理人，如今更像是大众偶像，追逐着镁光灯，深谙自我推销的艺术。商业媒体崇拜韦尔奇，他的犀利眼神

---

① 此处原文为法文 c'est la vie。——译注
② 神权（divine right），原为宗教概念，认为神授予国王不受世俗法律约束的特权。此处特指资本的神权。美国学者莫乔利·凯利（Marjorie Kelly）在《资本的神权》（Divine Right of Capital）中指出，这种特权利用了民主制度，为少数人服务。——译注

出现在各种杂志的封面上，通用电气的每一个举动都被详细追踪报道。商学院奉他为先知，把他的策略纳入案例分析和商业课程。华尔街分析师惊呼他有魔法般的才能，每个季报的数据都能如愿。韦尔奇没有创办过一家企业，没有发明过一项突破性的创新产品，却赚了数百万、数千万乃至数亿美元，个人净资产高达 10 亿美元，跻身《福布斯》杂志美国富豪前 400 名[1]。退休后，他入住特朗普国际大厦酒店的豪华套房、在米其林星级餐厅享用的美食、坐在赛场前排观看尼克斯队比赛的 NBA 球票……诸如此类的花销仍统统由通用电气埋单。他代表了美国人，代表了优质男性[2]资本主义，代表了穿细条纹西装、用战利品说话的征服者。他的业绩远超预期，拥有巨大的个人财富，其他经理人很难不想如法炮制。他的职业生涯辉煌落幕时，《财富》杂志封他为"世纪经理人"[3]。

　　在很长一段时间里，这种成功让韦尔奇在美国这个经济大国的核心圈具有高度影响力。绝大多数首席执行官只能风光数年，之后要么退休要么坐冷板凳。韦尔奇却从未受冷落。他掌管通用电气三十年，历经四任美国总统。他的任期始于

---

[1]　参见《福布斯》网站文章《韦尔奇放弃福利》（"Welch Walks Away From Perks"），详见：https://www.forbes.com
[2]　原文为 alpha-male，即所谓阿尔法男，原本用来描述动物种群中最强势的那只，后来引申为某群体中具有主导性、占据强势地位的男性。——译注
[3]　参见杰夫·科尔文（Geoff Colvin）发表在《财富》杂志的文章《最后的经理人》（"The Ultimate Manager"）。

里根政府的经济不平等时期，贯穿于克林顿政府的全球化与互联网经济泡沫破裂时期，正好结束在 2001 年"9·11"恐怖袭击发生数天前。他是第一个名流经理人，和总统打高尔夫，和电影明星交往密切。他的情感生活登上小报头条，他的天价薪酬在炫富式消费主义盛行的时代被人们津津乐道。他取得的巨大成功吸引了无数门徒，从事经理人这一行的整整一代人都试图模仿他的技巧、他的增长型策略和他的价值观。在所有人摸不着门道的时候，韦尔奇重新定义了企业应该如何衡量成功，为一代商业巨头制定了标准。

　　然而韦尔奇把通用电气打造成全球市值最高公司的同时，所采取的策略却最终毁掉了他所深爱的东西。退休后没多久，他的短期策略就让通用电气陷入螺旋式下滑；离任后仅数月，通用电气就显而易见地陷入大麻烦，没几年就四分五裂了；他亲手挑选的接班人试图照抄他的剧本来复制他的成功，却失败了。这都是因为韦尔奇在研发方面长期投资不足、通用电气无法持续推出创造性的新产品。频繁并购的交易习惯也招来一系列亏本买卖，亏损业务让通用电气承压更严重了，而它早就难以承受了。与此同时，金融业务却一味要求盈利增长，于是通用电气涉足次级抵押贷款业务，成了次级贷款的主要持有者，又赶上了 2008 年金融危机爆发。最糟糕的时候，通用电气靠奥巴马政府 1390 亿美元的救助和沃伦·巴菲特最后时刻的风投才免于破产。韦尔奇退休短短数年，通用

电气的股价就暴跌了 80%，成了道琼斯工业平均指数成分股
中表现最差的一支。终于，到了 2021 年，高管们宣布了一项
彻底拆分通用电气的计划，所有业务拆分成三家不同的公司，
韦尔奇想要征服世界的野心最终被抛弃了。

　　尽管通用电气崩盘给韦尔奇的遗产留下了污点，但他的
世界观今时今日仍影响着美国的大部分企业。半个世纪前他所
设计的那些套路至今仍有人使用，他所确定的优先级至今仍影
响着全美各地公司董事会的决策，他的门徒仍掌控着美国重
要的跨国集团。影响之深远，不仅证明了他本人的力量，也
证明了他所象征的——或称之为韦尔奇主义的——力量。盛
行于我们所处时代的这一权力动态有这样几个核心信念：企
业必须首先实现股东获利最大化；高管有权领取巨额薪酬但
只承担最小责任；普通员工领完最后一笔工资就什么都没有
了。韦尔奇主义将道德价值归功于物质上的成功，为百万富
翁经理人披上美德的外衣却几乎无视他们的行为。这种世界
观随着裁员、并购和金融化而到处肆虐。此外，韦尔奇主义
世界观对劳动力市场采取达尔文式态度，自以为是地认为，
不成功的人应该为自己的不幸而自责，底层的穷人终究是他
们命该如此。与韦尔奇主义最接近的历史概念或许是帝王统
治，昔日帝国与现代大企业在跨国影响力上有着可比性，在授
予其统治者绝对权力上有着相似的意愿，在压榨其臣民上也
有一致的偏好。区别在于，帝王统治基本上已经退出历史舞

台，韦尔奇主义却风靡当代。韦尔奇是四十多年前上台的，然而他的畸形世界观如今仍或多或少地影响着我们当下的经济。

韦尔奇在通用电气拥有一套宣传其新理念的完美组织体系。在 20 世纪的大部分时间里，通用电气的组织设计和高管培训体系都领先于行业，韦尔奇上任后也是如此。下属不仅研究他的手段，模仿他的习惯，领悟他的格言，还要去所谓的通用电气大学——校区绿树成荫，崭露头角的新星被送进来学门道，韦尔奇在这里用自己的价值观调教新一代商业领袖。时间流逝，这些执行官接管了波音、3M、霍尼韦尔、克莱斯勒、家得宝、艾伯森制药等数十家美国大企业，在那里培植自己的嫡系，把韦尔奇主义扩散到美国的所有企业。韦尔奇退休时，他的门徒掌管了 16 家上市公司。数年后，又有几家大企业任命其门徒为掌舵人——在这些企业里，拥有通用电气背景的首席执行官一上任就受到热烈欢迎，投资者都相信董事会新任命的当家人有着点石成金的能力。有时，这些高管的确实现了短期盈利，然而大多数在几个月或几年后就无可避免地失败了。

杰克·韦尔奇登场前后，美国都是有资本主义的，但韦尔奇的职业生涯像是一道分界线，界定了资本主义的前世今生。工资水平、并购数量、制造业就业岗位、工会代表人数、高管薪酬、公司税率等关键性经济指标的变化趋势清晰地显示，正是在 1981 年左右，也就是韦尔奇上台那一年，经济形势开始偏离正常轨道。

韦尔奇上台时，全美制造业就业岗位达到其峰值[1]——近两千万个，约占全职工作岗位的四分之一。当韦尔奇无情地启动削减成本与扩大外包计划后，这个数字就开始下滑，而且再也没有恢复。如今，全美制造业的就业岗位大约只有1980年的一半。

韦尔奇刚接手通用电气时，企业兼并与收购行为被视为反常的野心之举或绝望时的选项，尚不多见，1980年的全美并购总交易额仅数百亿美元。是韦尔奇改变了这一切。他上任后头几年，通用电气的并购交易激增，全美并购总交易额也不停地翻倍。他的任期结束时，全美并购交易额已连续三年超1.5万亿美元。

韦尔奇的律师团队绞尽脑汁，寻求在法律允许的框架内按最低标准向美国国税局报税。美国企业付给政府的税款份额逐年下滑。韦尔奇上任时，资本收益的有效纳税率为46%，二十年后跌至35%并持续下跌，如今仅为21%。

在韦尔奇任内，财富分配更集中化。他上台前，美国企业的利润基本上用于再投资或分发给工人，而不是回流给股东。1980年，美国企业在股票回购和分红上的花费不超过

---

[1]　参见凯特琳·哈里斯（Katelynn Harris）于2020年11月在美国劳工统计局网站发表的文章《制造业就业人数持续四十年下降》（"Forty years of falling manufacturing employment"）。详见：https://www.bls.gov

500 亿美元[1]。韦尔奇退休时，企业利润大部分流进股东和高管的腰包。2000 年，美国企业在股票回购和分红上的花费高达 3500 亿美元。

韦尔奇的天价薪酬方案开启了高管薪酬失控时代，从工人手中夺走财富，塞进高管的账号。1980 年，美国顶级公司的首席执行官平均薪酬为 185 万美元[2]；2000 年，这一数字高达 2100 万美元。韦尔奇上任时，首席执行官的薪酬不超过职工年薪的 50 倍；韦尔奇卸任时，薪酬悬殊高达 368 倍。换言之，自 1978 年起，首席执行官薪酬增幅为 940%。同时，劳工平均工资增幅为 12%。大规模裁员、疯狂并购、业务外包、金融化、高管天价薪酬——所有这些都是由韦尔奇在通用电气率先实施之后像老法师布道那样广为传播而成为流行做法。

韦尔奇死于 2020 年，他见证了这场大崩溃。他因通用电气的崩盘而烦心，为其他公司的不端行为而遗憾。他从不反思，不理会任何认为他可能对这场全国性灾难负有责任的意见。恰恰相反，退休后的他摇身一变，成了管理大师，为

---

[1]　参见标准普尔道琼斯工业指数 2016 年 4 月发表的文章《审视美国市场的股票回购和标准普尔回购指数》（"Examining Share Repurchasing and the S&P Buyback Indices in the U.S. Market"），曾力宇（音译，原名为 Liyu Zeng）撰文。

[2]　参见美国经济政策研究所 2019 年 8 月 14 日发表的劳伦斯·米歇尔（Lawrence Mishel）和朱莉娅·沃尔夫（Julia Wolfe）署名文章《CEO 的薪酬自 1978 年以来增长了 940%》（"CEO compensation has grown 940% since 1978"）。详见：https://www.epi.org/publication

新一代资本家支招，致力于把个人观念神化为绝对真理。他在《商业周刊》、路透社和《财富》杂志开专栏，接受《哈佛商业评论》采访，创办由杰克·韦尔奇管理学院提供的要价5万美元的在线 MBA 课程。他还写书、做演讲、上有线电视新闻、吹捧自己调教出来的高管并继续攻击税收政策和监管体系。

通常来说，一名首席执行官卸任后自吹自擂是无人在意的，但韦尔奇卸任后光环不减，他的言论仍有巨大的影响力。他在专家讨论会上诋毁劳工组织，在 CNBC（全美广播公司财经频道）的节目中赞美大规模裁员。总之，那就像是一场又持续了二十年的运动、一场把畸形资本观变成了行业标准的运动。这场运动在很大程度上产生了作用，这些极端的操作手段如今已随处可见。韦尔奇的商业方式能赢的神话仍继续存在。这么多年过去了，他的影响力改变了我们的经济形态，侵蚀了中产阶层，在曾经受尊敬的商业体系中埋下了怀疑的种子，挖空了美国税收底子，加剧了社会不平等。

工厂空荡荡，城市被掏空，大量劳动者失业——一切都被富有的统治阶层操控着——在这个国家引发了怀疑自己被剥夺了选举权的普遍感受，引发了某种易被煽动的混杂情绪，这种情绪为韦尔奇的朋友唐纳德·J.特朗普在政治上的崛起奠定了基础。韦尔奇与特朗普有数十年的交情。韦尔奇担任通用电气首席执行官时，通用金融就与特朗普展开了合作。

退休后，韦尔奇散布阴谋论，诋毁奥巴马政府和克林顿基金会。特朗普竞选总统时，韦尔奇为他摇旗呐喊。特朗普获胜后，韦尔奇歌颂他是领导人的楷模，并前往白宫就经济事务为新总统献计献策。

近年来，终于有一些商界领袖意识到韦尔奇主义造成的伤害。新一代管理者不再赞成不惜一切代价地追求利润最大化，重新承诺不仅服务于股东，也服务于所有的利益相关者，包括员工、社区和环境。他们意识到如果不付给劳工合理的薪酬去催生一个强大的中产阶层，那么经济必将陷入萧条。他们明白那些导致社区被污染且陷入贫困的企业将很快消亡。他们不再强调股票市场的重要性，甚至质疑起了对韦尔奇来说神圣不可侵犯的成功标准。

好的苗头显现。长年推行加剧收入不平等、破坏工会等政策的大企业忽然表示担忧职工所处的困境；几十年来游说政府放松环境监管的大集团如今开始应对气候变化，还出现了新的行业标准、新的资质认证甚至新的证券交易所来支持这项事业。这群觉醒的新工业领袖认为企业的宗旨不再是股东利益最大化，相反，首席执行官们把自己放在一个相互联系的整体之中，把自己作为这个整体的一部分来谈论事情——像半个世纪前韦尔奇还没登场时企业家们的做事方式。

消除韦尔奇主义将是一个艰巨的挑战。20世纪末的美国资本主义超级英雄韦尔奇在商业世界的集体想象中有着崇高的地位。即使在今时今日，他的方法造成的破坏性显而易见的情况下，他依然被奉为策略大师，在实现股东价值最大化、建立商业帝国这门艺术上无人能及。他开创的战术随处可见，他代表的价值观仍备受推崇，他调教的门徒在很多情况下仍掌握实权。他把职位移交给自己的忠实助手二十年了，而我们基本上仍生活在杰克·韦尔奇的世界里。

第一章　全世界最值钱的企业

"我打算炸掉玛丽王后号"

1980 年，美国正处于衰退时期。无论是在文化、政治还是经济层面，美国在之前十年里蒙受的一系列羞辱[①]似乎都在质疑还有没有美国例外论。越战爆发了，理查德·尼克松总统辞职了，股市持续低迷，通货膨胀不断攀升……举国上下弥漫着普遍的不满情绪，同时伴随着一个信念：必须作出重大改变了。那年 11 月，罗纳德·里根——步入政坛前曾在通用电气当过推销员——压倒性地击败了吉米·卡特，凭借"让美国再次伟大"这一口号，当选为第 40 任美国总统。这位新总统的经济政策——后来被称为"里根经济学"——优先考虑降税、放松监管并向华尔街示好，是一套使企业受益却让劳工受排挤的组合拳。

美国大企业的会议室里也在酝酿着一场变革。里根当选总统一个月之后，通用电气公司宣布，小约翰·弗朗西斯·韦尔奇将出任该公司下一任董事长兼首席执行官。这个

---

① 指 20 世纪 70 年代美国陷入低迷。——译注

野心勃勃的年轻人，一名列车员和一名家庭主妇的儿子韦尔奇，即将成为通用电气公司的第八任领导人，这家公司由托马斯·爱迪生创建于将近一百年前电气时代的破晓时分。

作为通用电气公司的首席执行官，韦尔奇所肩负的责任远高于一般经理人。在当时，要执掌一家类似通用电气这个级别的企业需要具备某种经国之才。通用电气的庞大业务和雄厚财力使得它在经济、政治、文化等诸多层面都具有非同寻常的影响力。该公司的产值占美国国内生产总值整整一个百分点，它的首席执行官统率着一支由四十万名男女员工组成的忠诚队伍——超过辛辛那提市①的全部人口。它生产的电视机、电冰箱和烤面包机进入千千万万个美国家庭。它制造的喷气式发动机高挂在往来于美国东西海岸之间无数架飞机的机翼上。它开发的核反应堆发电机组点亮的城市遍布全球。

多样化业务很容易让通用电气公司的掌门人产生错觉，即他所掌管的企业似乎在所有经济活动中无所不能。依托一个世纪以来取得的巨大成功，通用电气被视为美国管理思想的先驱，为大批企业高管培训、组织及评估制定了标准。更重要的是，它是业界的标杆。无论是这家公司的高管，还是全美各地大大小小公司的高管，都希望有机会向通用电气掌舵人请教，包括应该如何显得称职，自己的企业应该如何在

---

① 俄亥俄州的工商业城市，是美国重要的工业中心和交通中心。——译注

员工、政府和投资者之间达到平衡等。通用电气历任首席执行官或曾为总统建言献策，或曾参与修订商学院课程，或重新定义了美国人的工作方式。它是美国企业界最重要的岗位，无论韦尔奇把通用电气带往何处，其他企业都必将跟随。

考虑到这份工作的职责范围很广，通用电气挑选新任首席执行官的过程既漫长又谨慎。他们耗费数年筛选候选人，还上演了红衣主教们推举新教皇的全套戏码。即将卸任的首席执行官迫使候选人之间相互竞争，要求他们在备忘录中清晰地阐述未来规划，还向每位候选人提了同一个问题：万一你不幸遭遇空难，会挑选谁来接任？外部观察家们认为通用电气将选出一位经验丰富、行事谨慎的自家人，熟悉"通用电气之道"并将延续现有战略。然而通用电气内部却有一种必须作出重大改变的迫切感。当位于康涅狄格州费尔菲尔德市的通用电气总部终于冒出象征性的白烟时 ①，韦尔奇赢了。

韦尔奇的前任是斯文的英国人雷金纳德·琼斯，负责管理通用电气长达十年。琼斯毕业于常春藤盟校，为人深思熟虑，头脑极具理性。他作风稳健，判断力出众，行事谨慎，因此受到高度评价。卡特总统曾两度邀他加入内阁。他身材高挑，体形纤细，总是穿定制西装。在通用电气总部，他的办公室像一个寂静的飞地，他和助手们在这个远离工厂车间

---

① 梵蒂冈选举新教皇时，通过西斯廷教堂的烟囱对外传达信息。选出新教皇时烟囱冒白烟，未选出合适人选时则冒黑烟。——译注

的地方思考经营战略。琼斯的职业生涯都是在通用电气度过的，他作为金融奇才脱颖而出，后来升任首席财务官，最后接管通用电气。在他的管理下，公司等级分明，作风官僚。不过琼斯本人虽然身居高位，却谦逊低调。他住在格林威治①一栋殖民地时期的简朴砖房里，离通用电气总部不远。有一次，他问妻子还有什么不满足，她的回答折射出这个家庭一贯的淡泊："我们为什么不满足？"②在美国，尽管琼斯是公认的最成功的首席执行官，但以他的地位而言，他所领取的20万美元薪酬——通用电气管理岗新手实际到手的12或13倍——在今天看来实属微薄。在琼斯任内，通用电气公司的增速并不惊人，但在他掌舵的十年里，通用电气保持了模范企业公民③的地位，受到公司员工和整个社会的重视。

　　韦尔奇在各方面都与琼斯相反。他出身贫寒，毕业于公立大学。他心浮气躁，容易冲动，不留情面。身材矮小、反应灵敏、精力充沛的韦尔奇一有机会就穿牛仔裤，挽起衬衫的袖子。他有很重的波士顿口音，一发火就结结巴巴的，和他小时候一样。韦尔奇有化工专业博士学位，他更喜欢与机

---

① 位于康涅狄格州的小镇，靠近纽约州，华盛顿广场西侧。这里富豪豪宅云集，是美国最富有的小镇之一。——译注

② 参见《纽约客》（*New Yorker*）杂志2020年5月3日刊文《格林威治的共和党人如何学会爱上特朗普》（"How Greenwich Republicans Learned to Love Trump"），埃文·奥斯诺斯（Evan Osnos）撰文。

③ 企业公民（corporate citizen），20世纪80年代兴起的管理学术语，认为企业在获取经济利益的同时要回报社会，肩负社会责任和道德责任。——译注

械师聊天，而不是坐在会议室里与董事们商谈。他反感等级制度和官僚主义，只要能为公司挣钱，他根本不在乎别人的看法。成为首席执行官之前的二十年里，他之所以能在通用电气一步步晋升，就是靠业绩增长和成本削减，他待在办公室里的时候总在跟人争吵。他爱骂人，精力旺盛，像一股龙卷风，从一个决定争吵到另一个决定。韦尔奇接任琼斯的消息一出，《华尔街日报》就调侃通用电气"用一根通了电的电线换掉了一个传奇"[①]。

　　尽管韦尔奇与琼斯的反差如此强烈，但通用电气终究选拔出了那个准备好应对特殊时期的首席执行官。所谓特殊时期，是指当时美国的工业界正处于深层次变革的风口浪尖。二战后长达四十年的经济繁荣让美国成为有史以来规模最大的经济体，极大地提高了绝大多数美国人的生活水平。国民收入高涨，生产力猛增，失业率保持在相对较低的水平，庞大的中产阶层蓬勃兴起。很多大企业如通用电气、埃克森美孚、通用汽车、福特、西屋电气、美国钢铁、IBM、施乐等极大地推动了这一成长，它们大规模生产行销全球、需求旺盛的产品，支付给员工丰厚的薪水。然而进入 20 世纪 80 年

---

① 参见《华尔街日报》1980 年 12 月 22 日刊文《雷金纳德·琼斯计划 4 月 1 日从通用电气退休，约翰·韦尔奇将接任》（"Reginald Jones Plans April 1 Retirement from GE; John Welch Will Succeed Him"），约翰·R. 埃姆什维勒（John R. Emshwiller）撰文。

代之后，好景不再。生产力停滞不前，通货膨胀上涨，二者结合成为一种令人痛苦的新现象，名曰"滞胀"。同时，自满情绪在美国企业中已根深蒂固。赢了数十年，又没有旗鼓相当的竞争对手，这让很多大企业不太愿意投资、创新、求发展。新的全球化竞争终于出现了。德国和日本在战后改造了经济，完成了现代化，突然大量生产复杂、精密、质量上乘、价格极具竞争力的产品了。

　　韦尔奇敏锐地感知到了全球化带来的威胁。20 世纪 70 年代中期，他前往日本参观通用电气与日本的横河①医疗系统合作生产超声器械的合资公司，现场情形让他惊呆了。"生产过程和我在美国看到的完全不是一回事！"②他回忆道。一台机器组装完毕，一名工人就立即解开衬衫，在胸前涂上一些凝胶，随即把超声波探头放到自己身上进行快速检测。之后还是这名工人把产品包起来，装进纸箱，贴上运输标签，放到运输台上。韦尔奇划重点："在我们的密尔沃基工厂，这套流程需要的人手可真不少。"

　　其他美国人也逐渐意识到美国与一些新兴经济体之间不断扩大的技术差距。1980 年 6 月 24 日，NBC（美国全国广播公

---

①　工业自动化控制和信息系统行业知名跨国公司，1975 年研制出世界首套分散控制系统。——译注

②　参见杰克·韦尔奇与约翰·伯恩（John A. Byrne）合著《杰克·韦尔奇自传》（*Jack: Straight from the Gut*）第 139 页。

司）在黄金时段播出一部纪录片，引发了令美国人痛苦的自我怀疑。片名叫作《如果日本能，为什么我们不能？》(*If Japan Can, Why Can't We?*)。这部长达一小时的特别节目考察了海外制造业取得的非凡进步，然后与某个在全球竞争中地位不断下降、竭力找补的国家进行对比。同一年，琼斯和韦尔奇承认通用电气亟待改变，共同撰写了一封致股东的信。"当今的美国企业发现自身正受到来自咄咄逼人的海外竞争对手的挑战。"信中写道，"美国的生产力水平一直在下降，在一个又一个行业，领先地位正在被其他国家取代。如果企业拒绝自我改变，无法舍弃旧的技术去拥抱新科技，就会在未来十年陷入严重衰退。我们决定，这绝不能发生在通用电气身上。"[①]

对通用电气而言，在新时代继续保持快速发展并非易事。在某些方面，这家标杆企业反而更脆弱。韦尔奇接手时，通用电气约有一半收入仍依赖爱迪生时代发展起来的业务[②]：发动机、电线和电器。一向行事激进的韦尔奇索性把步子迈得更大。他没有试图挽救美国制造业。事实上，他干脆放弃了制造业，很快着手关闭全美各地的工厂，把工作岗位外包给海外。"20 世纪 80 年代早期曾经有一种声音：我们该如何从

---

① 引用杰克·韦尔奇与雷金纳德·琼斯语，见《1980 年通用电器年报》(*General Electric Annual Report*, Fairfield, Conn., 1980) 第 4 页。

② 参见诺埃尔·蒂奇（Noel M. Tichy）与斯特拉特福·谢尔曼（Stratford Sherman）合著《掌握你的命运，否则就会被别人掌握》(*Control Your Destiny or Someone Else Will*, New York, HarperCollins, 1994) 第 35 页。

日本人手中挽救美国的资本主义？"研究韦尔奇与通用电气的康奈尔大学商业史教授路易斯·海曼说，"对此，杰克·韦尔奇的答案是：那就让我们比他们更冷酷吧"。[1]

在学术界和政界的某些角落，相关的动荡也在酝酿。代表战后政策的罗斯福新政经济学取得了几十年的成功之后不再奏效，反而引发潜在的反作用。保守派经济学家开始呼吁减少政府干预、放松监管、推行自由竞争的市场模式、削减工会，呼吁一个可以让大企业随心所欲地谋求自身利益最大化的世界。还有一些更激进的认为企业应该专注于谋求股东价值最大化，而不是关心公共利益。在华尔街，动物精神[2]被激发。得益于科技发展，资本开始以各种新奇的方式转移，新的经济模式逐渐成形。作为通用电气的总裁，韦尔奇将深刻影响这种新经济模式的设计。

韦尔奇刚上任的时候，通用电气还没遇到什么麻烦。在琼斯的照看下，公司的收入稳步增长，还刚刚公布了接近15 亿美元的年度利润[3]。但通用电气的股价长年没有变化，这在韦尔奇看来，很有问题。他在写给琼斯的备忘录中概述了如果自己当选首席执行官将会采取怎样的策略。他直言不讳

[1]　出自路易斯·海曼（Louis Hyman）2020 年与本书作者的谈话。
[2]　动物精神（Animal Spirits），凯恩斯提出的经济学概念，强调经济主体的非理性动机。——译注
[3]　参见《华盛顿邮报》1981 年 1 月 23 日刊文《1980 年通用电气利润增长7%，西屋电气增长 21.7%》（"GE Profits Rose 7%, Westinghouse's 21.7%"）。

地表示，应该把华尔街放在第一位。"作为一家企业，我们必须向股权投资者兜售的是在经济周期内持续且高于平均水平的盈利增长。"他写道："其中的关键是平衡短期和长期收益的自控力。"[1] 韦尔奇实际表达的是，即使在宏观经济形势不佳的情况下，他也有办法让通用电气赚到更多的钱。这不啻狂妄的宣言，因为按照常理来说，企业的营收不可能无休止地增长，尤其在经济低迷时期。宏观经济的扩张和收缩，对所有企业都会产生影响，通用电气也无法避免。然而韦尔奇的视角不一样，他相信通用电气将成为全世界最值钱的企业，也有决心去实现这个大胆的目标。

这股原始的野心，甚至蛊惑了琼斯，他认定韦尔奇具备通用电气首席执行官应有的能力。但正如韦尔奇本人后来所承认的，琼斯并不知道这种改变有多彻底。"我不确定他是否知道我打算把通用电气改造到何种地步。"[2] 韦尔奇说。

琼斯很快知道了。韦尔奇被选为新任首席执行官之后，琼斯把接班人叫去自己在通用电气总部的办公室。即将卸任的首席执行官想最后一次给年轻的接班人——当时才45岁——讲点儿个人心得，形容这家企业对美国经济无与伦比的影响力时使用了华丽的词汇。

---

[1] 见《杰克·韦尔奇自传》第84页。
[2] 见《杰克·韦尔奇自传》第13页。

"杰克，我把这艘玛丽皇后号[1]留给你了，"琼斯说，"以她的设计，永不会沉没。"[2]

韦尔奇没有放过这一刻。

"我不想要玛丽皇后号，"他顶了回去，"我打算炸掉玛丽皇后号。我想要的是快艇。"

"慷慨电气"

韦尔奇想炸掉的是美国经济根基的一部分，是近一个世纪以来由工程上创新突破和账目上审慎管理共同成就的顶尖企业。通用电气的科学家不仅助力美国打赢了世界大战，而且获得多项诺贝尔奖。他们发明并投入商业应用的机械设备开创了我们所熟悉的、拥有电气化便利与技术奇迹的现代生活方式。他们把发电厂和电灯泡带给了全世界，这些发明成果对人类来说像车轮和印刷机一样重要。1882年9月4日下午3点，托马斯·爱迪生按下位于纽约曼哈顿繁华的珍珠街上美国首座发电站的开关，点亮了这座城市的四个街区，包括摩根大通集团和《纽约时报》办公室。后来他又为伦敦霍尔邦高架桥安装了3000个灯泡。不久，通用电气为日本安装了发电机组。总之，这家公司或发明或推广了诸如电表、电

---

① 1936年下水的当时世界上最大的豪华邮轮。——译注
② 出自本书作者2020年与管理学者兰杰·古拉蒂（RanjayGulati）的谈话。

动机、电力机车、X 光机等重要设备。以上都发生在 19 世纪。

进入 20 世纪，通用电气推出了汽轮机，随后发明了电风扇。1909 年，通用电气开始销售烤面包机，它们很快在美国家庭厨房中占据一席之地。大约同一时期，通用电气助力完成了全球首次语音无线电广播，广播内容包括《圣经》中的一节朗读、亨德尔歌剧《塞尔斯》中的一段慢板和小提琴独奏曲《圣夜》。1924 年，通用电气推出了柴油驱动火车头，彻底改变了铁路运输业。次年，通用电气让电冰箱进入千家万户。几年后，它让电视机出现在了美国家庭的客厅，和早已无处不在的收音机共同擘画了现代传媒格局。1935 年，通用电气推出垃圾处理器，三年后发明了荧光灯。

通用电气在美国赢得第二次世界大战的进程中功不可没，它不仅派出高级管理者协助军方，还为军方的雷达系统提供真空管，为飞机提供发动机。在战后的几年里，通用电气研发出美国第一台喷气式发动机。20 世纪 30 年代，通用电气开始生产塑料，50 年代研制出了透明塑料。这些材料后来被广泛应用于几乎所有能想象的商品，甚至应用于外太空探索。尼尔·阿姆斯特朗和巴兹·奥尔德林首次登上月球时，脚上穿的靴子就是用通用电气研发的硅胶制作的，头盔上的遮阳板则采用通用电气生产的聚碳酸酯纤维材料勒克森。1957 年，通用电气建成了世界上首座核电站，1962 年推出世界上首台激光器，20 世纪 70 年代研发出具有革命意义的新型医疗扫描设备。

那是一个前所未有的时代，创新层出不穷，经济蓬勃发展，员工总能拿到奖金。通用电气是美国首批向员工提供养老金方案、利润分红、健康及人寿保险的企业之一。它创建了首家研发实验室和首座工业园区，1913年在克利夫兰郊外打造了一座名副其实的企业园区，占地92英亩[①]。园区内除了灯泡制造厂和研究中心，还建了游泳池、保龄球馆、健身房、网球场、射击场、棒球场、足球场等设施。边上有牙医和医生，还有银行。傍晚时分，员工们在园区里欣赏踢踏舞、现场音乐演奏等娱乐节目。早在谷歌、脸谱网等硅谷科技新贵为员工提供诸多福利的一百年前，通用电气就懂得照顾好自家员工的价值所在。

指令来自最高层。杰拉德·斯沃普自1922年起担任通用电气首席执行官，他在公司大力推行令他引以为豪的"高福利资本主义"做派，借助公司自身的强大资源，为员工提供福利——利润分享方案、健康福利、更高的工资以及更多其他福利——这一切都是为了鼓舞士气、激励员工。由于镀金时代[②]的盗窃与挥霍形象仍鲜明地烙印在集体意识中，于是通

---

① 1英亩约合4047平方米。——译注

② 镀金时代，指美国1877年到20世纪初的历史时期，因技术进步和步入工业化时代，诞生了一批工业巨头和财阀。因其获利手段无情、野蛮而缺乏道德，"镀金时代"一词被认为含有贬义。——译注

用电气试图把自己打造成与众不同的正直企业公民。1927 年，时任公司董事长的欧文·D. 杨在哈佛商学院的一场演讲中严厉斥责那些 "绞尽脑汁从员工身上榨取最后一盎司精力和最后一分钱"[1] 的商人。他呼吁所有企业领导者都要 "站在人的角度去考虑问题。一群人付出了资本，另一群人付出了生命和劳力，在共享的企业中互惠互利"。1929 年，《福布斯》杂志注意到通用电气的 "先进性与良好管理，业界罕有可与之匹敌者"。[2] 在那些日子里，通用电气因其对员工的慷慨大度而赢得 "慷慨电气"[3] 的美名。

　　1953 年的公司年报描述了通用电气如何平衡 "各方的最佳利益"[4]。报告重点强调了公司依法缴纳的高额税款、向供应商支付丰厚报酬的美德、照顾好公司员工的重要意义等。那一年，通用电气自豪地宣布将公司销售收入的 37% 用于支付员工工资和其他福利，诞生了 "公司有史以来最长的工资单——雇员人数超过以往任何时期"。统计数据旁边配了一幅插图，画面上，喜笑颜开的工人正拿着钱袋子走下生产线。列

---

[1]　参见埃文·奥斯诺斯（Evan Osnos）撰文《我们为什么永不满足？》（"Why would we want anything more?"）。

[2]　参见 B.C. 福布斯于 1929 年 1 月 1 日在《福布斯》杂志上的撰文《最新福利》（"The Latest Perk"）。

[3]　慷慨电气（Generous Electric）与通用电气（General Electric）的缩写都是 G.E. 且发音相近，这里是一个谐音梗。——译注

[4]　参见《1953 年通用电气年报》（*General Electric Annual Report,* Fairfield, Conn., 1953）。

举完公司为政府、供应商、员工所作的贡献，报告最后提到关于投资者的利润分配：总金额大约占销售收入的 3.9%。这份年报传递的信息十分明确：通用电气把自身作为某个相互关联的整体的一部分，在这个整体里，员工利益和企业社会责任不会让位于股东利益。"最大限度保障就业，是公司的首要目标，"1962 年，时任员工福利主管的厄尔·威利斯写道，"能合理、明确地规划自身经济远景的员工是最具生产力的资产。"[①] 简言之，对企业有利的，对国家也有利。反之亦然。

1960 年，韦尔奇刚加入通用电气时，该公司的口号是："进步，是我们最重要的产品。"这是每周日晚由罗纳德·里根主持的主流电视评论节目《通用电气剧场》里总会重复的一句台词，当时里根只是一名演员。在随后的几年里，通用电气的口号改为"强调价值"。20 世纪 70 年代，琼斯引入了新口号："我们为生活带来美好的事物。"这不只是一句漂亮话，在琼斯的领导下，通用电气将利润的 10% 投入研发，不惜斥巨资去发明更多新产品。

公司在战后采取的姿态也始终与时俱进。镀金时代和大萧条时代分别暴露了现代资本主义在高峰和低谷时期的模样。巨量财富几乎可以在一夜之间被创造出来，让数百万人受益。

---

① 参见斯蒂文·格林豪斯（Steven Greenhouse）著《大紧缩：美国工人的艰难时刻（*The Big Squeeze: Tough Times for the American Worker*）》第 78 页（纽约·阿尔弗莱德·A. 科诺普夫出版社 2008 年出版）。

同样清晰可见的是，一旦缺乏足够的监管，企业高管们就能从企业中捞取巨额财富占为己有，同时破坏整体经济。石油工业、糖业信托、金融体系和铁路业的突然崛起总会催生垄断集团和强盗大亨，造成令人瞠目的收入不平等。

1929年股市大崩盘及随之而来的大萧条过后，罗斯福新政靠大规模投资基础设施提振了经济，创造了数百万个就业机会。新的法规约束了华尔街的行为，使劳工们受益，不平等现象有所缓和。那是推动经济成长的一剂良方。战后那些年，企业将利润回馈给员工，确保自身拥有稳定、娴熟的员工队伍。工会为员工提供工作稳定、工资稳增等一系列就业保障和担保。普通技工和管理层的收入虽然有明显差距，但不至于极端。雇主善待员工，同时明白这么做就是在善待这个国家，而且说到底，最后获利的还是自己。这一精神特质被1932年发表的一篇论文提炼出来，让这一理念在美国企业界成了一条神圣不可侵犯的准则。小阿道夫·伯利和加德纳·米恩斯合著的《现代企业与私有财产》（*The Modern Corporation and Private Property*）一书中写道，企业与其所在的社区密不可分，因此企业家行事应基于共同的责任感。类似的观点影响了后来所谓的资本主义黄金时代，自二战后经济高速成长期一直延续到20世纪70年代滞胀期，很多了不起的美国雇主在此期间进入了最佳状态。

例如阿尔弗雷德·斯隆自1923年开始掌管通用汽车，他虽然曾与劳工组织艰难地讨价还价，但实际上对员工很慷慨。通用汽车的工人享有各种保险——疾病险、工伤险、残疾险甚至人寿险。不仅如此，通用汽车还为自家员工提供储蓄、投资与退休方案，尽其所能地帮助他们跃升到中产阶层。

例如强生公司董事长罗伯特·伍德·约翰逊于 1943 年在这家家族企业即将上市之际精心拟定了公司"信条"。作为那个时代的代表，强生公司的"信条"如黄金时代的珍贵文物，在琥珀中保存了独树一帜的优先价值观，而这种价值观来自当时最有影响力的企业家之一。约翰逊在"信条"中写道，公司"首先要对顾客负责"。所谓"顾客"，强生公司后来将其定义为"患者、医生、护士以及从普通父母到使用我们产品和服务的所有人"。其次，强生公司宣布将对自己的员工负责，承诺为他们提供"就业方面的安全感"，还补充道："工资必须公平且令人满意，管理要公正，工作时间必须缩短。"公司还要为企业管理层负责，所有高管都将录用"有才华、受过良好教育、有经验、有能力的人"。最后，约翰逊才将目光转向了投资者。"我们所应承担的第四项也是最后一项责任，是对企业的所有者和股东的，"他写道，"企业必须保持稳定盈利……缴纳高额税款……建造新工厂……推出新产品……一旦这些目标都实现了，企业的拥有者或股东理应获得公平的回报。"约翰逊并不想赚尽每一分钱。他不像韦尔奇那样做梦都想让利润不停地增长。相反，按照他的理解，经营企业是为了造福社会，与此同时获得纯粹、合理的利润。

那时的企业可不只是说说漂亮话。他们切切实实地与员工分享了利润。1948—1979 年，劳动阶层的工资与生产力实现了同步增长[1]。也就是说，随着企业效率和盈利不断提升，加上经济总量扩大，劳工阶层的薪酬也大致以相同的速度增加了。向员工支付体面的工资、缴纳税款，这些投资未来的举动不但被视为正确的选择，也是明智的商业实践。随着人均国民收入提高，数百万美国人成了中产阶层，他们为住房支付首付款，购买汽车、电视和其他家用电器——大多是通用电气生产的。华尔街也不仅仅用短期盈利能力去衡量企业的经营水平，而是允许通用电气这样的企业投资未来，开发新产品和新服务。企业的实际经营者、持有企业股份的投资机构与每周打卡上五天班的男女员工之间形成了利益平衡。即使是在因马丁·路德·金博士遇刺而陷入种族冲突、社会动荡的 1968 年，公众仍对企业满怀信心。当年的一份调查问卷显示，70% 的美国人赞同这样的说法："商业界力图在获取利润与保护公共利益之间取得合理的平衡。"[2] 直到 1981 年，全

---

[1] 参见《华盛顿邮报》2019 年 2 月 25 日刊文《最新研究表明，股东利润竞赛让工人跌入尘埃》（"The race for shareholder profits has left workers in the dust, according to new research"）。详见：https://www.washingtonpost.com

[2] 参见柯尔特·安德森（Kurt Andersen）著《邪恶天才：美国的毁灭》（*Evil Geniuses: The Unmaking of America*, 2020 年，兰登书屋）第 52 页。详见：http://citeseerx.ist.psu.edu

美大企业联合会——由通用电气于十年前参与创办，如今已颇具影响力的游说团体——仍公开声明，企业所承担的责任远不仅仅是季报盈利数据，观察发现，企业"对普通民众的幸福安康和生活质量的重要性所引发的全新认知和期待，远远超出了很多企业的传统定位：开发有利润的产品和服务"。

用今天的话来说，那是一个让所有利益相关者都能受益的时代。经营企业并不只是为了投资者，也是为了员工、消费者和社区。这套系统曾有效运转。中产阶层壮大了，消费激增了，于是新的企业出现了，随后创造了新的工作岗位。这种良性循环使美国成为全球最强劲的经济发动机。一路走来，通用电气成了模范雇主。在这样的企业里，一个来自波士顿郊区的好斗小子得以成就一番事业，甚至跃升至顶层。

"我把鼻梁抵在玻璃上"

1935年，韦尔奇出生于马萨诸塞州的皮博迪，是居住在塞勒姆[①]市附近的一个爱尔兰天主教家庭的独生子。父亲是波士顿和缅因铁路公司的列车长，虽然加入了工会，但仍需长时间工作。母亲格蕾丝是家庭主妇，倾注全部精力去培养韦尔奇，试图教导他同时具有道德准则和竞争意识。她每天带

---

① 塞勒姆，美国马萨诸塞州工业城市，也是新英格兰地区最古老的海港之一。——译注

韦尔奇去教堂，让他当了祭坛侍者；教他打扑克，坚持让他用自己的零花钱下注，去直观地感受输赢。韦尔奇个头不高，脾气暴躁，说话结结巴巴的。他后来承认那时的自己像个旁观者，成长道路上，"我把鼻梁抵在玻璃上"①。很小的时候，他就对自己家庭的社会地位怀有深刻的疑虑。"我不明白为什么母亲没能在学校里表现得更好，"他若有所思地说，"我不明白她和她的家庭为什么不往上走。"②

　　韦尔奇把这些个人劣势内化为焦躁、好斗的个性，这种性格后来让他在竞争激烈的商业社会中如鱼得水。他学会了如何利用自己的优势，还得了个好斗运动员的名声。"他不喜欢输，哪怕是触身式橄榄球③比赛。"④他的一个儿时伙伴回忆："杰克既不怎么优雅，也没什么运动天赋。他打败别人全靠比别人更努力。"一个资质平平的高中生，却对权力有着强烈的渴望。他在毕业纪念册中写道，此生最大的抱负就是

① 参见《杰克·韦尔奇自传》第 11 页。

② 参见克里斯托弗·拜伦（Christopher M. Byron）著《睾酮激素公司：疯狂执行官们的故事》（*Testosterone Inc: Tales of CEOs Gone Wild*，霍博肯市约翰·威利父子出版公司 2004 年出版）第 6 页。

③ 触身式橄榄球（touch football），美式橄榄球的变种，运动员仅以单手或双手触及对方持球人身体，代替抱住和摔倒动作，激烈程度和对抗性低于美式橄榄球。——译注

④ 参见《哈佛商学院案例》（*Harvard Business School Case*）1993 年 10 月号第 3 页刊文《杰克·韦尔奇：通用电气的革命性》（"Jack Welch: General Electric's Revolutionary"），作者约瑟夫·鲍尔（Joseph L. Bower）、杰·戴尔（Jay Dial）。

"挣到一百万"。年轻时，韦尔奇既鲁莽又暴躁。他十几岁时曾在当地高尔夫球场当球童。有一次，一个球手把球打到了水里，让他去捡回来，结果韦尔奇把那人的球杆扔进了水里，然后愤然离去。他始终没能改掉自己的坏脾气。他好像相信自己生来就受到不公平待遇，而他终其一生都要证明老天爷错了。"结巴，又矮小，都意味着他得争夺更多"，早年曾就职于通用电气、后来持续观察该公司数十年的分析师尼古拉斯·海曼说，"他必须付出六倍于别人的努力"。[①]

韦尔奇考入马萨诸塞大学阿默斯特分校，后来在伊利诺伊大学香槟分校获得化学工程博士学位，成为该校首位在三年内取得博士学位的学生。1960 年毕业后，他在皮茨菲尔德通用电气塑料厂找了份工作，第一份工资年薪 10500 美元。

皮茨菲尔德塑料厂在通用电气属于比较停滞的部门。当时，陶氏化学和杜邦公司成了塑料行业的领先企业，通用电气已经落后了。韦尔奇很快受到关注，尽管最开始是因为他的冲动任性而不是业务能力。入职一年，老板告知给他加薪1000 美元，但韦尔奇得知其他同事也将加薪 1000 美元时勃然大怒。尽管此时的他还没有创造出任何具有长期价值的东西，他的权利意识（sense of entitlement）已经充分显露。他认为自己比同侪更努力，应该加薪更多。因此他决定辞职。

---

① 出自本书作者与尼古拉斯·海曼 2021 年的交谈。

　　离开前，他老板的老板请他吃了顿饭，承诺给他加薪更多。韦尔奇在要求被满足、得到夸奖以及再加薪 2000 美元之后才留下。"有人跟我说，他们喜欢我。"[1] 他后来回忆道。他虽然没有辞职，却清楚地记得同事们送了他"成堆的礼物"赠别。他从未忘记被轻视、怠慢的滋味，以此来驱动自己去追逐个人财富。"四十多年前我获得的那次加薪，可能导致了我的极端反应。"他在自传中写道。

　　韦尔奇认为做生意就是一场达尔文竞争。他早年就认为自己比其他人更优秀。"分化成员，才能获得一支能赢的团队。奖励最优秀的，淘汰最弱的，不断提高标准。"他说。有时，这种态度让他把通用电气推到了极限。1963 年的某一天，他站在自己在皮茨菲尔德塑料厂的办公室里俯瞰塑料大道上的工厂。当时他已经晋升为经理，负责研发一种新型塑料。他迫不及待地想推出产品上市，不停地催促团队加快进度，进行更多试验——不惜一切代价。他坐回办公桌前的时候，一场爆炸撼动了整座工厂。爆炸残骸和碎玻璃到处散落，整栋大楼被笼罩在浓烟中。然而不知为何，居然没有人受重伤。很快，事发原因就弄清楚了，韦尔奇要为这场灾难负责，他是这个项目的负责人，是他一再催促团队赶工。为了强迫员

---

[1]　参见肯·奥莱塔（Ken Auletta）著《三只瞎老鼠：电视网是如何迷失的》（*Three Blind Mice: How the TV Networks Lost Their Way*，纽约兰登书屋 1991 年出版）第 97 页。

工们进行创新，韦尔奇甚至叫他们以未经测试的流程进行试验，在大罐子里把氧气充入某种"高挥发性溶液"。随后产生了火花，引发了大爆炸。

事故发生后的第二天，韦尔奇自驾数百公里前往康涅狄格州，向公司高管们解释事发原因。幸运的是，他的上司比较宽容，韦尔奇没有受到实质性的惩罚，顺利脱身。这个意外后来成了韦尔奇的骄傲、一个隐喻，他相信，这证明了他的风险偏好是合理的，也让他初次品尝到不必承担后果的滋味。"当人们犯错时，他们最不需要的就是惩罚。"他说。他韦尔奇炸毁了一幢大楼之后侥幸逃脱。同样的经历或许会让其他有野心的领导者变得谦卑——也有可能毁掉其职业生涯——却给韦尔奇壮了胆。

炸掉工厂没多久，韦尔奇就说服通用电气斥资 1000 万美元建了座新工厂，用来生产一种名为诺瑞尔（Noryl）的新型塑料。由于产品强度无法达到预期，该项目一度岌岌可危，但韦尔奇聘用的化学家最终找到了解决方案，得以修改配方，开发出一种更耐用的产品。诺瑞尔最终成为十亿美元规模的商业项目。这是韦尔奇职业生涯中的第一个重大突破，引起通用电气高层的关注。1968 年，年仅 32 岁的韦尔奇被提拔为公司塑料部门的一把手，成为通用电气公司最年轻的总经理。他很高兴地走进通用电气核心领导层时拿到了更贵重的奖品："我的第一份股票期权。"

在随后的三年里，韦尔奇把塑料事业部的销售额翻了一番，一路高升。那些年，他连续取得重大胜利。他掌管的部门开发了 CT 扫描仪并改进了新的技术，为公司创造了巨额利润。首战告捷令他兴奋不已，渴望更大的胜利。他在 1973 年述职报告中宣称自己的远期目标是成为通用电气的首席执行官。从这一刻起，他引起了雷金纳德·琼斯的关注。当时很多高层领导认为韦尔奇不成熟，又善变，不足以成为最高职位的候选人，琼斯却坚持把韦尔奇纳入接班人候选名单。结果韦尔奇于 1977 年升任通用电气的六位核心高管之一，办公地点从马萨诸塞州搬到了公司总部所在地康涅狄格州。

韦尔奇虽然进入了候选人赛道，但并不是被看好的那个。其他正统派的候选人看起来更具优势。为了考验韦尔奇的胆色，琼斯派给他一堆的复合型业务，包括家电业务和刚起步的信贷业务。面对眼前的一锅大杂烩，韦尔奇很快锁定了他认为能帮自己赢得其他候选人的一项策略：裁员。

当时通用电气正打算进一步扩张家电业务，韦尔奇认为，虽然家电业务仍会增长，但海外竞争将使该业务的盈利难以为继。为了提高利润率，他建议大幅削减家电园区的产能，该园区位于肯塔基州路易斯维尔，是个庞大的综合建筑群，建于 1951 年，那是二战后通用电气野心勃勃的巅峰时期。这个建筑群是公司家电业务的总部，有六栋大型建筑物，每一

栋都比机场航站楼还要大。这个家电园区太大了，因此而拥
有了自己专属的邮政编码：40225。韦尔奇到来前，这里生产
着数百万台烤面包机、洗衣机和电冰箱，共有 2.3 万名员工。
由于交接班期间进进出出的车辆太多，园区内的停车场需要
安装红绿灯系统来维持秩序。通用电气的家电业务仍在为公
司挣钱，为路易斯维尔提供数千个优质工作岗位，但韦尔奇
觉得它就是不够好，决心裁减家电园区的员工。

　　方案获得上级批准后，韦尔奇赞赏他们的"勇气"——
他是这么说的，这样一来，既实现了他们的目标，还"提高
了公司的盈利能力"。他意识到，解雇员工是节省成本、提高
利润的最简单手段，至少在短期内是这样的。这并非通用电
气——且不提其他美国工业企业——在过去半个世纪取得伟
大成就的手段，但韦尔奇认为这一招看起来很管用。

　　随着韦尔奇掌管的业务范围扩大，裁员风潮蔓延到其他
业务部门。他在全美各地巡视通用电气产业时总会不失时机地
提醒普通员工是谁说了算。在克利夫兰的一家灯泡厂，他因
通用电气的灯泡生产成本相对较高而斥责经理，尖叫着告诉
对方，竞争对手在"社会主义"欧洲生产类似产品仅需要一
半的成本。在康涅狄格州的布里奇波特工厂，他痛骂另一名
高级经理，因为他两次站上公司生产的新款数字浴室秤时出
现了两个结果。每遇见一个给他留下失败印象的经理，他都

会情绪失控："去他的，我为什么要给你发工资？"[1] 韦尔奇不但是冷酷无情的成本杀手，为了完成季报盈利目标不惜解雇数百名工人，而且从未改掉青少年时期的情绪化。对通用电气这样的企业来说，这是一场剧烈的变革。当时的美国企业文化比较保守、规范，但尊重人，也体面。不过随着韦尔奇靠这一套挣到了更多利润，批评他的管理风格就变得困难了。

虽然不看好家电行业，但韦尔奇对自己在 1977 年接手的另一项业务十分着迷：通用信贷，通用电气的金融部门，后来改名为通用金融公司。当时该公司的规模还很小，但增速迅猛。起初它只为消费者提供合理的贷款额度，后来逐渐拓展到建筑设备的融资租赁、二次抵押贷款、商业房地产贷款等业务，甚至涉足私人品牌信用卡管理等。韦尔奇立刻看到了潜力。"与我熟悉的工业操作相比，这项业务似乎是一种更容易赚钱的手段，"他解释说，"你不需要大力投资研发、建造工厂或加工金属。"恰恰相反，他意识到，关键是会计师有多聪明以及可支配的资金有多少。于是他着手扩招信贷公司的员工，扩大整个部门的规模。一场重塑这家企业并最终重塑了美国经济的转型开始了。

三年之内，韦尔奇从竞争最高职位的候选人中脱颖而出。

---

[1] 参见拜伦著《睾酮激素公司：疯狂执行官们的故事》第 111 页。

他裁员时毫不留情，批评表现不佳的员工，坚定不移地相信金融业务是公司未来发展的关键。虽然不符合"通用电气之道"，但韦尔奇的表现足以说服董事会将他定为最终人选。"他当选时，所有人都震惊了。"长期担任通用电气公司董事，也是家得宝公司联合创始人的肯·朗格尼说："他跟大家期待琼斯会选中的人完全不同。"①

　　韦尔奇正式上任五周前，琼斯在纽约赫尔姆斯利大饭店为他举办了一场聚会。到场的六十多位嘉宾都是美国很多大企业的首席执行官。夜幕降临时，韦尔奇有点醉了。琼斯叫他向嘉宾致辞时，他语无伦次。第二天早上回到通用电气总部时，琼斯冲进了韦尔奇的办公室。"我这辈子从没这么丢脸过，"他告诉韦尔奇，"你让我和通用电气难堪了。"

　　韦尔奇大吃一惊。他以为自己赢得了昨晚嘉宾们的喜爱，是琼斯太讲规矩了。"我气坏了，因为我觉得他装模作样。"他回忆说："我为自己感到难过，因为我给人的印象也许和我自以为的不一样。"韦尔奇表示，琼斯从几位嘉宾那里得知他们喜欢那晚的派对后收回了指责，但裂痕已经造成。在那个重要时刻，当人们期待韦尔奇展示体面和尊严时，他却向济济一堂的商界大佬暴露了粗鲁、叵测的一面。

---

① 出自本书作者 2020 年与肯·朗格尼的交谈。

"全球最具竞争力的企业"

接任通用电气首席执行官不到一年，韦尔奇在纽约皮埃尔酒店宴会厅做了一次演讲。他希望借此进入公众视野，宣传自己作为有远见的老板将为通用电气乃至整体经济制定新路线。在韦尔奇看来，二战后各方力量平衡的体系以及通用电气在其中所扮演的角色都无可挽回地过时了。资本主义黄金时代结束了。随着滞胀不断拖累经济下行，海外竞争不断加剧，变革已迫在眉睫。或许战后一段时期的集体主义精神有助于孕育庞大的中产阶层，但企业的社会角色这种理想主义概念并不利于美国企业在 20 世纪 80 年代的激烈竞争中走向成功。他预见了通用电气的另一种未来，一种不是由生产电灯泡而是由操弄季报盈利定义的未来，一种不是由机械工程而是由金融工程驱动的力量。

与满屋子来自研究机构和银行的分析师——这些人告诉投资者该不该购买通用电气的股票——交谈时，韦尔奇摒弃了介绍财务状况的常规做法，而是花了二十分钟用来阐述他的未来愿景。以"在低成长经济环境下实现高速增长"为标题，他在演讲中勾勒了一个赢家通吃的新世界，在这个新世界里，企业要么主导整个行业，要么无足轻重。"平庸的产品和服务将失去生存空间。"他说。他告诉分析师，他希望通用电气在涉足的所有行业都能名列前茅。如果无法在行业中占据主导地位，那么企业就该扪心自问："假设你还没有进入这一行，现在还愿意进入吗？"他说："如果答案是不愿意，那就直面下一个难题——接下来你打算怎么解决问题？"市场再也容不下天真的想法了，韦尔奇说，通用电气的员工必须"看清事物本来的模样"，必须直面残酷的现实。首先，他希望通用电气成为一个金融集团。虽然在过去的几十年里，通用电气因其庞大的经济体量和多样化业务而让人们以为它自然会和这个国家的国民生产总值一起增长，但韦尔奇说他希望通用电气成为"拉动国民生产总值的火车头，而不是搭顺风车的吊车尾"。通用电气将会成为"全球最具竞争力的企业"。

韦尔奇的演讲预示了通用电气公司及其数十万员工即将面临的巨大变革。他表达得很清楚，旧的规则不适用了。一项业务如果不能清除其他竞争对手，就很有可能被逐出通用电气大家庭；一名员工如果对公司盈利没有直接贡献，就很有可能被解雇。演讲中隐藏了韦尔奇方案的另一个方向，透露了他的强烈野心：他想让通用电气成为全球最具竞争力、最有价值的企业。这将是一场激进的变革，通用电气的定位不再是分析师们熟悉的那个传统的同业集团，而是一家投机取巧、咄咄逼人、搜刮一切增长机会的企业。

韦尔奇为这次演讲准备了数周，通过各种渠道寻找灵感。几个月前，《财富》杂志推出了系列文章，探讨当今的高管能从 19 世纪的两位普鲁士将军——卡尔·冯·克劳塞维茨和赫尔穆特·冯·毛奇——身上学到什么。这两个人提出"全面战"概念，主张放弃详细规划，提倡跟着环境变化随时作出反应，这对韦尔奇而言，就是竭尽所能地获取盈利。他还借鉴了彼得·德鲁克的著作，这位影响深远的管理学教授曾为通用电气提供长达十年的咨询和分析服务，是他率先发问："假设你还没有进入这一行，现在还愿意进入吗？"

韦尔奇相信这个激进策略会震惊华尔街，为自己赢得第一印象，但是他演讲时感受到的是现场观众的冷淡。分析师们期待听到过去一年通用电气各项业务表现的例行更新，而不是什么宏大的新哲学标准。韦尔奇面对观众茫然的眼神，不禁大为光火，这些人不仅听的时候走神，而且听不懂他在说什么。问答环节中，一名分析师问他：铜的价格将如何影响通用电气来年收益？

"那该死的会有什么影响？"韦尔奇反问道，"你该问问我将带领这家企业走向何处！"[1]

演讲不欢而散。分析师们走出宴会厅时，有人议论道："我听不懂他到底在讲什么。"

韦尔奇正在利用时代精神的深刻变化，尽管分析师们大概还不理解。在他上任前的几年里，一场知识革命已经影响了学术界、经济界、法律界乃至政坛。这场革命根源于冷战

---

[1]　参见蒂奇、谢尔曼著《掌控你的命运，否则就会被别人掌控》第72页。

时期美国对欧洲社会主义的抵制，当时有学者——包括奥地利经济学家弗里德里希·冯·哈耶克在内——认为自由市场是满足社会需求的最佳途径。他们认为，只有企业得以在不受监管的情况下竞争时，最好的点子才会脱颖而出。他们相信，以利润为动机才是完美的筛选机制，以此来区分好点子和坏点子，来开发使大多数人受益的产品、服务和体系。竞争是组织人类活动最重要的方式，他们强调，最重要的是，人们不能依赖政府——更糟糕的是依赖雇主——来确保自己的福祉。他们相信，福利、社保以及对劳工的过度保护等必然导致平庸和懈怠。这种理论自二战以来逐渐受到欧洲知识界的认可，最终深刻影响了芝加哥大学经济学家米尔顿·弗里德曼。此人后来非常活跃。

　　弗里德曼接受了哈耶克的核心论点并应用于实践，集中研究该理论对企业意味着什么。在他看来，企业应该专注于提供商品和服务，获取盈利，漠视其他一切假设的义务。1970 年，《纽约时报》刊登了一篇颇具开创性的文章，弗里德曼在文中公开宣称"企业的社会责任是提高利润"。这个简单的逻辑转折——企业应不顾一切地追求利润最大化——成了 20 世纪晚期最具影响力的观点之一，为全面改写社会契约论提供了思想上的正当性。弗里德曼蔑视那些相信企业除了赚钱还应该肩负一些其他使命的人。"说企业肩负责任，这是什么话？肩负责任的只能是人。"他在文章中写道，"持这种论调的商人都是被学术界——几十年来一直在破坏自由社会的根基——操控的、不明真相的傀儡。"这是资本主义内心的声音①。这个声音恳求企业高管欣然接受以追求利润为动机，恳求政府不要监管它们；这个声音成了经济学著作中最强势的主张，影响了几代人。

　　弗里德曼在《纽约时报》发表上述论文的同一年，一个名叫刘易斯·鲍威尔的企业律师向南方商业界听众做了一次演讲，为财团干预政治的新时代铺平了道路。鲍威尔引用弗雷德曼的说法，告诉企业高管们说有人攻击他们的生活方式，激进分子、同情共产主义的人及自由企业的敌人打算诋毁他们的理念，而这个理念曾经让美国成为全球最伟大的国家。次年，鲍威尔将演讲稿整理成备忘录，提交给美国商会——这个极具影响力的游说集团代表了美国财团的利益。鲍威尔又一次警告称，美国企业正面临迫在眉睫的威胁，这些威胁来自环保运动，来自那些支持新型社会福利项目的人，来自消费者权益倡导者拉尔夫·纳德。"商业与企业体系深陷困境，为时已晚。"鲍威尔写道。这是他为富人发声的檄文，是他对当权者的劝导，劝导当权者不惜一切代价去维护手中的权势。鲍威尔不仅敲响了警钟，还在备忘录中提交了行动方案——财团应该迅速强化其在政坛、学术界、舆论界及法律界的影

---

① 此处原文为法文 cri de coeur。——译注

响力。商业大亨们需要展开攻势，去维护自身利益，去按照自己的心意影响国家政策，而不是一味防御。

商业界很快捕捉到了这一风向变化。接下来的几年里，金钱以前所未有的速度涌入政坛。亿万富翁们纷纷资助鼓吹自由市场经济的保守派智库，以此影响政策环境。1973年，包括通用电气在内，成立了全美大企业联合会，这是一个新的游说集团，它在执行层面将弗里德曼学说确立为大企业的金科玉律。鲍威尔的影响力越来越大。1972年，他进入最高法院，之后作出的多次重要裁决都对财团有利。长期负责监管大企业的华盛顿政府如今也在遵照它们的指令行事。

与此同时，弗里德曼的核心观点——企业只是为了让股东们更富有而存在——的影响力持续扩大。1976年，两名教授在论文《公司论》（"Theory of the Firm"）中扩展了弗里德曼的学说，彻底颠覆了高管们对自身责任的看法。迈克·詹森和威廉·麦克林在论文中宣称，如果企业不彻底专注于攫取最大化利润，就有可能分散精力，把注意力浪费在"确定慈善捐款的种类和金额""维护与员工的亲密关系（"友谊""尊重"等）"之类的无聊事务上。意思是企业应当漠视社区，甚至漠视员工，转而专注在最重要的事情上，排斥其他一切。詹森和麦克林还重新定义了高管"应该为谁服务"这一理念。按照他们的理论，股东是"委托人"，高管是"代理人"。也就是说，首席执行官是为股东工作的，应当不计代价地为股东争取投资回报最大化。最后，詹森和麦克林还提出，假如首席执行官可以因为公司股票上涨而获得丰厚回报，他就会为了提升公司的财务数据而自我激励——这就为即将到来的天价高管薪酬的新时代在理论上做好了铺垫。

这篇论文发表后不到十年，迈克·詹森和威廉·麦克林又在另一篇论文中进一步宣称，衡量一家企业成败的唯一尺度是股价，股价甚至比利润更重要。这比弗里德曼的观点更极端，这是在鼓励企业可以采取一切手段去提振股价。在未来的岁月里会有更多商学院的教授将这一理念不断细化，磨得越发锋利，足以成为武器化信条，让高管们用来保护投资者和他们本人的财富份额最大化，而只需付给员工微薄的工资。"他们说，除非你能为股东实现价值最大化，否则你根本就是个坏人，你是在欺骗投资者。"了解韦尔奇的多伦多大学罗特曼管理学院前院长罗杰·马丁这样说，"这种道德辩论对韦尔奇之流真是有如神助。这就好像在说：'你说得没错，这就是我的工作。这就是一把尺，我应该用它来衡量我的工作。我不得不关闭这座小镇，关闭这家工厂，这可能令人悲伤，却合乎道德。'"[1]

与此同时，弗里德曼的地位持续攀升。他于 1976 年获得

---

[1]　出自本书作者 2021 年与罗杰·马丁（Roger Martin）的交谈。

诺贝尔经济学奖，这赋予了股东至上论极高的可信度。1980年，韦尔奇接手通用电气时，美国公共广播公司制作了十集迷你系列节目《自由选择》介绍弗里德曼及其理论，赞美不受约束的竞争，警示政府的过度监管，毁谤工会，把从教育水平下降到通货膨胀加剧的一切问题的责任都归咎于政府。这个国家的数百万个家庭收听了这个节目。

大约就是在这个时候，对大财团狂妄权力的其他监管手段都失去了作用。1978年，耶鲁大学法学教授，后来被提名为最高法院大法官的罗伯特·博克出版《反垄断的悖论》（*the Antitrust Paradox*），提出评估潜在并购案时最重要的考量因素是某项合并是否有可能造成消费者价格在短期内上涨。这是对垄断行为可能造成的潜在危害的狭隘解释，作者似乎不太相信产业集中度更高的行业将随着时间推移而逐渐抬高商品价格。这些改变名义上是为了保护普通美国人而设计的，实际上却不折不扣地在为一个兼并交易不受监管、大企业越做越大的时代铺平道路。起初那只是一个想法而已，但不久后当选的新总统——也曾是通用电气的推销员——罗纳德·里根帮它变为现实。他正式任命的反垄断主管放宽了罗斯福新政时期制定的对兼并行为的严格限制。

里根掌权后，鲍威尔的备忘录开始发挥作用。里根政府里全是大企业的支持者。约翰·沙德成了半个世纪以来掌管美国证券交易委员会的第一位华尔街银行家；美林证券公司首席执行官唐纳德·里根成了财政部长；高盛集团高管约翰·C. 怀特黑德成了副国务卿。从一个非主流的想法开始，经过冷战时代的不断孵化，"自由市场"这一信条已然成了影响西方政治经济的主流观点。经济权崛起，金融自由化时代正式拉开序幕。

然而，这些教授和政治家只不过创造了条件。他们发表学术论文、撰写文章、成立智库、修改法律……靠这些手段打造新规则和新预期，影响企业的经营方式。企业不再需要考虑所有利益相关方的最佳利益，仅仅需要专注于盈利。这不仅获得了许可，也受到了鼓励。企业打着追求更高利润率的旗号，别说不善待员工，就算把员工扔在路边也会被谅解。

这为韦尔奇主义的演变成形提供了遗传物质。但直到1981年，这一阴险狡诈的理念还没有在商业世界中找到合适的宿主，它的真正能量也还没有完全释放。尽管投资者坐立不安，股市停滞不前，经济增速放缓，通货膨胀加剧，但仍没有一个人能集野心、权势和蛊惑力于一身，能同时利用弱势的劳动者和缺乏耐心的投资者；仍没有一个人敢如此露骨、无情地将股东利益凌驾于员工、社区和环境之上；直到韦尔奇出现。他是第一个完全支持股东至上论的大企业领导者。他操纵通用电气的全部力量去实现这一理念，开启了美国资本主义新的残酷时代。"从某种意义上说，以股东为中心，这是杰克发明的。"[1] 长年负责通用电气通信业务的加里·谢弗说："一旦涉及股价，就什么都不重要了。"无论韦尔奇是否读过米尔顿·弗里德曼的原文，他的灵感都源自那里，这毫无疑问。他在自传中总结自己如何看待企业的社会作用时机械重复了弗里德曼的说法。

"首席执行官的首要社会责任，"韦尔奇说，"是确保公司在财务上的成功。"[2]

---

[1] 出自本书作者 2021 年与盖瑞·谢弗（Gary Sheffer）的交谈。
[2] 参见《杰克·韦尔奇自传》第 382 页。

第二章　中子杰克

"反忠诚运动"

在宣布上任的记者会上，韦尔奇向负责通用电气众多业务部门的其他高管发表了热情洋溢的讲话。"我们都是以好朋友的身份出席这次聚会的，"提到他们，他这样说，"我的目的是营造共享观点的氛围，无论是好的还是不好的。在这样的氛围里，所有人，包括我，都能获得成长。希望能继续与大家分享美好时光。"[①]这番说辞听起来，通用电气将维持一个多世纪以来亲密无间的企业文化——在这里，终身就业是可以确保的，同事们也都重规矩，彼此尊重。

然而一旦掌权，韦尔奇对中层管理进行评估时就丝毫不留情面了。"必须解雇那些官僚。"他说，随后立刻裁掉了一大批高管。他还解雇了业绩突出但不讨他喜欢的高管以及很多表现不太好的老朋友。不仅如此，他还干脆整体裁掉了公司总部的某个部门，该部门专注于长期战略规划。他向下属

---

① 参见《纽约时报》1980 年 12 月 20 日刊文《通用电气任命韦尔奇为第 45 任总裁》("G.E. Names Welch, 45, Chairman")，作者托马斯·海耶（Thomas C. Hayes）。详见: https://timesmachine.nytimes.com

施压，要他们解雇更多的员工。高管位置一旦出现空缺，就立即被神情冷漠但对韦尔奇忠心的人填补。通用电气总部的员工很快减少了一半以上，从 2100 人降至 900 人左右。长期以来对通用电气的稳步发展不可或缺的部门几乎被整个关掉了。在这场急促的改造过程中，韦尔奇无暇顾及细节，他的管理风格是大吼大叫，毫无同理心。他的记忆力特别强，反应敏捷，工作起来不知疲倦，常常当面斥责那些对自己所主管业务的了解程度还不如他的经理。"礼貌在通用电气不再是美德了，"长期为韦尔奇撰写演讲稿的比尔·莱恩在回忆录中写道，"会议室里开始充满火药味，据报道，这里的战场还曾上演恐怖表演。"①

不久，粉色小纸条②丢在了全美各地通用电气工厂的地板上。韦尔奇上任伊始的 1980 年，通用电气的雇员总数达到史无前例的 41.1 万人。到了 1982 年年底，约 3.5 万人被解雇，约占全公司员工人数的 9%。韦尔奇解雇了纽约州斯克内克塔迪建设发电厂的机械师，解雇了肯塔基州路易斯维尔工厂的洗碗机组装工。次年，他再次裁员 3.7 万人。那些曾因通用电气而繁荣的社区，自韦尔奇掌权后便逐渐衰落。

新任首席执行官的一系列动作很快引发各界关注。1982

---

① 参见路透社 2008 年 1 月 25 日报道《作者认为韦尔奇的强硬言论让通用电气变得更强大》（"Author says Welch's tough talk strengthened GE"），作者斯科特·马龙（Scott Malone）。详见：https://www.reuters.com
② 代指解雇通知。——译注

年，《60 分钟》节目拍摄了一段节目，内容是关于通用电气决定关闭位于加利福尼亚州安大略市的钢铁厂。这间工厂的 825 名员工一夜之间丢了工作，他们说感觉遭到了背叛。当地的宗教领袖称关闭工厂是"不道德的"。节目播出时也指责通用电气"将利润置于人之上"。又过了几个月，通用电气几乎每周都会关闭一家工厂。韦尔奇博得了那个他永远甩不掉的绰号，是《新闻周刊》给他起的——"中子杰克"。建筑物依然屹立，但所有的人消失了。"中子杰克"这个绰号刺痛了韦尔奇，但他明白这个绰号大致准确。"我讨厌这个绰号，它很伤人，"韦尔奇回忆道，"但我更讨厌官僚主义和浪费。"

韦尔奇的裁员举措之所以如此令人困惑，是因为对通用电气而言，支付路易斯维尔、斯克内克塔迪和其他工厂员工的工资并不是难事。通用电气的盈利能力在世界 500 强企业中名列第十，远高于大多数企业。韦尔奇从琼斯手中接管通用电气时，公司净收入比上年增长了 7%。公司年报显示，当年的盈利高达 15 亿美元。然而韦尔奇虽然接管了"慷慨电气"，但在他看来，资本主义黄金时代的图景早已成了古老传说。虽然斯沃普、杨等前任领导人接任时都接受了企业应该对员工负责的理念，但韦尔奇上台时怀有狂徒般的野心，他坚信通用电气的问题在于雇员太多。在他看来，减少员工人数将产出更高利润。他认为两者之间的冲突是"难以避免"的。①

---

① 参见蒂奇、谢尔曼著《掌握你的命运，否则就会被别人掌握》第 91 页。

同时，员工向公司寻求保障和稳定的想法也激怒了韦尔奇。"就像美国、欧洲或日本的很多大企业，通用电气内部也形成了一种不成文的心理契约，每个人都觉得自己会被终身雇用，"他说，"在此基础上，员工对企业产生了一种父系社会式的、封建的、模糊的忠诚感。也就是说，只要你投入时间，努力工作，公司就会照管你一辈子。"[①] 韦尔奇认为这种想法既天真又可笑。全球化市场的竞争本质需要新模式，"除非能在竞争中胜出，否则任何企业都不是就业的避风港"。

"必须改变心理契约，"他说，"我的忠诚概念不是你把全部时间'贡献给工作'就能获得保障，就能被保护起来不受外部世界的影响。忠诚是那些想去与外部世界战斗并最终获胜的人彼此之间的亲和力。"实际上，他直接命令信息部门的主管不再在公司新闻稿和内部文件中使用"忠诚"这个词。这个指令也被称作"反忠诚运动"[②]。员工不应对公司怀有过度期待，这是韦尔奇尝试改造通用电气的员工队伍时最看重的一点。员工应该一直活在有可能失去工作的恐惧中，应该知道谁才是老板。

---

① 参见《哈佛商业评论》1989 年 9–10 号发表的诺埃尔·蒂奇（Noel Tichy）和拉姆·查兰（Ram Charan）的撰文：《速度、简单、自信：杰克·韦尔奇访谈》（"Speed, Simplicity, Self-Confidence: An Interview with Jack Welch"）。详见：https://hbr.org

② 参见托马斯·F. 奥博伊尔（Thomas F. O'Boyle）著《不惜一切代价》（*At Any Cost*, Vintage Books, 1999）第 75 页。

韦尔奇掌权前，通用电气的员工被视为公司的最大资产。公司内部普遍认为，没有普通员工就不可能有企业。但对韦尔奇来说，员工只是成本，而不是资产。既然是成本，就有必要压缩到最低限度。他的另一个离经叛道的观点是不认为大规模裁员只是企业在遭遇生存危机时不得不采取的手段，相反，他经常主动裁员。在他看来，精简人力意味着盈利增加，是帮他达成季度盈利目标的工具。至于对员工的个人生计甚或是对整个周边地区造成的损害，似乎并不令他感到困扰。

为了将频繁裁员的操作制度化，让裁员成为日出日落般的自然现象，韦尔奇推行了一项残酷的政策：每年，表现最差的 10% 员工将被解雇。根据他的指令，经理们要把手下的员工划分为三个等级：20% 表现突出的、70% 表现中等的和 10% 垫底的。韦尔奇喜欢将员工比作 A、B、C 级球员。垫底的 10% 必须被扫地出门。这一做法无疑非常冷酷，因为这意味着，即使公司业绩优良，每年也会有成千上万的员工被解雇。韦尔奇美其名曰为"活力曲线"，但员工们没有被这个披上成功学外衣的婉转说法欺骗，他们直接称之为"强制分级"，或者更准确地说，是"评级后解雇"。近一个世纪以来，通用电气一直以通晓如何善待员工、培训员工、推动员工个人发展而享有美誉。如今在韦尔奇的领导下，它以同样先进的手段解雇员工。不久，其他企业纷纷效仿。"那是杰克·韦尔奇的主意，之后被很多人效仿，"韦尔奇的劳资谈判负责人丹尼斯·罗切洛说，"在某些情况下确实引发了很多可怕的后果，但很快，所有人都有样学样了。韦尔奇的影响力非同寻常，人们只会说，'既然他那么做了，我们就照学'。"[①]

　　尽管韦尔奇使用专门术语来掩饰残忍的行为，但他仍坚持认为自己其实富有同情心。"有人觉得裁掉10%的员工既冷酷又霸道，"他说，"但事实并非如此。恰恰相反，我认为把那些不懂如何成长、无法取得成功的人留在身边才是残忍的、伪善的。难道要等到这些人的职业生涯快结束时才告诉他们'你们不属于这里'吗？到那时，他们能选择的工作机会已经十分有限，或许家里还有正要上大学的孩子，或许要偿还大笔的抵押贷款，那太残忍了。"[②]他认为，在这些人正值壮年时就解雇他们，这样更好。在他看来，失去工作对他们而言是"生活中的一个转折，让他们可以重新开始——就像一个人从高中升入大学或者从大学毕业后开始第一份工作"。被解雇是上天的礼物，他想让他们相信这个。是他把这些人从一份没有前途的工作的枷锁中解放出来，给了他们自由去追求……嗯，其他新的目标。被解雇的员工为整个团队作出了贡献，每一次裁员都会为公司日益丰厚的利润池贡献更多额外资金，推动公司股价涨得更高。

---

① 出自本书作者2021年与丹尼斯·罗谢洛（Dennis Rochelea）的谈话。
② 参见《杰克·韦尔奇自传》第161页。

　　这不愧是经典的韦尔奇式诡辩。他为大规模解雇粉饰，把冷酷的裁员措施变成必要之举甚至是合情合理。他逃脱了作为领导者本该肩负的责任，把破坏员工生计定性为天灾而非他的个人决定。他甚至得寸进尺地宣称，那些被解雇的人都感激失去了工作。"杰克虽然十分看重来自华尔街的认可，但他身体里的爱尔兰血液同样渴望获得那些被解雇员工的认可和喜爱，"演讲撰稿人莱恩回忆道，"他试图相信，他们会因为被抛弃而非常兴奋。"[①]

　　系统性地解雇员工是韦尔奇整整二十年任期里的标志性动作。在他担任首席执行官期间，几十万人丢掉了工作。不过仅靠大规模裁员，他走不了太远。毕竟，无论如何，通用电气的工厂车间里需要从事生产的员工。于是韦尔奇又找到了将劳动力成本从公司资产负债表上抹除的其他法子，其中最核心的一条是业务外包。他认为，但凡有一丝可能，都应该把某些工作交给公司外面的人去做。"不要保留自己的自助餐厅，交给餐饮公司管理就行了，"他提议，"公司也不需要文印室，交给外面的印刷公司吧。"[②] 20 世纪 80 年代，韦尔奇先后解雇了通用电气的餐饮服务人员、保安人员、门卫等，

---

① 　参见比尔·莱恩（Bill Lane）著《雄起：杰克·韦尔奇如何说服通用电气成为全球最伟大公司的幕后故事》(*Jacked Up: The Inside Story of How Jack Welch Talked GE Into Becoming the World's Greatest Company*, New York, McGraw-Hill, 2008）第 57 页。

② 　参见《杰克·韦尔奇自传》第 397 页。

不断精简员工队伍。"这就是外包的全部意义所在。"他说，轻描淡写地得出一个结论：这些工作本身并没有消失，只不过"转移到其他地方去了"。在他口中，数千个美国人的工作岗位像候鸟寻找温暖的气候区那样转移了。

那些被解雇的员工极少能从新雇主那里获得同等待遇。他们不再属于道琼斯工业指数成分股企业通用电气这家可靠、体面的雇主，而是被打发到工资更低、福利更少、几乎没有就业保障的外包商那里。"在那个年代，到处都能听到关于谁是公司的自己人谁又是外人的争论。"康奈尔大学教授路易斯·海曼指出，"这就导致了一个结果：每天一起肩并肩工作的人，有的被视为头等公民，有的被看作二等公民。这种现象先是出现在门卫和餐饮服务员之间，到了20世纪80年代末，所有员工尤其是办公室里的白领阶层都要面临同样的处境。"①

等到国内外包无法满足需求时，韦尔奇又将目光转向了离岸外包。他曾发表过一番令人印象深刻的言论："最理想的情况是，你可以把旗下的每一家工厂都装上货船，视各国货币汇率和经济形势变化，把船开到不同的地方。"这样一来，韦尔奇遐想，通用电气的工厂就可以在全世界移动，去追逐最划算的汇率、税收优惠、激励措施以及最低工资。对韦尔奇来说，这就是自由市场企业的柏拉图式理想——没有国籍，

---

① 出自本书作者与路易斯·海曼于2020年的谈话。

不受社区牵绊，可以完全按照投机取巧的方式雇用劳动力。对黄金时代那些关心社区的首席执行官来说，这不啻是一场反乌托邦的噩梦，但对韦尔奇来说，这是值得为之努力的目标。他几乎实现了这个目标的大部分，把通用电气旗下规模庞大的制造业务从印第安纳州的韦恩堡和宾夕法尼亚州的伊利等美国城市统统转移到了墨西哥和巴西。

尽管通用电气与劳工组织长期合作，而且双方有时存在争议，但韦尔奇还是设法执行了这套转移策略。20世纪50年代，负责劳工和社区关系的通用电气副总裁勒缪尔·博威尔在谈判桌上采取了强硬立场，他的"不接受（条件）就免谈"谈判方式被称作博威尔主义，至今仍在工会圈子里时常被提及。到了70年代，劳资关系有所缓和，通用电气自1969年起就再没发生过全国性罢工运动。韦尔奇并不打算与劳工组织正面对抗，以免触怒对方或踩到红线。他设法在不与工会发生冲突的情况下，成功地实施了一场持久而又全面的"反忠诚运动"，避免了在他担任首席执行官期间发生大规模罢工。但韦尔奇绝不是劳工组织的朋友，他只是没有走博威尔的老路，没有强迫工会接受公司提出的条件——或采取其他类似手段——而是尽可能地把工作机会从支持劳工的区域转移出去，从而大大减少公司里工会员工的比例。

韦尔奇又一次成了先行者。工会的力量在美国各地被不断地削弱。1981年，里根总统以参加罢工为由解雇了11359

名加入工会的空中交通管制员，还鼓励企业对劳工组织采取更强硬的态度。1985 年，当肉类加工企业荷美尔在企业盈利的情况下仍宣布降薪后，该企业的员工开始了持续一年的罢工行动。工厂关闭，紧张局势升级，资方不得不打电话让国民警卫队来维持治安。在韦尔奇看来，这一切都验证了他的直觉——员工中的工会会员比例越少，对通用电气或至少对公司投资者来说就越有利。1988 年，他在马萨诸塞州的议会大厦与州长迈克尔·杜卡基斯会晤时抱怨附近工厂里的工会成员否决了通用电气最新的一项全国性协议。他对州长说，如果工会组织继续捣乱，通用电气将不会再为该州提供任何新的工作岗位。"既然我们可以把设备搬去那些欢迎我们也值得我们去的地方，为什么还要把工作岗位和资金投在有麻烦的地方？"事后，据韦尔奇描述，杜卡基斯州长听完他的话，笑了笑，随即指派了一名代表前往通用电气进行调解，努力缓和公司与工会之间的关系。

那些年，韦尔奇说到做到，尽可能地把工作机会从工会控制的美国工厂转移到了美国本土以外。1989 年到 1991 年，通用电气的员工总数基本不变，但工作岗位的地理分布发生了戏剧性变化。海外员工增加了 2 万人，还斥巨资在印度开展业务。与此对应的是，美国本土的员工减少了 2 万人。

无情的裁员在通用电气内部打击了员工士气。没有一个部门甚至没有一个岗位是百分之百安全的。"慷慨电气"早已不复存在，取而代之的是一家俨然抛弃了传统、只关注降本增效却毫不顾及后果的企业。一位经理在 1988 年对韦尔奇说："如果这是全世界最好的公司，为什么我每天下班回家却总感到痛苦不堪？"[①] 类似的情绪也广泛存在于那些有机会继续留在通用电气的员工之间。在荷兰的一家工厂，某位工程师向他的老板韦尔奇提出疑问："我们的工厂再也不像过去了，它再也不像十年前那么吸引人了。"韦尔奇叫那名工人把这家工厂过去的有趣之处都列出来并还原出来。这是一种轻蔑的回击，他根本无意继续讨论这个问题。对话结束后，他立刻飞往巴黎。经过多年裁员与破坏，韦尔奇的招数让这家曾经充满自豪感的企业彻底失去了昔日风采。"这儿的员工对企业的忠诚度不会超过二十四小时，"一名高管抱怨道，"韦尔奇消灭了数十万人的奉献精神。"实际上，韦尔奇本人对员工的不满情绪心知肚明。他曾经回忆道："饮水机旁的窃窃私语总让人不大舒服。"[②]

与他如何改造企业的理论相比，更让人震惊的是他如何将这些理论付诸实施。一家企业的首席执行官为其所管辖的机构或组织定基调，韦尔奇的风格是聒噪、脾气暴躁、冷酷无情的。要找某个同事时，他朝秘书咆哮："赶紧让那个笨蛋

① 参见蒂奇、谢尔曼著《掌握你的命运，否则就会被别人掌握》第 238 页。
② 参见《杰克·韦尔奇自传》第 120 页。

来接电话！"① 不喜欢某个下属所做的汇报时，他会叫其他高管把那人打发："让那个该死的白痴滚蛋！"他的领导风格尽是大男子主义的负面特征。他贬低弱者，要求下属效忠，对一切都不满意，哪怕在他变得极为富有之后仍然如此。竞争意识取代了合作精神。忠诚过时了，取而代之的是焦虑，是一种对"领导都是如此反复无常、冷酷无情"的可怖领悟。

简而言之，韦尔奇是个恶霸。"你那些该死的手下根本不知道该死的你在干些什么！"他曾对塑料业务部门的高管爆粗口，只因对方搞错了几个数据。这就是《华尔街日报》所描述的韦尔奇"大喊大叫式的欺辱，目的是刺激经理们对抗"，哪怕后者原本就同意他的观点。一个被韦尔奇替换掉的经理说："就算只是跟他打个招呼，你也必须表现出对抗性。如果你不向他表现出针锋相对、寸步不让地捍卫自己的观点，他就对你毫无兴趣。"韦尔奇无休止地工作，还希望公司里的每个人都能像他一样。在整个职业生涯中，他讨论裁员时经常使用暴力性言语。他最喜欢用来表示解雇某人的说法是"毙掉"。"毙掉他们！"他谈及自己不喜欢的员工时会说，"那些人都应该被毙掉！"

他动摇了通用电气的精神内核。1984 年，《财富》杂志称他为"全美最蛮横的老板"，严厉指责他的领导方式。"韦

① 参见比尔·莱恩著《雄起：杰克·韦尔奇如何说服通用电气成为全球最伟大公司的幕后故事》第 28 页。

尔奇开会时竟如此气势汹汹，不禁让人瑟瑟发抖。"该杂志称，"他把脑力都用于人身攻击：批评、贬低、嘲笑和羞辱"。通用电气的一名雇员告诉记者："杰克像是象群，横冲直撞。如果你有不同看法，就要作好心理准备，先听他扯一大堆废话才能继续讨论。"另一名雇员说："为他工作就像上战场。很多人会中弹倒下，幸存者则会爬起来继续下一场战役。"[①]

　　和许多有钱有势的人一样，韦尔奇器量狭小。《财富》杂志的那篇文章让他备受打击。他曾形容那是他职业生涯中的最黑暗的时刻之一。但正如《新闻周刊》之前给他贴上"中子杰克"的标签，他确确实实难以反驳。事实上，他总觉得自己还不够强硬。彻底颠覆通用电气的同时，他的策略也换来了亮眼的成绩：公司盈利丰厚，业绩蒸蒸日上，更重要的是股价一路飙升。于是，韦尔奇决定将削减工作岗位、提升利润率的策略进行到底。"不幸的是，"他随即补充道，"裁员永不会停止。"

　　韦尔奇的反忠诚运动逐渐见效，引发了其他企业关注。不久，裁员成了各大企业可以接受的，甚至成了用来提高盈利水平的常规手段，这在一定程度上要归功于通用电气打了个样。20世纪60年代后期，美国约有27%的工人加入了工会，但这一比例从70年代起逐年降低，到80年代出现断崖

---

① 参见奥博伊尔《不惜一切代价》第83页。

式下跌。到了 90 年代初，工会成员的比例下降至 13%，最终
跌破 10%。随着工会日渐衰落，普通美国人在经济发展蛋糕
中分得的份额越来越小。工资水平停滞不前。从 20 世纪 60
年代末到 1981 年，美国蓝领工人的工资年增长率保持在 5%
到 9%。之后就再也没有这种增幅了。在韦尔奇担任首席执行
官的二十年间，工人工资的年增幅从未超过 4%，通常只有
2%，有时甚至跑不赢通货膨胀。在 20 世纪后期的四十年里，
流向中产阶层的收入份额也遵循着几乎相同的轨迹，从 19 世
纪 60 年代后期的约 53% 下降到 2001 年的不足 47%。在通用
电气的带领下，各大企业在业务上持续增长，发展突飞猛进，
却把他们的员工抛在了后面。"起初不少企业还有些顾虑，"
分析师尼古拉斯·海曼（Nicholas Heymann）说，"但通用电
气的举动在 20 世纪 80 年代末和 90 年代的整个美国工业界催
生了更多类似的、激进的成本重组。"[①]

"吃豆人模式"

　　通过裁员让通用电气变小之后，韦尔奇又开始寻找其他
法子来让通用电气变大。如果他想实现收益持续增长，通

[①]　参见《内幕》（*Insider*）杂志 2016 年 6 月 14 日刊文《这就是为什么
股东们能优先获得利润》（"This is how shareholders got to be first in line for
profits"）。

用电气就需要快速扩张。想办法让现有的产业卖出更多商品——所谓健康增长——固然很好，但对通用电气这样的巨型企业来说，渐进式的举措远远不够，毕竟每年可销售的发电设备、喷气式发动机和家用电器就这么多。韦尔奇意识到，为了实现理想的快速增长，必须借助非健康增长——换言之，他必须收购其他公司。"杰克的增长模型实际上是吃豆人游戏，"长期担任通用电气市场业务高管的贝丝·康斯托克说，"通过吃掉别的企业去获得增长，增长，再增长。"[1]

就任首席执行官那年，韦尔奇曾做过一些收购，他认为收购有助于增加销售额或用来让有时不可预测的收入保持平稳。这是为了增长而增长，极少考虑吸纳进来的企业与通用电气企业文化的契合度。他也曾卖掉几家企业，希望借此裁员，甩掉利润不够丰厚的业务。但上任五年来，他还没有达成一笔真正具有转型意义的交易、一笔将助力他打造全球最值钱企业的交易。某个晚上，在曼哈顿，事情有了变化，当时他正在尊贵的投资银行家菲利克斯·罗哈廷富丽堂皇的公寓里小酌，在那里邂逅了身穿燕尾服的美国广播唱片公司的董事长。美国广播唱片公司也是集团企业，1985 年正处于巅峰期，旗下拥有 NBC 电视网、一家大型消费电子类企业、一家航空航天企业、一家卫星公司以及半导体制造等诸多业务。

---

[1] 出自本书作者与贝丝·康斯托克（Beth Comstock）2020 年的谈话。

韦尔奇最想要的是 NBC，随后他只花了短短数周就以 63 亿美元收购了美国广播唱片公司，完成了当时最大规模的非石油类并购案。

　　这笔交易之所以成功，多亏里根政府。之前的半个多世纪里，美国政府一直明令禁止通用电气收购美国广播唱片公司旗下企业，这一规定是 20 世纪 30 年代反垄断执法的历史遗产，当时这两家企业被视为直接的竞争对手，通用电气恰好在另一件事上与监管当局发生冲突。到了 1985 年，随着自由市场派和放宽管制思潮席卷政坛，共和党人开始考虑制定放宽限制大企业的法律。就在通用电气向美国广播唱片公司提出收购要约前几个月，里根政府适时废除了将这两家企业长期隔离的限制令。技术性问题一旦解决，并购就水到渠成了。

　　收购美国广播唱片公司之后，通用电气的年营收额从 280 亿美元飙升至 400 亿美元以上。韦尔奇表示，美国广播唱片公司并入后，通用电气将成为"一家进入爆发式增长的企业"[1]。然而，很快，韦尔奇又着手将美国广播唱片公司分拆，再逐一出售。他把唱片业务卖给了德国媒体集团贝塔斯曼，把卫星业务转手卖给了私募机构。为了获得税收减免，他还放弃了位于新泽西州普林斯顿的研究中心。几个月之内，通过裁员和剥

---

[1]　参见《纽约时报》1985 年 12 月 13 日的刊文《通用电气表示，合并可能需要一年时间》（"G.E. Says Merger May Take a Year"），作者埃里克·伯格（Eric Berg）。详见：https://www.nytimes.com

离资产，他把美国广播唱片公司的员工人数从近 8.8 万人缩减到 3.6 万人以下。

美国广播唱片公司集团没有被韦尔奇卖掉的残留业务同样面临巨大压力。有了美国广播唱片公司之后，通用电气的消费类电子业务规模更大，理论上，实力应该更强，但是它面对的是日本和韩国制造商日益激烈的竞争，后者正以极低的成本生产优质产品。为了让通用电气重新获得竞争优势，韦尔奇及其管理团队说服工人们作出让步：减薪。这样或许将使这部分业务实现盈利。韦尔奇表示，他会给消费类电子事业部几年时间去证明它可以"自力更生"。然而没过多久，他就失去耐心，很快同意用消费类电子事业部去交换法国汤姆森公司的医疗设备部门。这分明是一次冲动的交易，韦尔奇却吹嘘自己多么迅速就作出了正确决策。"我们根本不需要回总部进行战略分析，也不需要做一大堆调研报告。"他说，"我们大概只花了三十分钟去判断这笔交易是明智的，又花了大约两个小时跟汤姆森的人敲定基本条款，五天内签了意向书。"[①]

韦尔奇将这次交易描述为一步好棋，坚信自己用一个注定衰败的部门换来了一家前途光明的新企业。然而，他很快就发现自己当初应该观察得更仔细一些。新收购的医疗系统的业务比通用电气当初以为的更差，订单迅速下滑，利润消

---

① 参见鲍威尔与戴尔所著《通用电气的革命性》一书。

失无踪。事实证明该公司已濒临破产。然而按照华尔街那套不同寻常的逻辑来看，这些并不重要。重要的是，韦尔奇通过并购美国广播唱片公司扩大了通用电气公司的整体规模。并购之后，通用电气的电视业务占据了最大市场份额，实现了韦尔奇 1981 年在皮埃尔酒店制定的目标——通用电气在所有业务上都应该成为行业内数一数二的。

并购美国广播唱片公司也意味着通用电气控制了 NBC，全美三大主流广播电视网之一。韦尔奇摇身一变成了媒体大亨。他陶醉于通用电气对 NBC 的所有权，享受与名流聊天。他削减大卫·莱特曼 ① 和汤姆·布罗考 ② 等人的开支，这强化了他原本就很强大的自尊。在公司内部，人们普遍认为，他之所以同意为 NBC 提供资金去争取奥运会转播权，主要是为了借机举办盛宴去款待他的客户和朋友。

不过，媒体业有时也让韦尔奇颇感头疼。NBC 作为全美三大广播电视网之一，对公众负有很大的责任，而这对韦尔奇来说简直无法容忍。他打算削减 NBC 新闻台的开支，就像他对其他业务部门所做的那样。对于 NBC 是"公信机构"、应该避免像通用电气其他业务部门那样设置盈利目标的说法，韦尔奇嗤之以鼻。相反，他希望通过把 NBC 品牌授权给独立

---

① 大卫·莱特曼（David Letterman），美国著名制片人、喜剧演员。代表作有《宋飞外传》第一季、《大卫·莱特曼秀》等。——译注
② 汤姆·布罗考（Tom Brokaw），NBC 金牌新闻主持人。——译注

制片人和其他电视台的方式来开发新的收入来源，认为可以
通过解雇大部分顶级电视明星来节约成本。

　　NBC 有多强大，韦尔奇是知道的，但他仍不时想干预新
闻报道。1987 年 10 月 19 日，股票市场在黑色星期一遭遇大
崩盘时，汤姆·布罗考在 NBC 晚间新闻时段发布了一份不祥
的报告，警告称更大规模的经济危机即将到来。韦尔奇认为
他的看法过于悲观，直接向 NBC 新闻部的主管劳伦斯·格罗
斯曼抱怨。"你们在扼杀所有的股票！"① 他咆哮道。

　　"这个话题不适合讨论。"格罗斯曼回答道。

　　十多年后的 2000 年，报道称韦尔奇曾在选举之夜亲临
NBC 新闻编辑室，待在编辑决策台附近不肯离开，还向 NBC
高管施压，要他们为小布什助选。大约午夜前后，他终于忍
不住大发雷霆："好吧，直说，我到底要花多少钱才能让你们
这些浑蛋支持布什？！"②

　　控制了 NBC，也让韦尔奇做出职业生涯中最重大的决定
之一。他于 1993 年对 NBC 知名主播和制作人进行大洗牌时，
邀请罗杰·艾尔斯去掌管 CNBC，也就是 NBC 财经频道。艾
尔斯是保守派人士，让他来负责聚焦华尔街的电视频道是一

① 参见奥博伊尔《不惜一切代价》第 131 页。
② 参见加布里埃尔·谢尔曼（Gabriel Sherman）著《房间里最响亮的声音：
才华横溢、夸夸其谈的罗杰·艾尔斯如何创办福克斯新闻并分化国家》（*The
Loudest Voice in the Room: How the Brilliant, Bombastic Roger Ailes Built Fox
News — and Divided a Country*）第 250 页。

个违背传统的决定。他曾担任老布什总统的顾问，加入通用电气前还曾担任拉什·林博电视节目的执行制片人。然而，加入通用电气之后，艾尔斯想方设法把制造分化的政治娱乐节目带到了 NBC。他先创办了一个短命节目叫《美国谈话》，一开始尝试打造全天候政治新闻类频道。之后，他推出了美国第一个致力于不间断报道政治相关内容的频道 MSNBC。1996 年，艾尔斯接受人力资源部对其不当行为的调查后被赶下台。尽管如此，韦尔奇仍视他为好友，并同意放宽竞业限制协议条款，允许他转头去为鲁珀特·默多克效力，创办福克斯新闻台。

韦尔奇接下来的重大收购让通用电气再次远离其原本的工业巨头身份。1986 年，为了加快从制造业向传媒和金融业转型，韦尔奇收购了投资银行基德·皮博迪。这一次，他没有找借口说收购是为了强化通用电气的工程技术实力之类的。他想把基德纳入麾下，绝不是因为其良好的声誉或其与美国消费者之间的紧密联系，相反，韦尔奇认为，收购这家银行能让通用电气在蓬勃的杠杆收购业务中发挥更大作用。所谓杠杆收购，指私募机构将上市公司从公开股票市场撤出（即私有化）。在这个过程中，私募机构通常会收取高得离谱的费用，因而成了当时华尔街最热衷的业务。通用金融当时已经开始涉足这一领域，为一些大规模并购交易提供贷款。但韦尔奇显然并不满足。"我们认为基德将帮助我们完成更多的一手交易，找到新的分销渠道，无需向华尔街的其他经纪机构支付大笔费用。"[1] 他写道。收购基德是韦尔奇推动通用电气深入金融领域计划的关键一步。他相信，金融行业可以让公司凭空变出利润，同时不再需要背负脏乱的工厂车间和工会员工等负担。

韦尔奇以为收购基德之后很容易赚到钱。但基德并购案从一开始就注定失败。收购仅八个月，基德就爆出金融业最大丑闻：公司里的一名明星交易员马丁·西格尔承认曾向当时最狡猾的投资者之一伊万·博斯基非法提供机密信息。西格尔当时已经是公司里收入最高的员工，但博斯基用装满现金的公文包从他那里交换了提示性信息。这让通用电气陷入有史以来最大内幕交易丑闻。西格尔对两项重罪指控都表示认罪，并同意配合由年轻的美国检察官鲁迪·朱利安尼领导的调查，持枪联邦特工随后突袭了基德的办公室并逮捕了更多人。韦尔奇向金融领域发起的第一次重大进攻至此惨败。

为了在混乱中稳住阵脚，韦尔奇任命通用电气董事会的一名成员去接管基德，此人之前曾负责工具制造公司，但毫无金融业务经验。这位忠诚实业家的稳健之手没能使上力。次年，随着股票市场崩盘，基德的业务崩溃了。1987年，基

---

[1]　参见《杰克·韦尔奇自传》第218页。

德亏损高达 7200 万美元，通用电气不得不解雇了 1000 名员工，占该公司员工总数的 20%。最终，西格尔锒铛入狱，但韦尔奇的一名副手与朱利安尼通过谈判达成了一项交易，通用电气得以全身而退，代价仅仅是支付一笔微不足道的罚款、同意停止某些类型的交易并设定更严格的应急管控措施。

韦尔奇从不曾为自己在并购基德案中的失职担责。他指出，基德内部的犯罪行为发生在通用电气并购前，而且他相信基德总裁拉尔夫·德努齐奥在道德上无可指摘，"他与丑闻无关"。尽管收购基德是韦尔奇本人的主意——他还在董事会上不顾其他几名董事的反对，强行通过收购案——他却在麻烦浮出水面的第一时间就盘算好从整件事中抽身。西格尔引发的灾难是"在那些人脸上猛踹一脚"，韦尔奇说，语焉不详地暗示基德并不是通用电气集团的成员——他当上首席执行官不过数年，推卸责任的本事就展现得淋漓尽致。

几年后，基德又让韦尔奇受到另一次惊吓：他们一直通过某种涉及债券交易的操作续保利润。事情败露后，通用电气被罚 2.1 亿美元，还在资产负债表上额外损失了 12 亿美元。这桩令人震惊的意外导致通用电气股价下跌，罕见地未能实现预期的季报盈利目标，从而突显金融部门的业务可能对整个通用电气造成多么重大的冲击。然而，最让韦尔奇心烦的并不是上了当、受了骗，这尚在他的容忍范围之内。真正让他烦恼的是股东们的震惊。"这个讨厌的项目……破坏了我们保持十多年的'无意外'的好名声，让我们所有人都被折腾得快疯了。"[①] 他说。

除了这件烦心事，韦尔奇的整体计划还是奏效了。并购美国广播唱片公司和基德让通用电气脱离了传统的制造业务，降低了对波动的周期性资本支出的依赖，也大大降低了对传统客户的依赖程度。更重要的是，这些交易让韦尔奇认识到电视广告业务和银行业赚钱是多么容易。基德和 NBC 的利润率非常可观，而且无须花费精力去维持工厂运作、应付加入工会的工人。韦尔奇已经关注到当时其他公司的领导者只是模糊感知到的、现代经济的一个基本事实：真正的大钱不会再出自那些位于美国核心地带的工厂了，而将来自华尔街和麦迪逊大道上的写字楼。随着通用电气不断向金融业进军，投资者也开始明白韦尔奇的意图，而且通用电气的股价开始上涨。1987 年，公司股价比韦尔奇刚接手时上涨了 250%。

并购美国广播唱片公司和基德在另一个层面也具有重要意义。它让韦尔奇意识到可以通过购买而非发展去实现增长，可以靠收购而不是靠创新去登上顶峰。于是通用电气一夜之间成了全美最大的并购交易商，不停地收购大型企业，随后

① 参见《财富》杂志 1988 年 5 月 9 日刊文《通用电气在华尔街的天价教训》（"GE's Costly Lesson on Wall Street"），作者斯特拉特福·谢尔曼（Stratford Sherman）。详见：https://money.cnn.com

将其分拆出售。通用电气越来越不像是一个内部相互关联的有机整体，反而在某种程度上更像是一家资产管理公司，负责监督和管理一堆关联度极低的业务部门。

接下来的几年里，只要是看上去有可能快速获利的，韦尔奇就会买下。"我们搞砸了，"曾在劳资关系方面与韦尔奇共事的通用电气资深高管罗切洛说，"我们收购了一些不太成功的企业，还在某些领域碰得头破血流。但韦尔奇有他的想法。他总是说：'嗨，市场风向如何？我们在哪里能搞到更多的利润？'"[①] 不停收购的代价是牺牲了研发投入、健康增长和内部创新，这一点，韦尔奇本人毫不避讳。"我们对培养新业务不感兴趣。"他说。事实的确如此。在他漫长的任期内，通用电气推出的最具突破性新产品是 CNBC，一个完全商业化的有线新闻网，把观看股票行情变成了黄金时段的娱乐节目。

韦尔奇掀起的并购狂潮对重塑宏观经济秩序的影响远远超出了其对通用电气的影响。韦尔奇上任前，整个美国的并购案寥寥可数，每年的并购交易只有数千件，交易规模只有数百亿美元。韦尔奇入主通用电气后，并购交易案开始呈现爆发式增长。到他离任前，美国的年度并购交易案激增至 1.4 万件，交易规模超过 1 万亿美元。1980 年的财富 500 强企业中，多达 143 家（占比 28%）都在 20 世纪 80 年代末被其他

---

① 出自对罗谢洛的采访。

企业并购。[1]

　　与此同时，企业掠食者四处攻城略地。卡尔·伊坎、T. 布恩·皮肯斯、纳尔逊·佩尔茨等人正忙于筹措资金，对毫无防备的企业发起咄咄逼人的并购。他们一旦控制了这些企业，就通过裁员和削减成本来榨取利润。假如被收购的企业不肯听从那些渴求利润的投资者的命令，掠食者便制造事端，换掉企业负责人，然后往董事会安插自己的亲信，强迫企业俯首帖耳。他们的所作所为即使在《华尔街》之类的电影中都算是被美化了。迈克尔·道格拉斯饰演的那位目空一切的戈登·盖科在影片中公开宣称："贪婪——找不到更好的词来形容——是好事。"

　　私募机构也在迅速发展。杠杆交易机构用借来的钱并购企业，然后让企业承担债务，随后削减成本，榨干能榨到的每一分钱。KKR 集团[2]收购了烟草巨头雷诺兹-纳贝斯克，罗纳德·佩雷尔曼[3]则盯上了化妆品公司露华浓。野蛮人已经站在家门口——无论对企业还是对它们的员工来说，这都是可怕的新景观。每时每刻都有可能冒出一家从没听说过的公

[1]　参见《科学新系列》(*Science New Series*, Vol. 249, No. 4970, Augus 17, 1990) 第 745 页 —749 页安德烈·施莱费尔 (Andrei Shleifer) 和罗伯特·维什尼 (Robert W. Vishny) 的文章《1980 年代的收购浪潮》("The Takeover Wave of the 1980s")，详见：https://www.jstor.org

[2]　KKR 集团即 Kohlberg Kravis Roberts & Co.L.P.，科尔伯格·克拉维斯·罗伯茨公司，简称 KKR，老牌的杠杆收购巨头。——译注

[3]　罗纳德·佩雷尔曼 (Ronald Perelman)，美国投资大亨。——译注

司，严厉要求它们裁员、降低成本、提高利润。不过，类似的事不会发生在通用电气身上。当企业掠食者和私募巨头从外部向其他企业进攻时，韦尔奇正在自家内部干着同样的事。"通用电气是一家风险投资公司。"NBC 新闻部前总裁格罗斯曼说。他补充道："达成交易能让韦尔奇两眼放光。他对人或产品都没兴趣。"[1]

"吃掉你的亲妈"

要把通用电气打造成全世界最值钱的企业，韦尔奇知道必须借助通用金融。自从 20 世纪 70 年代后期第一次与财务部门合作，他就在那一刻发现了一个简单却强大的真理：靠玩数字游戏去赚钱远比靠制造冰箱去赚钱要容易得多。"我一生都在从事制造业，所以，当我发现仅仅只要打破点儿什么，再把它捣碎或磨成粉末就能赚钱时，我简直不敢相信这'看上去'如此轻松。"[2] 回忆起第一次接触投资银行、杠杆收购和贷款融资的世界，韦尔奇说道："我确信其中蕴含着巨大的机会。我们所要做的是从追随者变成引领者。"在给公司首席财

---

[1] 参见珍妮特·劳（Janet Lowe）著《杰克·韦尔奇如是说：世界上最伟大的商业领袖的机敏与智慧》(*Jack Welch Speaks: Wit and Wisdom from the World's Greatest Business Leader*, Wiley, 2008) 第 21 页。

[2] 参见《杰克·韦尔奇自传》第 233 页。

务官的一份备忘录中，韦尔奇写道：是金融业而不是制造业代表了公司的未来，"没有哪个领域比金融行业更需要来一场量子级别的变革了。我指的不仅仅是某个部门——金融必须成为……帮助通用电气成为'全球最具竞争力企业'的推手"。

1983年，韦尔奇开始野心勃勃地进军保险行业。他先是以9000万美元收购了美国抵押贷款保险公司，次年又花费11亿美元将其雇主再保险公司收入囊中。其中蕴含的象征意义再明显不过了。他签字同意出售通用电气的某些标志性业务如空调和小家电业务时，也在鲸吞一些非制造类企业。达成这些交易后不久，他并购了基德。这些举措都是在为他领导下的通用电气迎来最彻底的转型奠定基础，从一家靠工业实力生存的企业转变为一家靠金融工程过活的企业。

在任职的第一个十年，韦尔奇适度发展了通用金融。他就任首席执行官时，该部门拥有110亿美元资产。十年后，这个数字上升到700亿美元，业务范围也从美国扩张到其他国家。基德虽然造成了一些麻烦，却也让通用电气在华尔街站稳脚跟。但真正的增长还在后面。在韦尔奇任期的后半段，通用金融膨胀成为庞然巨物。到他退休时，通用金融在近五十个国家运营的资产高达3700亿美元。

总体规划是没有的。金融部门只是追逐一切能追逐到的金钱，来实现发展壮大。韦尔奇对此毫不讳言："我们对通用金融从未有过宏大的战略构想。"后果就是通用金融像个九头蛇怪物，变得越来越难以控制，更遑论对其进行监管。它在泰国涉足汽车贷款业务，为家得宝等企业发行专属的消费信用卡，承销欧洲的商业地产开发业务，还成了全球最大的设备租赁商[1]，拥有900多架飞机、近20万辆轨道车、75万辆汽车、10万多辆卡车和11颗卫星等。它还为柯达等公司处理信贷业务，为需要新复印机的客户处理账单。它鲸吞了贷款组合业务，将资金出借给野心勃勃的开发商，以微薄利润换巨大份额的方式涉足复杂的贷款拆借业务。通用电气甚至踏入大型房地产业。20世纪90年代中期，通用电气金融部门旗下拥有位于纽约中央公园西南侧一座金光闪闪的摩天大厦。之后他们与唐纳德·特朗普达成了协议，将该物业改名为特朗普国际酒店。

尽管韦尔奇在公司其他业务部门严格控制支出，但通用金融的员工人数持续增加。1977年，该公司的员工不到7000人，业务收入约为6700万美元。等到韦尔奇退休时，通用金融每年可为集团贡献52亿美元的营收，员工人数超过8.9万人。在巅峰时期，它贡献了通用电气集团50%的利润。从1991年到1996年间，如果扣除通用金融部分，通用电气集团的营收年增长率仅为4%。感谢资本游戏的魔力，通用电

---

[1] 参见《财富》杂志网站1997年11月10日刊文《通用金融：杰克·韦尔奇的秘密武器》("GE Capital: Jack Welch's Secret Weapon")，作者约翰·柯伦（John Curran）。详见：https://archive.fortune.com

气集团同一时期的整体营收增长率超过了 9%。这反过来刺激了公司股价。从 1995 年到 1997 年，通用电气股价暴涨了 123%。相比之下，标准普尔指数仅上涨 63%。通用金融一时盛名在外，几乎可比肩高盛，吸引了全国各地顶尖名校的 MBA 毕业生。它还向高管们支付丰厚的薪酬。"杰克主持的每次计划会议总是一成不变，"长期担任通用金融总裁的加里·温特回忆道，"他会告诉其他所有部门要削减成本，却总是提醒我要扩大业务。"①

但通用金融对韦尔奇而言远不止是一台赚钱机器。它还是韦尔奇用来确保低息贷款、降低通用电气集团税收以及隐瞒实际季度收益的工具。首先，它让通用电气能充分发挥其神圣的 AAA 信用评级作用；健康的财务初始记录又能让通用电气以远低于竞争对手的成本借到钱，让公司仅凭一个百分点的优势就可以在成就或破坏一个投资项目的行业中占尽优势。借助与通用电气传统实业类业务千丝万缕的联系，依托集团公司可靠的收益和有形资产，通用金融能在缺乏足够资金的情况下保住自己的信用评级。集团公司的其他部门足以拿来进行抵押贷款。

对一家大型企业集团来说，这不啻双赢，让通用金融既能在金融交易中更有侵略性，又能在会计核算中保持灵活性，

---

① 参见访问文章《韦尔奇的又一门徒》（"another welch disciple"），作者乔治（George）。

无须被资产负债表上的沉重债务拖累。"通用电气的独特之处在于既拥有金融服务业务，又拥有实体业务。"NBC 前高管汤姆·罗杰斯如此评论，他曾为韦尔奇效力数年，后来担任 TiVo（美国电视录制技术）公司的首席执行官，"如何让这两部分业务协同产生飞轮效应，是杰克创造的独特方法的一部分。金融服务业务和实体业务共同作用，找到了更顺畅的盈利窍门。"[①]

韦尔奇知道是通用金融让他实现了"持续盈利增长"，这比其他任何因素都重要，甚至早在他被任命为首席执行官之前就知道通用金融对他的成功至关重要。多亏有庞大的金融部门，他甚至可以实现"按需盈利"，正如当时一名分析师所说的那样。通用电气的制造类业务——从电灯泡到飞机发动机——或许是盈利的，然而这些业务很难在紧急情况下实现营收增长。金融业务的情况就不一样了。全球信贷市场永远是开放的，通用金融通常会在每个季度的最后几天有所行动，诸如添加利润、视情况收取重组费用等，帮助母公司达成华尔街预期的盈利目标。

通用电气的业务越来越复杂，每个季度都会出现新的突发事件，如资产剥离、兼并、特殊收益、一次性收费等，每隔九十天就会奇迹般地拿出华尔街分析师希望看到的精准数

---

① 出自本书作者 2020 年与汤姆·罗杰斯的谈话。

据。毫无关联的事件恰好同时发生，变魔术般让资产负债表看上去毫无破绽。例如通用金融将承担关闭蒙哥马利－沃德百货公司的相关费用[①]，该公司是通用金融旗下大量房地产类资产之一；同一时期，该公司售出了其在普惠公司[②]所持有的股份，发公告称获得了一笔收益。他们甚至将职工养老基金投资组合的增长也计入公司收入。

结果就是，幸亏有养老基金在股票市场上的投资，通用电气的季度盈利看上去一直在增加。这又推动了通用电气股价上涨。作为全世界实力最强企业之一，通用电气股价上涨将在更大范围内带动市场走高。这是一个无限循环的投机闭环，使得通用电气的盈利能以一种稳定的、可预测的速度增长，避开了任何可能导致股价崩盘的陷阱，同时不会显得某个季度的业绩过于突出，不至于出现次年难以复制的情况。"几乎没有任何透明度，"[③]长期担任通用电气营销主管的贝丝·康斯托克说，"通用电气拥有一支财务大军，能按我们需要的方式完成季报。"

有时，管控利润意味着解雇员工。1997 年，通用电气与军工承包商洛克希德·马丁公司完成了一笔复杂的交易，收

[①]　参见《新共和》（*The New Republic*）杂志 2001 年 6 月 11 日刊文《被高估：杰克·韦尔奇为什么不是上帝》（"Overvalued: Why Jack Welch Isn't God"），作者罗伯·沃克（Rob Walker）。详见：http://www.robwalker.net

[②]　普惠公司（Paine Webber），美国著名投资银行。——译注

[③]　出自本书作者对康斯托克女士的采访。

获 15.4 亿美元的利润和价值 6 亿美元的税收减免。这是一笔意外之财，但通用电气不希望当期的季报账面上突然出现巨额盈余，因为其他业务也都表现良好，如果加上这笔交易，所产生的利润将会使得盈利大幅飙升，破坏韦尔奇长期以来精心设计的"盈利持续上升"轨迹。于是他们想到了一个法子。考虑到公司旗下一些工厂表现不佳，他们赶在 1997 年的最后几个月里制定了一项计划，紧急冲销 23 亿美元巨款，用来支付关闭这些工厂的费用。虽然这个做法有效降低了当季收益，却导致 1000 多名员工突然失业。但对通用电气来说，这些员工只不过是做生意的成本罢了。公司的发言人甚至毫不掩饰地承认了其中的关联性。"冲销利润是我们的一贯做法。"①他说。

　　韦尔奇否认通用金融被当作维持公司股价上涨的工具。"我们管理的是企业，不是利润。"他轻描淡写地说。但他的副手讲述了一个完全不同的故事：许多并购案都是高管们为了争相完成由韦尔奇和总部其他高级经理设定的天价盈利目标而策划的。"我们进行并购当然是为了购买利润。"②通用金

---

① 参见《金钱》（*Money*）杂志 2000 年 11 月 1 日刊文《亮眼的数据》（"Glowing Numbers"），作者乔恩·比尔格（Jon Birger）。详见：https://money.cnn.com

② 参见《华尔街日报》1994 年 11 月 3 日刊文《管控利润：通用电气如何抑制其年度收益波动》（"Managing Profits: How General Electric Damps Fluctuations in Its Annual Earnings"），作者兰德尔·史密斯（Randall Smith）、史蒂文·利平（Steven Lipin）和阿迈勒·纳吉（Amal Naj）。

融的首席财务官表示。通用电气集团的首席财务官也承认大部分兼并案都不是由合理的战略性目标所驱动的，而是来自无情的施压——实现野心勃勃的财务目标。"有人会说，你看，我今年有盈利任务。为了完成任务，或许我需要进行收购。我不认为这样做有何不妥。"他说，"如果有人能提出好的收购方案，我觉得挺不错。"通用金融的负责人加里·温特也曾公开承认盈余管理，但他淡化了这种做法的重要性。"我们只是略作调整，改动并不大。"他说。但无论利润管控的程度是大还是小，韦尔奇本人总是置身事外。在他任期的大部分时间里，公司的会计规则相对宽松，无论是投资者还是监管机构对此都没有太多质疑。"杰克上任后不久，许多事情——从收入确认规则到其他一切——都发生了变化。"TiVo 公司前首席执行官罗杰斯称。他补充说，"假如晚几年上任"，韦尔奇很难"打造出这样一个可预测的盈利怪兽"。

除了抹除利润，金融部门还帮通用电气避税。1997 年，通用电气和其他大企业在推动修改法律方面取得了胜利，获准向美国国税局少支付数十亿美元税款。修改后的法律中有一条豁免项目，被称为"主动融资"，这使得通用电气有机会主张他们从国际融资活动中获得的资金实际上是在国外产生的。比如，假设通用金融在印度为销售动力涡轮机提供融资，那么它只需将相关利润留在海外就可以避免因提供融资而获得的收入向美国政府纳税。结果就是通用电气在全球范围内不断扩大的贷款业务基本上都无须在美国纳税，还能积累额外的税收抵免、折旧和冲销额度，用来冲销公司在其他地方获得的利润①。

法律一经修改，通用电气就立即大幅调高在爱尔兰、新加坡等低税收国家的利润。事实上，这些国家并不是通用电气开展最多业务的地方，而是韦尔奇让会计师随心所欲编造利润的地方。从1996年到1998年，法律修改前，通用电气在美国的利润和营业收入基本同步。公司销售收入约73%在美国，这些销售收入带来的利润约占公司总利润的73%。但在"主动融资"的豁免条款颁布后，这两个数字就开始偏离。不久，通用电气宣布，虽然美国仍然是公司业务收入的最大来源地，但只有一小部分利润来自美国市场的业务收入。韦尔奇的律师团竭尽所能地把应付给美国国税局的税款压缩到法律规定的绝对最低值，导致其他企业纷纷效仿，美国企业向政府缴纳的税金开始稳步下降。

韦尔奇大幅减少了通用电气涉及金融部门业绩的相关信息披露，还刻意将这部赚钱机器的内部运作流程进行模糊化处理，这让任何试图质疑通用金融内幕的人面对的情况极为复杂。在韦尔奇治下，通用电气总能实现它想要的数字，这

---

① 参见《纽约时报》2011年3月24日刊文《通用电气的策略让其实现全面避税》（"G.E.'s Strategies Let It Avoid Taxes Altogether"），作者大卫·科切涅夫斯基（David Kocieniewski）。详见：https://www.nytimes.com

似乎是确定无疑的。现金持续流动，没有人——无论是持有通用电气股票的投资者还是那些靠分析企业如何赚钱谋生的华尔街专业人士——质疑这是如何发生的。

　　投资者没有过多质疑的一部分原因是他们根本没有机会这么做。季度利润公告中包含原始财务数据，但韦尔奇取消了季报电话会议，这种会议对于大多数上市公司来说原本是不可或缺的。通用金融是个黑箱，投资者可以看到他们从中取出了什么，却对箱子里究竟有什么一无所知。"我们做的是法律要求我们做的，但我们不分拆业务，"斯蒂夫·科尔，一名在 20 世纪 90 年代曾与韦尔奇关系密切的高管如是说，"通用金融为母公司贡献了相当大的一部分业务收入，其中的很多增长并不怎么健康。我们通过收购其他公司来实现增长，曾有过每两周就兼并五家企业的纪录。这一切，公众是看不到的。"[①] 韦尔奇将通用金融形容为"幽浮魔点"，即一个无固定形态、不断变化的金融资产的集合体，可以在短时间内作出对母公司最有利的任何调整。

　　尽管通用电气在公开详细财务信息方面设置了重重阻碍，韦尔奇却深知如何推销自己的故事。自 20 世纪 80 年代后期以来，他着手将公司里的顶尖人才转移到投资者关系部门。这个部门，用他的话来说，以前是"标志着一名金融从

---

① 出自本书作者 2021 年与斯蒂夫·科尔（Steve Kerr）的谈话。

业者的职业生涯宣告结束的地方"，现在他却对这个后台部门
能够发挥的功能有了不同看法。投资者关系部门不再只是公
司与华尔街之间的联系纽带，其作用不再只是为了让金融分
析师了解公司的最新业绩。韦尔奇决定让投资者关系团队变
成"通用电气股票的首席营销官，永远走在前去拜访投资者
的路上，向他们推销通用电气的故事"。通用电气再次打破了
传统，开创了任由企业不受约束地进行自我推销的新时代。
韦尔奇亲自说过，他的投资者关系团队不推销任何产品，他
们推销叙事。他对投资者关系部门职能的重新定义立竿见影
地影响了整个通用电气的优先选项。据韦尔奇说，突然之间，
员工们"每天早上一起床就感觉到一整天都被通用电气的股
价影响着"。

　　推销故事的最好办法是保持股价上涨。韦尔奇觉察到，
公司回购自家股票是保持股价上涨的最佳手段。通过回购，
上市公司自掏腰包，按溢价从其他投资者那里购买自家的股
票。理论上，回购股票是因为上市公司认为自家股票的价值
被低估，所以通过回购来减少流通股的数量，以更具吸引力
的价格巩固所有权，还能让那些仍在流通的股票更值钱。企
业回购自家股票时会自动提高每股收益，而这往往又会刺激
股价进一步上涨。"如果只需要回购股票、缩小分母就能让
每股多出一分钱的收益……你懂的，那么这么做又有什么害
处？"多伦多大学罗特曼商学院院长罗杰·马丁说。

　　回购股票，实际上意味着允许企业操纵股价，因此在美国被法律明令禁止长达半个世纪。1933 年颁布的《证券法》就是在股市崩盘引发大萧条之后通过的，是为了禁止企业故意操纵股价。回购本身并不违法，但企业一旦进行回购，就很容易被指控操纵股价。1982 年，美国证券交易委员会终于同意修改法律，为企业回购自家股票开了绿灯。这是里根政府送给商界的又一个礼物。从此以后，大企业可以轻易地把利润拿来回购自家的股票、推高股价，而不是将利润用于再投资、研发新产品或新服务、惠及员工。美国股市的曙光到来了，股市游戏新时代即将开启。韦尔奇抓住了机会。接下来，他将宣布美国商业史上最大规模的股票回购计划——高达 100 亿美元！这是他为进一步推高通用电气股价所支付的第一笔费用。

　　将资金用于回购，而不是用于投入研发、改良资产、提高员工工资，这在当时对许多商业巨头来说还十分陌生。为数不多、与通用电气一样具有象征性意义的企业巨头美国钢铁公司首席执行官一度将这种行为比作“吃掉自己的亲妈”[①]。但随着时间推移，其他美国企业也群起效仿。20 世纪 80 年代后期，各大企业将大约 30% 的利润用于购买自家股票。到了 90 年代，这个数字攀升至 50%。理论上，企业用于回购和股息分红的资金应该向下渗透，以更充裕的退休金账户等形

---

① 　参见奥博伊尔《不惜一切代价》第 129 页。

式回馈给全职员工，就像那些大量持有通用电气股票的基金经理尽职尽责地提升了普通人户头里的资产价值。然而在实践中，有研究表明，回购反而加剧了收入不平等。

正如颇有影响力的股票回购研究论文作者威廉·拉佐尼克所总结的那样："企业的盈利并没有转化为普遍的经济繁荣。"评估责任应归咎于哪一方时，拉佐尼克坚信，股票回购和高额股息是罪魁祸首。他发现，2003 年至 2012 年，标普 500 指数成分股企业将利润的 54%（约 2.4 万亿美元）用于回购自家股票，其他企业将大约利润的 37% 用于向股东支付分红。"他们几乎没有投资在任何有利于提高生产力或员工收入的事情上。"[1] 拉佐尼克指出。至于普通人账户，说到底，员工根本不可能从股票回购和股息分红中受益，因为总体来说，他们拥有的股票数量太少。那么，高管们为何痴迷于回购和分红？拉佐尼克给出的解释很简单："因为高管薪酬的很大一部分是股票，而回购可以在短期内推高股价。"在这种情况下，"那些我们原本所倚重的人、希望他们投资于提高生产力来让所有人共享繁荣的人，如今却利用企业的大部分利润，让他们自己发财"。

假如美国企业创造出的大量财富在过去四十五年不曾以

---

[1] 参见《哈佛商业评论》2014 年 9 月号刊文《不带来繁荣的盈利》（"Profits Without Prosperity"），作者威廉·拉佐尼克（William Lazonick）。详见：https://hbr.org

回购和股息的形式"反向分配"给投资者，假如它们保证员工的工资与生产率同步增长，那么美国全职雇员的平均年收入应该达到了 10.2 万美元左右，差不多是现在的两倍。然而，尽管有这么多令人不安的统计数据，股票回购行为在美国企业界依然盛行不衰。其中，通用电气花在股票回购上的钱比大部分企业都要多得多。

　　很多其他美国企业见证了通用电气在金融服务方面取得的辉煌战绩，也迫不及待地加入了这场游戏。约翰·迪尔、卡特彼勒、惠普等公司都成立了金融部门，通过发放贷款而不是销售产品去赚取可观的利润。但他们的尝试往往适得其反。长期以来，西屋电气是少数几家能在规模和业务上与通用电气媲美的大型企业集团之一，如今领导层放弃了传统家电业务，还将高风险房地产类贷款业务的规模翻倍，几乎像是一个规模稍小的通用电气，却没能像通用电气那样大获成功。一系列并购最终让西屋电气变成了哥伦比亚广播公司①，不过在走到这一步之前，该企业已经废除了数千个工作岗位。此外，美国国家钢铁公司收购了加州联合金融公司。另一家钢铁公司阿姆科则进军保险业。金融业彻底赢了，赢在纽约证券交易所和纳斯达克已经成了最新的全民娱乐。首席执行官、投资家甚至普通雇员都像关注棒球比赛的比分那样时刻

---

① 　1997 年，西屋电气卖出除传媒、核能、电气之外的所有部门，更名为哥伦比亚广播公司（CBS）。——译注

盯着股价变化。在微软，员工在电脑上预装了一个应用程序，屏幕上永远显示着一张卡通人物的脸——当代码为 MSFT 的微软公司股票上涨时，这张脸就会变为笑脸；当股价下跌时，它又会变得愁眉苦脸。

美国各大企业纷纷追随韦尔奇，金融业成了美国经济增长最快的行业。大银行变得更大，交易机构数量激增，韦尔奇点燃的并购之火让成千上万的银行家和律师忙着买入和卖出公司。金融服务业在美国国内生产总值中所占的比例越来越大，从 1980 年的不到 5% 上升到几年后的近两倍。那些选择在华尔街工作的人开始享受高得超比例的回报。韦尔奇刚接手通用电气时，金融服务部门员工的工资水平与其他行业大致相当，但随着时间推移，银行家和证券交易员的薪酬如火箭发射般直线飙升，大批优秀人才随着金钱涌动而进入金融业。华尔街成了美国新的经济重心，顶尖大学毕业的聪明学生不再渴望成为医生或律师，而是渴望加入细条纹衬衫军团，进入高盛、雷曼兄弟、贝尔斯登或通用金融等金融类企业。

韦尔奇任期临近结束时，《金钱》杂志刊文对通用电气给市场带来的影响作了评价。"通用电气非常擅长管控盈利，可以说，比任何其他企业都擅长。"评论称，"但它并非个例。管控利润和业绩预期目标的做法已成为美国企业的标准操作。在这个季报数字影响股价的世界里，通用电气的做法已成为商业界的标杆。"①《财富》杂志则将韦尔奇与可口可乐公司首席执行官罗伯特·戈伊苏埃塔并列作为封面人物，并配上《冠军！他们在为股东创造财富方面自成一派！》的大标题。戈伊苏埃塔也通过回购和股息慷慨回报投资者，宣称自己的首要目标是"随着时间的推移，不断提升股东的资产价值"。他表示，自己在现实生活中时时刻刻关注的只有这一件事："从早上起床到晚上就寝，连刮胡子的时候也不例外。"②

追求股东价值成了唯一目标。对韦尔奇之流而言，裁员、无休止的卖出与买进、模糊的会计手法等都是玩这场游戏所需要付出的成本。他已经明确了目标，那就是保持盈利增长永不停歇，打造全球最值钱的公司。他将不惜一切代价地去赢。"杰克非常好胜，"多伦多大学罗特曼商学院前院长马丁教授说，"既然事情已经演变成一场比赛，那他一定要赢。他熟知规则，他会采取任何必要的手段来改变自己的行为去获取成功。虽然从商业战略的角度来看，也就是从公司长期可持续发展的角度来看，他做错了，但他为了让股东获利更多而做的这些都是合法的。"

所有的诡计都得逞了。金融化让通用电气雇更少的员工

---

① 参见《金钱》杂志 2000 年 11 月 1 日刊文《亮眼的数字》（"Glowing Numbers"），作者乔恩·比尔格（Jon Birger）。详见：https://money.cnn.com

② 参见里克·沃茨曼（Rick Wartzman）著《忠诚不再：美国好工作的兴衰》（*The End of Loyalty: The Rise and Fall of Good Jobs in America*）第 263 页。美国公共事务出版社（Public Affairs）2017 年版。

却赚到更多的钱。在 1993 年即将结束时，韦尔奇终于实现长期目标。在纽约证券交易所的大屏幕上，通用电气的市值接近 1000 亿美元，超越埃克森石油公司，成为全世界最值钱的企业。在韦尔奇余下的任期里，通用电气几乎始终保持了这个纪录，并在之后几年里还将进一步推高股价，直至巅峰时期的 6000 亿美元总市值。对韦尔奇来说，这是他的至高成就。多年以后，他在退休前夕回顾自己在通用电气几十年的职业生涯时表示，他再也想不出比这更伟大的成就了。"关于通用电气，这段时间可以说的最好的事情就是事实，"他说，"它终于成了全世界最值钱的企业。"①

---

① 参见《华尔街日报》2001 年 9 月 5 日刊文《对话杰克·韦尔奇》（"Conversation with Jack Welch"），详见：https://www.wsj.com

第三章　聘用他们的理由

"工作机会或许是流动的"

战后时代，通用电气一度无可匹敌——企业界毫无争议的标杆。但 IBM 正在迎头赶上，后者的历史几乎与通用电气同样悠久，影响力几乎不分伯仲。早在电子计算机出现之前，IBM 就是技术上的先行者，也是美国最成功的企业之一。在 20 世纪的大部分时期，这家企业和通用电气一样，形成了"从摇篮到坟墓"的企业文化，是一家几乎能保障员工终身就业的企业。在位于纽约市北约一小时车程的园区，员工们享受着丰厚的福利，薪水随着通货膨胀同步上涨，还拥有乡村俱乐部会员资格。二战后担任首席执行官的托马斯·J. 沃森确立了公司的三个核心信念：服务客户、追求卓越和尊重个人。这是 IBM 版本的强生信条 [①]。沃森甚至为此撰写了专著《企业及其信念》，详细介绍公司对员工忠诚度的看法："我们关于就业保障的政策……对我们的员工意义重大。我们所

[①] 强生信条（Johnson & Johnson Credo），由美国医疗用品和器械制造商强生公司创始人订立的《我们的信条》，强调企业对客户、员工的责任，作为公司经营指导原则。——译注

有的政策都是基于这一点而制定的。我们将竭尽全力培养我们的员工，在工作需求发生变化时对他们进行再培训。假如发现他们无法适应目前的工作，我们会给他们换一个岗位试试。"

20 世纪 80 年代，当韦尔奇在通用电气推行"反忠诚运动"时，IBM 仍然自豪地坚守着自己作为模范雇主的传统。裁员对他们来说是难以想象的，他们甚至在 1985 年调整营销策略，与通用电气划清界限。他们推出了新的促销活动，口号是："工作机会或许是流动的，但员工不是。"这无疑是对韦尔奇主义的公开声讨，在驳斥那些对裁员上瘾的执行官。

然而，到了 20 世纪 90 年代早期，来自市场的压力与日俱增，连 IBM 似乎也显得力不从心了。这家蓝色巨人公布了大幅亏损的季报，迫切希望刺激萎靡不振的股价，寻找一名善于操作韦尔奇式魔法的新任首席执行官。董事会甚至曾邀请韦尔奇考虑接受这份工作，但被他断然拒绝。他们后来找到美国运通的前高管劳·郭士纳，此人在过去数年一直担任雷诺兹–纳贝斯克①的首席执行官，也就是不久前被私募股权集团 KKR 并购的那家企业。郭士纳加入才几个月，就发生了不可思议的变化：蓝色巨人迅速解雇了约 6 万名员工。这是当时最大规模的裁员，像一个巨大的惊叹号，预示着美国工

---

① 美国食品与烟草业巨头。——译注

薪阶层将普遍失去就业保障的新时代终于到来了。

　　IBM 的大规模裁员标志着资本主义黄金时代最后一批坚守者也屈服了。韦尔奇对劳动力的扭曲看法——是成本而不是资产——已被普遍接受，成为美国企业重新思考该如何定义员工属性时的理论基础。仅在 20 世纪 80 年代，美国的全球 500 强企业就裁掉了 300 万人，大约三分之一的中层管理岗位消失了。在韦尔奇的引领下，企业越来越多地转向大规模裁员，来提高利润。"他裁掉了超过三分之一的员工。我还在通用电气供职时，全世界就在学通用电气了，"曾被韦尔奇任命为通用电气第一名首席人事官的斯蒂夫·科尔说，"就算杰克从桥上跳下去，也会有半数以上的 500 强企业跟着学。"

　　另一名传奇首席执行官李·艾柯卡在 20 世纪 80 年代以及 90 年代初执掌克莱斯勒汽车公司，在此期间，他关闭多家工厂，削减总部员工人数，而他本人年薪高达 2000 万美元。美国电话电报公司明明经营状况良好，但仍然决定解雇 4 万名员工，重组业务部门，以便创造更多的股东价值。"有些人对此表示难以理解。为什么美国电话电报公司要在发展健全、仍处于市场领导者地位的时候采取这些手段？"公司首席执行官罗伯特·艾伦承认存在上述质疑。1994 年，纸巾生产商斯科特纸业干脆聘请人称"电锯手"的阿尔·邓拉普管理公司，此人素以靠裁员来提高利润而闻名。

邓普拉的大清洗可谓雷厉风行。斯科特纸业发布了裁员计划，裁撤超过三分之一的普通员工和四分之三的公司高管。研发业务也被砍掉了一大半。这家公司长期以来一直是费城的商业支柱，邓拉普却关闭了设在费城的公司总部，迁往他本人居住的佛罗里达州博卡拉顿市。这些残酷的举措再次奏效了。邓拉普告诉公司投资者，有望每年省下4.2亿美元的成本，公司股价因此上涨了三倍多。就像变戏法一样，企业通过抛弃公司员工而凭空增加了63亿美元的新市值。之后，他又以94亿美元的价格将斯科特纸业卖给了金佰利公司，并以此为由，给自己发放1亿美元奖金。"大部分企业首席执行官的薪资都高得离谱，"邓拉普说，"但我拿这1亿美元绝对是实至名归。"[1]

而且他并不打算就此作罢。1996年，邓拉普接手小家电制造商日光电器，在这家公司再次上演了让他在斯科特纸业发财的那套把戏。他解雇工人，压榨供应商，降低成本，之后公司股价上涨。但在2001年，美国证券交易委员会指控邓拉普犯下会计欺诈罪，认为他"精心策划了一个带有欺骗性的计划，制造了日光电器成功完成重组的假象，借此推高股

---

[1]　参见《华盛顿邮报》2019年1月28日刊文《曾被指控会计欺诈的企业转型专家阿尔伯特·J. 邓拉普去世，享年81岁》（"Albert J. Dunlap, corporate turnaround specialist accused of accounting fraud, dies at 81"），作者哈里森·史密斯（Harrison Smith）。详见：https://www.washingtonpost.com

价后出售该公司"[①]。后来邓拉普因误导投资者而被解雇，日光电器不得不申请破产。

邓拉普不仅在热爱裁员方面与韦尔奇不相上下，在争强好胜方面也不遑多让。"他是我这辈子遇到过的最令人不快、最惹人厌的商人。"一名同事回忆道，"和他的每次交谈都以正常语气开始，然后以脸红脖子粗地向对方大喊大叫而结束，无论对面与他交谈的人是谁。"[②] 这种性格让人立刻联想到韦尔奇本人，邓拉普正是韦尔奇的崇拜者。被问及谁是他真正钦佩的商界人士时，他只能想到两个名字：比尔·盖茨——当时正处于垄断力巅峰——和杰克·韦尔奇。"像我和杰克·韦尔奇这样的人现在已经没有了。人人都想讨别人喜欢。"邓拉普退休后回忆道，"我总是说，在生意场上，要让别人服你。假如你只想讨别人喜欢，那还不如干脆养条狗。"[③]

20 世纪 90 年代其他有代表性的首席执行官也都以"中子杰克"为榜样。自 1999 年担任福特汽车公司首席执行官的雅克·纳赛尔就是，他刚上任就认定自己接手的企业已经落后于时代，回天乏术。目睹通用电气和其他企业在股东至上

---

① 参见《纽约时报》2001 年 3 月 16 日刊文《美国证交所指控尚彬集团前高管存在欺诈行为》("S.E.C. Accuses Former Sunbeam Official of Fraud")，作者弗洛伊德·诺里斯（Floyd Norris）。详见：https://www.nytimes.com
② 参见拜伦《睾酮激素公司：疯狂执行官们的故事》第 19 页。
③ 参见《佛罗里达趋势报》(*Florida Trend*) 2008 年 6 月 1 日刊文《偶像：阿尔波特·邓拉普》("Icon: Al Dunlap")，作者阿特·列维（Art Levy）。详见：https://www.floridatrend.com

论指引下将公司利润翻了一番，他坚信福特可以复制同样的成功公式。他是毫不掩饰的韦尔奇拥趸，不仅把这名通用电气首席执行官作为自己工作上的灵感来源，还登门拜访向韦尔奇本人求教。

他竭力效仿通用电气把股价推高至巅峰的策略，关闭福特旗下表现不佳的工厂，出售了一些业务部门，试图靠兼并和收购开展多元化经营，还进军垃圾处理、汽车维修及其他业务。这些举措让福特公司的员工深感不安。然而纳赛尔试图效仿韦尔奇把员工分为 A、B、C 类球员的做法导致了自己下台。当他开始在福特推行强制评级制度时，经理们给几名中年白人男性员工打了低分，结果这些员工以受到年龄歧视为由，提起诉讼。最后，福特以 1200 万美元的代价与这几名员工达成和解，没有承认行为不当。

纳赛尔被赶下台之后，亨利·福特的曾孙比尔·福特被任命为新一任首席执行官。福特公司在宣布管理层变动的新闻发布会上解释称，经过杰克·韦尔奇的某位崇拜者两年的管理，公司现状堪忧。比尔·福特向到场的媒体承认："某些关系对我们非常重要，但现在其中的很多关系都已经破裂或产生了裂痕。"[①] 纳赛尔不仅打击了公司内部士气，也导致公司外部的核心合作伙伴渐行渐远。对此，福特公司忍无可忍。

---

① 　出自福特汽车公司 2001 年管理层变动新闻发布会。

　　他们称："来自我们内部成员及媒体的刺耳声音和巨大压力，对我们来说用心烦意乱来形容都过于保守了。对我们的许多管理层和员工来说，这简直无法让公司无法正常经营了。"

　　韦尔奇掀起的裁员浪潮也迅速改变了美国的财富分配格局。多年来，生产力与工人工资水平或多或少都会同步上涨或下降，但这种情况如今已不复存在。企业利润开始爆炸式增长，首席执行官的收入飙至天价，但普通员工的收入几乎毫无变化。当成千上万的美国人一夜之间失业、收入骤减、购买力下降的时候，他们前雇主持有的股票市值却在暴增，为其投资者凭空增加数十亿美元的财富。这种趋势在通用电气体现得最为明显：韦尔奇解雇的员工越多，公司的股价就上涨得越高。

　　这一有悖常理的经济现象，是数十年前那场理论变革的必然结果。当时，哈耶克、弗里德曼和其他极右翼自由市场经济学家正在设计新版资本主义。韦尔奇则展示了通用电气是怎么做的，他不仅证明了这种理论的可能性，也证明了经营一家大企业时把利润凌驾于员工之上是能赚大钱的。这只是一个开始。韦尔奇主义像一种病毒，它孵化于通用电气内部，如今正在扩散。其他企业的首席执行官也觉察到裁员是提升利润的捷径，于是渴望效仿韦尔奇。危机已经开始蔓延，很快，所有的美国企业都将被感染。

"我打算来一场革命"

韦尔奇登场前的大半个世纪里，通用电气在组织架构设计、高级管理培养等方面一直是全美最具影响力的企业。1892 年接管公司的查尔斯·科芬一度被誉为"职业经理人之父"。1900 年，《华尔街日报》评论称："通用电气如今有资格位列……最佳管理工业企业之一，为投资者所熟知。"[①] 20世纪上半叶，随着公司规模扩大和业务日益复杂化，通用电气的高管们设计了一套复杂的机制，来组织成千上万的工人，组建高效的管理层，发掘和提拔其中最有才华的人。

哈佛商学院有一项颇具影响力的案例研究，记载了通用电气如何成为"美国管理实践风向标"[②]。该研究显示，20 世纪 30 年代的通用电气"代表了那个时代高度集中、严格控制的企业形式"。二十年后，随着公司在二战后业务日趋多元化，"通用电气将责权下放给数百名部门经理，引领了更广泛的分权化管理潮流"。到了 60 年代，鉴于公司业务不断发展，利润却停滞不前，通用电气又开始"强化员工能力，开发复

---

① 参见《财富》杂志 2018 年 5 月 24 日刊文《通用电气究竟发生了什么》（"What the Hell Happened at GE"），作者杰夫·科尔文（Geoff Colvin）。详见：https://fortune.com

② 参见《哈佛商学院案例研究 399–150》（1999 年 4 月）刊文《通用电气二十年来的转型：杰克·韦尔奇的领导力》（"GE's Two Decade Transformation: Jack Welch's Leadership"），作者克里斯托弗·A. 巴特利特（Christopher A. Bartlett）、梅格·沃兹尼（Meg Wozny）。详见：https://www.hbs.edu

杂的战略规划系统"。在每一个节骨眼，同行都会以通用电气为指导，模仿其人力资源战略和组织框架。该项研究最后总结道，一次又一次，"通用电气总是走在管理实践的最前沿"。

通用电气花重金投资于管理培训项目，为日益复杂的组织结构提供人力支持。仅 1956 年一年，公司就在管理培训上花费了约 4000 万美元①，占其税前收入的近 10%。正如《现代管理》——该期刊面向组织结构图爱好者——所宣称的："没有一家企业能像通用电气这样对管理大型企业的艺术、智慧、观点和技术作出了如此独特的贡献。"其他企业的首席执行官在如何管理自家企业方面都以通用电气为指导。猎头公司也往往去通用电气挖人。"如一家企业需要贷款时会去找银行，"《财富》杂志评论道，"如他们需要一名首席执行官时就会去通用电气，那里就像西点军校培养将军那样培养商业领袖。"②

通用电气甚至拥有自己的精英训练场，那是一个为明日之星而建、供职场角斗士磨炼技能的静修所，被称为克罗顿维尔，园区占地 52 英亩，地处纽约市北部田园小镇哈德逊克罗顿，离西点军校不远。这里由通用电气建于 20 世纪 50 年

① 参见《哈佛商学院案例研究 304–049》(2003 年 10 月) 刊文《通用电气的人才培养机器：培养首席执行官》("GE's Talent Machine: The Making of a CEO")，作者克里斯托弗·A. 巴特利特（Christopher A. Bartlett）、安德鲁·麦克莱恩（Andrew N. McLean）。详见：https://www.hbs.edu
② 参见《财富》杂志 2005 年 4 月 18 日刊文《从通用电气给我找一名首席执行官！》("Get Me a CEO from GE!")，作者艾伦·弗洛里安·克拉茨（Ellen Florian Kratz）。详见：https://archive.fortune.com

代，是一所内部商学院，公司高管可以在这里接受继续教育，完全沉浸在企业文化的氛围里，接受熏陶。起初，中层管理人员在这里学习如何使用通用电气的创新组织方法管理业务。到了 20 世纪 70 年代，这里又开设教授如何应对通货膨胀和全球化问题的课程。通用电气的这座企业学院开风气之先，令其他企业纷纷效仿，IBM、日立和波音都相继成立了类似的内部学院。不过，到韦尔奇接手通用电气时，克罗顿维尔在通用电气内部已经失去了昔日的荣耀。这里不再被看作优秀经理人磨炼技能的精英俱乐部，反而成了乏味的内部公费旅游点，退休前的小小驿站。

韦尔奇打算改造它。他打算把克罗顿维尔打造成私人俱乐部，而不是落伍的培训中心。他希望这里成为公司里最优秀人才的社交场所。"我想让那些最棒的家伙来，而不是让那些没劲的人在这里领取最后的福利。"1981 年 1 月，已被任命为首席执行官但尚未正式就任的韦尔奇，在佛罗里达州贝莱尔的一次会议上向通用电气的薪酬与发展部负责人施压。"我打算来一场革命，"他说，"最好先从克罗顿维尔开始。"于是，按韦尔奇的指示，公司花费 7500 万美元对园区进行改造，增建豪华公寓、一流健身房和高科技会议中心[1]。韦尔奇

---

① 参见杰夫·马德里克（Jeff Madrick）著《贪婪时代：1970 年至今，金融的胜利与美国的衰落》(*Age of Greed: The Triumph of Finance and the Decline of America, 1970 to the Present*, New York: Vintage Books, 2012)。

坚持增建的设施还包括一座直升机停机坪，这让他不再需要从通用电气总部驱车一小时赶来。当地的政府官员最初拒绝了他的要求，因为这违反了当地法律。但韦尔奇给他们下了最后通牒：必须允许他修建直升机停机坪，否则他就把克罗顿维尔，也就是通用电气的管理发展学院搬走。当地小镇政府最终不得不妥协。韦尔奇终于可以乘坐直升机往来了。

这些投资发生在韦尔奇每年裁员数万人的大背景下，自然引发了普通员工的愤怒。但韦尔奇毫不在意。如果他将管理一家全球最佳企业，就希望他的精英团队有最好的设施。"该花的花，该裁的裁，大方向是一致的，"他说，"我打算改变比赛规则，用更少的人挣更多的钱。"

翻新后的克罗顿维尔被称为"杰克的圣殿"，其核心部分是一个设有 110 个座位的圆形剧场，供高管们公开讨论管理技巧，争论发展战略。韦尔奇称之为"深坑"，取名自塞勒姆北部一个简陋操场，当年矮个子的他在那里学会了如何与年纪和块头都比他大的邻家小孩缠斗。在克罗顿维尔，高管们时常要面对韦尔奇本人的严厉盘问——他每隔几周就会突然现身，给高管们上一堂大师课。

即使老板不在，克罗顿维尔也是一个不断闪现商业锋芒的地方。更衣室里俏皮话不断。如果某人在"深坑"辩论中表现不佳，就会被成堆揉皱的纸团攻击。餐厅里也时常上演互掷食物大战。敌对阵营之间甚至彼此互掷鞭炮。1985 年的某个晚上①，一名观察者经过一间教室时，看到十名刚毕业的大学生，也是新入职的管理岗培训生，正挤在一张桌子旁进行激烈的辩论。辩论主题是悬于房间前方海报上的两句话：

杰克·韦尔奇是通用电气历史上最伟大的首席执行官。
杰克·韦尔奇是个浑蛋。

不久之后的另一个晚上，某高管把同事们召集到"深坑"，调暗灯光，开始播放一部色情片，班上仅有的两名女性被赶出了房间。有人把这些荒唐事告诉给韦尔奇，"他笑了，还咕哝了几句"。这正是他一直追求的、由睾丸激素驱动的所谓兄弟情式的忠诚。韦尔奇本就无礼，自然没指望下属会有礼。克罗顿维尔是资本主义新兵训练营，目的是淘汰那些缺乏足够的胆量去执行艰难任务的人。"克罗顿维尔必须成为故弄玄虚的福音派，每个毕业生都要成为传播福音的传教士。"密歇根大学商学院教授，也是克罗顿维尔的运营负责人诺埃尔·蒂奇，与《财富》杂志记者斯特拉特福·谢尔曼在二人合著的《掌握你的命运，否则就会被别人掌握》中写道。不过，说到底，克罗顿维尔并没有输出长期价值的良好商业实践类课程，而是传授如何赤裸裸削减成本、实现利润最大化

---

① 参见蒂奇、谢尔曼合著《掌握你的命运，否则就会被别人掌握》第 3 页。

的速成班——韦尔奇主义入门课。该课程培养的这一代首席执行官将重塑美国经济。

"不招笨蛋"

通用电气卓越的管理传统和克罗顿维尔——俗称通用电气大学——的培训设施，都赋予韦尔奇极高的信誉。通用电气的高管被视为美国企业管理的黄金样本，曾与韦尔奇共事的高管被视为像通用电气的产品一样可靠。其他企业一有机会就会挖走韦尔奇的副手。在二十年的首席执行官任期内，韦尔奇亲自培养了一批门徒，这些人掌握了他的手段并传播到全美数十家企业。

这些企业既包括 3M、北极猫、波音、克莱斯勒、菲亚特、固特异、大湖化学、霍尼韦尔、美敦力、麦道①、欧文斯·科宁、北极星、乐柏美、斯必克、史丹利等工业制造类和医药类企业，也有探索频道、财捷集团、尼尔森、北电、赛门铁克、TiVo 等传媒和科技类企业，还有赛瑞迪恩、康塞科、艾可非等金融类机构，甚至包括艾伯森、家得宝等零售业巨头。到了 21 世纪早期，道琼斯工业指数成分股的前三十家企业中有五家的掌门人都曾是韦尔奇的属下。"通用电气是

---

① 美国大型军工垄断企业，制造军民两用飞机、火箭、导弹等。——译注

所有人都想去招贤纳才的地方，"美敦力公司首席执行官比尔·乔治表示，"那里是源头，他们把通用电气的思维模式扩散至全美工业界。"[1]

斯宾塞管理顾问公司[2]董事长汤姆·奈夫认为，韦尔奇的业绩让通用电气成了狩猎场，成了"其他企业首选的人才学院"。另一个事实是，只要聘请通用电气出身的高管就能在短期内抬升公司股价。每当一家上市企业宣布将任命通用电气前高管为新任首席执行官，公司股价必定立刻大涨，这被一次又一次地验证了。联合信号公司宣布将任命韦尔奇最亲密的助手之一接管后，公司股价立即飙升了13%。韦尔奇的另一个助手接管固特异时，这家轮胎公司的股价仅靠这条消息就涨了12%。韦尔奇的一名忠实门徒被任命为3M新任首席执行官时，3M的市值立即增加约45亿美元。"这就是企业为什么争相聘请他们，"长期担任通用电气人力资源部负责人的威廉·科纳蒂说，"因为他们手上有剧本，有通用电气的工具箱，而那些企业的董事会以为那就是解决之道。"[3]

拉里·博西迪在"中子杰克"时代几乎与韦尔奇形影不离。他俩都鄙视低效，渴望盈利。但在韦尔奇的阴影下过了十年，博西迪打算经营自己的企业。1991年，他接管了联合

---

[1]　源自本书作者2020年与比尔·乔治（Bill George）的一次谈话。
[2]　美国知名的猎头公司。——译注
[3]　出自本书作者2020年与威廉·科纳蒂（William Conatay）的一次讨论。

信号公司，一家从事多元化制造和化工业务、当时正陷入困境的集团公司。

由于常年管理不善，销售业绩平平，联合信号公司陷入了低迷。博西迪接手后，立刻照抄韦尔奇的做法重塑公司。他压缩资本支出，削减 6200 个工作岗位，对供应商采取强硬态度，重新筛选合作对象，要求他们提供更低的价格。他还把韦尔奇粗暴的管理风格带到了这家士气已经十分低落的企业，解雇了一大批他认为表现不佳的人，扬言："本公司不招笨蛋。"[①]

一个工头质疑博西迪的天价薪酬："你觉得自己配得上拿这么多钱？"

"当然！"博西迪当即咆哮着反击，"你呢？你配得上自己那份薪水？"[②]

博西迪的榜样是谁毫无疑问。他写给公司股东的信几乎就是韦尔奇当初写给通用电气股东年度总结的翻版。每当有人质疑他尖酸刻薄的管理风格时，他总会召唤导师："长久以来，行事直接不算是优点，然而在杰克·韦尔奇麾下，这开

---

① 参见《财富》杂志 1992 年 11 月 30 日刊文《联合信号公司的转型闪电战》（"Allied-Signal's Turnaround Blitz"），作者托马斯·斯图尔特（Thomas A. Stewart）。详见：https://money.cnn.com

② 参见《财富》杂志 1995 年 8 月 21 日刊文《那么，博西迪先生，我们知道你很会裁员，现在让我们看看你怎么让公司增长吧》（"So Mr. Bossidy, We Know You Can Cut. Now Show Us How to Grow"），作者肖恩·塔利（Shawn Tully）。详见：https://archive.fortune.com

始成为潮流。"

有时，博西迪也会采用与韦尔奇剧本背道而驰的做法。比如，他把联合信号公司的股息分红砍掉了近一半，以便保留重组所需的现金，再投入公司运营。他也没有扩展新的业务线，没有让公司的业务更分散，反而在核心业务上加大了投入。他没有去刻意寻求那些可能会从根本上重塑公司的大生意，而是花费大部分精力寻求一些小的并购对象来弥补投资组合中的漏洞，更便于整合。1999 年，联合信号公司斥资140 亿美元并购了霍尼韦尔公司，合并后的新公司以知名度更高的霍尼韦尔命名，成为实力强大的多元化工业集团。虽然在规模上远不及通用电气，但博西迪打造了一家蓬勃发展的公司，与业务强大的通用电气有很多核心业务线。随着公司经营状况好转，博西迪的成功被视为一个证明，肯定了韦尔奇门徒是精英中的精英。

霍尼韦尔和联合信号公司合并时，韦尔奇正准备退休。当时通用电气已成为全球最值钱的企业，他本可以功成身退，但他没能抵挡最后一笔巨额并购的诱惑。对博西迪一手打造的新公司，韦尔奇并不满足于远观老朋友的手艺，反而想据为己有。于是通用电气发起了一场不幸的尝试，要接管新的霍尼韦尔公司。这次并购将提升通用电气核心业务领域的市场份额，有机会在利润丰厚的工业领域获得更多关注。美国反垄断监管机构表示并不反对这桩并购。当时的监管机构已经中了自由市场的宣传魔咒，已经不愿意去质疑哪项并购会加剧垄断，只要不会立即抬高日用消费品价格。但欧洲的监管机构对市场过度集中这一问题的看法显然更细致入微，于是有效阻止了这次并购。经过一年的艰苦谈判，通用电气最终宣布退出，韦尔奇的最后一场兼并战以失败告终。

但在霍尼韦尔内部，通用电气试图接管这家公司造成了巨大干扰，导致士气下滑，销售大受影响，股价下跌，不确定性造成的紧张气氛令人窒息。当交易最终被叫停时，博西迪几乎失去了耐心，无暇再做深思熟虑的转型规划，因为那可能需要数年才能完成。他决定提振公司股价，为此他照搬"中子杰克"的做法，还有了自己的绰号："匕首拉里"。他在并购宣布失败后的第一年砍掉了 15800 个工作岗位——大约相当于霍尼韦尔公司员工总数的 13%——还关闭了 51 家工厂。"他的手段是裁员，裁员，裁员，"当时一名分析师指出，"这是他的强项。"①

韦尔奇的其他门徒则从一开始就步履维艰。约翰·特拉尼曾担任通用电气医疗系统事业部的负责人，1997 年离职，受邀担任工具制造商史丹利工业的首席执行官，公司总部位于康涅狄格州的新不列颠城。虽然他在这一领域毫无经验，

①　参见彭博社 2001 年 11 月 16 日刊文《在霍尼韦尔，拉里就是那把刀》（"At Honeywell, It's Larry the Knife"），作者艾米·巴雷特（Amy Barrett）。详见：https://www.bloomberg.com

但该公司的董事会信任韦尔奇调教出来的小精灵，授权他全权管理公司，还开出天价薪酬福利。

史丹利公司是弗雷德里克·T. 史丹利于 1843 年创立的，创立初衷是成为一家提供"卓越的客户服务、产品创新和诚实信用"的企业。特拉尼接手时，该公司已是新英格兰地区的工业巨头，跻身财富 500 强。然而特拉尼毫不尊重该公司的历史和传统，一上台就大刀阔斧地猛砍成本，把工作岗位转移到成本更低的地区，精简中层管理人员。康涅狄格州数千个时薪 14 美元的工作岗位被他转移给了时薪 30 美分的中国工人；新不列颠城总部的机器设备被拆解后运往世界各地，在当地重新组装后，供新的廉价劳动力学习使用。特拉尼还宣称："我们公司需要压缩的成本太多了，得花好几年才能解决。"[1]

史丹利公司的股票突然登上了新闻，投资者预期该公司的股价将像通用电气一样火箭式上涨。然而不到一年，由于转型所需要的时间显然要比预期的更长，史丹利的股价再次掉头向下。作为回应，特拉尼再次削减工作岗位，这里裁掉几百个，那里裁掉几百个，尽可能把工作机会都转移到海外。最终，他像博西迪一样有了属于自己的绰号——"刀具"。很

---

[1]　参见大卫·凯·约翰斯顿（David Cay Johnston）著《完全合法：操纵我们的税收制度以使超级富豪受益并欺骗其他人的秘密运动》(*Perfectly Legal: The Covert Campaign to Rig Our Tax System to Benefit the Super Rich — and Cheat Everybody Els*, New York: Penguin Publishing Group, 2005) 第 43 页。

快，史丹利公司的员工怒不可遏，公司经营陷入停滞，股价直线下跌。[①]

韦尔奇在任时，通常会选择在远离总部的偏僻之地举办年会，以免员工或其他潜在的危险分子来现场闹事。参照这一做法，特拉尼把 1999 年度史丹利公司股东大会举办地选在俄亥俄州的哥伦布市，而不是位于康涅狄格州的公司总部。但即使这样，也没能阻挡数十名前来抗议的史丹利员工，他们乘坐十二个小时的长途汽车到达会场外，抗议特拉尼的粗暴管理、无休止裁员、离岸加工和业务外包等举措。一名退休员工对特拉尼说，史丹利公司诞生的那座城市正因为他这个首席执行官而走向衰败。"新不列颠城是围绕着史丹利工厂而建起来的，我现在眼睁睁看着它正在崩溃。"他说，"你在杀死这座城市，杀死史丹利这个品牌。"[②]另一名员工则哀叹公司股价下跌让全体员工都在遭罪，因为公司将员工养老金账户的全部资金投在了公司股票上。"我们正在失去工作，"他说，"正在失去我们的股票市值，我们的养老金被冲进了下水道！"还有人挺身质问特拉尼："你的国家自豪感呢？"

---

①　参见《哈特福德报》(*Hartford Courant*) 1999 年 4 月 9 日刊文《重组史丹利》("Retooling Stanley")，作者芭芭拉·纳吉（Barbara Nagy）、丹·哈尔（Dan Haar）。详见: https://www.courant.com

②　参见《哈特福德报》1999 年 4 月 29 日刊文《史丹利总裁承认'犯了错'》("'Mistakes Made', Stanley Chairman Concedes")，作者芭芭拉·纳吉（Barbara Nagy）。详见: https://www.courant.com

和博西迪一样，特拉尼立刻反唇相讥，这也是韦尔奇一贯的言传身教。"我每天都照镜子，"他说，"身为美国人，我很自豪。我们只是对世界的看法不同而已。"

事实上，特拉尼此时正处于在经济上密谋叛国的边缘。2001 年，他从《商业周刊》的某篇文章中得知包括英格索兰、库珀工业在内的一些企业正把公司总部迁往百慕大群岛，以逃避税收。他当即指示自己的首席财务官对此详细调查，并迅速制定了类似方案。搬迁总部将使史丹利公司每年向美国政府少缴约 3000 万美元税款，但这件事要获得三分之二以上投资者批准并提交股东大会投票后方可实施。史丹利的大机构股东似乎打算支持这个方案，但最终必须经过公司员工养老金方案的持股人投票通过后才能获批。饱受折腾的员工们当然无意支持搬迁计划，更不用说搬迁还将让公司进一步远离位于康涅狄格州的发源地。起初，员工们被告知，只要他们不将自己持有的公司股票份额授权委托给养老基金代理人就表示他们对搬迁一事投反对票。但在最后关头，公司方面修改了投票规则——将所有没有特别声明表示反对的持股人都自动计算为赞成票。

于是搬迁方案得以通过，史丹利公司准备迁往百慕大。

然而公司在投票规则上误导员工的消息很快传开。康涅狄格州总检察长理查德·布卢门撒尔为此对史丹利公司提起诉讼，该公司可能会面临非常严厉的处罚，所有参与该方案的高管可能都会被禁止在上市公司董事会中担任职务。更糟糕的是，当时华盛顿的立法者在"9·11"事件的余波中惊魂未定，宣称特拉尼企图逃税是不爱国。"在国家正面临一场战争的特殊时期，他们选择了隐藏利润而不是爱国，这是对美利坚合众国的公然背叛。"[1] 来自马萨诸塞州的民主党议员理查德·尼尔如此论断。来自爱荷华州的共和党参议员查克·格拉斯利也对史丹利提出谴责："我们刚刚清理完世贸中心的残骸，史丹利公司就想撤出美国了。"在这种形势下，特拉尼及其支持者退缩了，不得不放弃搬迁方案。次年，他突然宣布提前退休，还没来得及确定接班人就匆匆离开了史丹利公司。

"因为他来自通用电气，华尔街太急于给他太多信任。"当时的一名分析师评论道。事实证明，曾在韦尔奇手下工作并不能证明具备经营企业的能力。特拉尼离开后的五年里，史丹利公司仍在为此人的错误决策付出代价。2008 年圣诞前夕，公司宣布再裁撤 2000 个工作岗位。员工们对此都麻木了。"没什么好大惊小怪的，"一名机械师说，她当时正在上夜班，有名记者打电话向她透露了裁员消息，"如今裁员是家常便饭，几乎年年裁员。"

在通用电气前高管们的领航下，遭罪的不限于美国核心

---

① 参见《晨报》(*The Morning Call*) 2002 年 5 月 19 日刊文《史丹利迁址百慕大缺乏诚信》("Stanley Move to Bermuda Lacks Integrity")，作者丹·尼尔 (Dan Neal)。

地带的企业。韦尔奇主义已蔓延全球。保罗·弗莱斯科是土生土长的意大利人，也曾是韦尔奇的高级副手之一。1998年，他离开通用电气，就任意大利工业集团菲亚特总裁。弗莱斯科与韦尔奇紧密合作长达十年，曾协助韦尔奇达成一系列并购交易，包括拿通用电气的消费电子业务交换汤姆森的医学成像业务、收购匈牙利灯具制造商通司岚等。这两笔交易都不是特别成功，却给了弗雷斯科信心，让他自以为可以做成一些大项目。

从一开始，弗莱斯科就很清楚自己在菲亚特的使命。他要把韦尔奇主义输出到意大利，一个仍保留着美国资本主义黄金时代诸多特征——终身就业、福利丰厚、工作时长合理——的国家。这就意味着需要改造劳资关系、不体面交易、进军新行业，包括金融业。"企业不改变就无法生存。"[1] 他说，灌输着韦尔奇那套达尔文主义的产业观。他甚至说服韦尔奇本人加入了菲亚特集团董事会，这是韦尔奇在通用电气首席执行官任内唯一一次出任另一家企业的高管。"他是美国最好的首席执行官，"弗莱斯科介绍说，"有他在真好。"

弗莱斯科走的第一步棋是疯狂并购。他先是以3.5亿美元买下密歇根的一家工具制造商，随后以43亿美元并购位于

---

[1] 参见《纽约时报》1999年12月12日刊文《给菲亚特带来好处了吗？》（"Bringing Good Things to Fiat?"），作者约翰·塔利亚布（John Tagliabue）。详见：https://www.nytimes.com

威斯康星州的一家重型设备制造商。他甚至打算以 150 亿美元买下沃尔沃，但被对方断然拒绝。他施压要求公司扩大金融业务，同时想方设法裁员。他认为这些都服务于他眼中那个唯一的使命："我要实现股东价值最大化。"①

但这些在通用电气公司行之有效的手段对菲亚特都无效。裁员在意大利引发愤怒的抗议，继而演变为罢工运动。随着员工士气低落，公司经营也陷入困境，菲亚特开始失去市场份额。弗莱斯科上任时曾经上涨的股价开始下跌，而他应对危机的办法是进一步削减成本，2002 年，他提议再削减 10 亿美元的汽车业务运营成本，再解雇 6500 名工人。但还是没用。2003 年，菲亚特公司股价跌去 65%，弗莱斯科同意提前解约。

博西迪、特拉尼和弗莱斯科让所有人看到韦尔奇主义在通用电气之外的表现。这些首席执行官一度将韦尔奇的手段牢记在心，决心靠它迅速、激进地抬高公司股价。但事实证明，无论收效如何都是暂时的。一旦他们打算在其他企业照搬韦尔奇的剧本，就会发现要复制他们老板的成功比想象中更困难。而这只是开始。几年后，韦尔奇退休，通用电气的

---

① 参见《纽约时报》1999 年 7 月 16 日刊文《"我希望自己的运气会更好"，他这样谈论个人机遇：通用电气的弗莱斯科挑战菲亚特的积弊》（"I Wish I Had Been Luckier', He Says of His Timing: Fresco, Recruited From GE, Battles the Many Ills of Fiat"），作者艾伦·弗里德曼（Alan Friedman）。详见：https://www.nytimes.com

水闸完全放开，他的几十个门徒流向企业界。

韦尔奇的确有其过人之处。他精力无穷，也要求别人不停地工作。他要求胜出，且往往如愿。下属们常怀恐惧，因韦尔奇本人比他们更了解相关业务，驱使他们去掌握更多情况，做好自己的工作。韦尔奇清除了官僚作风，导致了经常性失业，但确实提高了效率，加快了决策。他直截了当，不近人情，有战略眼光，对新趋势嗅觉敏锐。尽管众多门徒模仿的是糟粕，但也有少数门徒能吸收其精华来造福大众。

比如史丹利·高尔特，他不但提高了固特异的销售额，而且打造了合作、创新的企业文化。还有戴夫·科特，通用电气的高管，曾是接替韦尔奇的六名候选人之一。博西迪离开后，他在霍尼韦尔表现优异。十多年来，科特作为长期领导者没有大规模裁员，也没有依赖大型金融项目，而是带领霍尼韦尔实现了核心业务的持续增长。他掌管霍尼韦尔期间，公司股价不断飙升，使他成为韦尔奇门徒中少数几个能为投资者带来长期增长的高管。另一个门徒奥马尔·伊什拉克，据说是因为公司缺乏对创新和新产品开发的支持而离开通用电气的。[①] 对外透露这一点的是比尔·乔治，是他把伊什拉克介绍给了医疗设备制造公司美敦力。伊什拉克在美敦力大展拳脚，最终成为公司的首席执行官，不仅扩大了市场份额，

---

① 　出自本书作者对比尔·乔治的采访。

还推出了突破性的新产品。

比如在北极星，位于明尼苏达州的一家雪地摩托与全地形车制造商，曾与韦尔奇共事十五年的汤姆·蒂勒实现了一个日益罕见的壮举：将大部分制造业岗位留在了美国本土，让这家美国企业实现增长。蒂勒经受住了诱惑，没有把汽车制造转给海外廉价劳动力，把北极星的工厂留在了美国中西部。他让北极星的销售额提高了近一倍，靠的是健康增长，而不是靠并购。他积极招聘员工，维护员工忠诚度。韦尔奇主义在北极星行不通，蒂勒对此心知肚明。"我并不是什么共产主义者，"他说，"但的确有一种更具竞争力的模式，我认为北极星提供了示范。疯狂专注于削减成本会让许多业务空心化。我们将做那些从长远来看是正确的事情，这才是美国需要的。"①

蒂勒还在通用电气工作时就意识到首席执行官与工人之间无休止的争斗对企业的腐蚀性有多大。"杰克对员工几乎从来没有关爱，"他说，"而是一直有点儿敌对。"加入北极星之后，蒂勒从一开始就决心与工人建立密切联系。"我们在北极星的态度就截然不同了。"他介绍道，"这里的员工生产效率高并不是因为担心我们会关闭工厂或要把工厂迁到墨西哥去，而是因为敬重公司的管理方式。"对蒂勒来说，这意味着他要

---

① 出自本书作者 2021 年与汤姆·蒂勒（Tom Tiller）的讨论。

控制自己的薪酬，要向员工支付体面的工资。"我挣的钱确实比拧螺丝的多，但我们都在同一部电梯上。"[①]蒂勒说。

十几年来，蒂勒把北极星的销售额翻了一番，股东也因他的踏实经营而获得了回报。公司股价稳步上涨，年均回报率为15%。相比同期市场平均涨幅2%，这几乎算是能比肩韦尔奇的伟大成就。然而蒂勒取得的成功并不是靠裁员、并购、金融化等手段，而是靠一种更深思熟虑、将员工置于第一优先的策略。"大家都想复制通用电气的策略，采用韦尔奇的剧本，雇一大堆前通用电气管理人员，把新公司变成通用电气的复制品，却几乎总会失败。"蒂勒说，"如果我在北极星也搞这套把戏，很可能会毁了这家了不起的企业。"

"不是波音飞机我就不开"

除了通用电气，还有一家企业深受韦尔奇主义的影响：波音。这家由威廉·波音于1916年创建的企业曾在二战中造炸弹，也曾为人类登月计划提供支持，还凭借波音707、737、747等众多机型把商用航空带入大众消费市场。在20世纪的大部分时间里，它是一家由工程师主导的企业。员工——从火箭科学家、博士到工厂车间的机械师——都签订

---

① 指"我们的升降是同步的"。——译注

了受工会保护的劳动合同，享受优渥福利，也都富有使命感。质量和安全问题在决策过程中是至关重要的考量，成本因素往往是事后才捎带考虑的。许多波音员工谈及公司就像在谈论自己的家庭，不少员工毕生的职业生涯都是在这家公司度过的。还有很多员工家里好几代人都是该公司的员工，父子俩肩并肩一起工作的情况并不罕见。飞行员们也都热爱波音飞机，甚至拒绝驾驶其他机型，声称"如果不是波音的飞机我就不开"。波音公司的最高管理层也洋溢着相似的氛围。高管都是从工程师队伍中提拔的，不太关心华尔街。相比于如何回报投资者，他们更专注于如何制造飞机。

波音公司在 20 世纪后半叶取得长足进步。在此期间，全球航空旅游业蓬勃发展，新兴市场渐次开放，波音是这个行业遥遥领先的主导者。唯一能与波音并驾齐驱的竞争对手是欧洲多国创办的空客公司，意图很明确，就是要打造一家大陆版波音。此外还有麦道公司，一家正走向衰落的美国国内竞争对手。尽管空客公司成立后日渐强大，但波音直到 1997 年仍占据大型商用机市场 60% 以上的份额。但华尔街急不可耐，投资者目睹了韦尔奇在通用电气的操作，于是向他们投资组合中的所有企业索取更大利润。随后波音决定以 133 亿美元收购麦道公司。表面上看，这笔交易合情合理，波音不仅可以借此巩固商用客机市场，还可以趁机吸纳麦道公司拥有的军方业务。对波音而言，这是一场胜利：它终于吃下了最后一个有价值的国内竞争对手。但这笔交易最终将以波音公司始料未及的方式改变了这家公司。

当时执掌麦道公司的是哈里·斯通塞弗，师从韦尔奇的前通用电气高管。他是与韦尔奇同时加入通用电气的，在飞机发动机部门打响了名头。他和韦尔奇如出一辙：渴望攫取利润，急于削减成本，对员工毫无感情。斯通塞弗1987年离开通用电气后，曾担任飞机与工业零件制造商汉胜公司的总裁，1994年接手麦道公司。作为首席执行官，斯通塞弗削减了开支，推高了股价。他屈指可数的投资之一是在圣路易斯郊外购入一座占地286英亩的法式乡村城堡，打造成他个人版本的克罗顿维尔。

他所采取的策略产生了短期效果，但没过几年就陷入了麻烦。公司旗下位于加利福尼亚长滩的主要工厂破旧不堪，急需修整。在那里制造的飞机故障频发。需要在截止日期前完成订单时，工厂就大量招聘工程师；需要完成盈利目标时，又大量解雇员工。因此当波音公司提出并购要约时，麦道公司董事会毫不犹豫地接受了。

作为合并条件之一，斯通塞弗被任命为新公司总裁兼首席运营官。由于波音全部用自家股票支付并购费，斯通塞弗得以把自己名下份额可观的麦道公司股票都换成了波音公司股票，这让他在合并后立即成了新公司最大的个人股东之一。他拥有的股票份额是波音公司首席执行官菲尔·康迪特的两倍。没过多久，他在波音公司内部就拥有了相当大的影响力，虽然名义上还不是首席执行官，实际上已经是掌舵者了。旁观者抱怨说，波音原首席执行官康迪特像被斯通塞弗俘虏、软禁在自己的办公室里。一名波音高管当时曾评论："这家伙把一家企业经营到濒临倒闭之后，却有了如此大的权力，真是一个小小的震撼。"心怀不满的员工们调侃说："麦道用波音的钱买下了波音。"

斯通塞弗在新公司一站稳脚就很快出招。首先，对长期以来作为波音家族文化基石的工会采取强硬立场。1998 年，斥巨资收购麦道一年后，波音公司宣布削减 5.3 万个工作岗位，将业务大量外包。随后，信息交流层面也出现了反乌托邦式变化。在斯通塞弗任内，波音开始谈论"负担能力"，实际上是重新强调盈利能力和削减成本，在一个以安全为重而不是以节约为重的行业里，这可不是什么令人安心的信号。接着，斯通塞弗发起了自己版本的韦尔奇式"反忠诚运动"。他要求员工"不要再表现得像是在一个家庭里，而要像是在一个团队中。如果某人表现不好，那么他或她就不应该继续留在团队"。事实上，他甚至禁止大家使用"家庭"这个词。这是他对导师韦尔奇的直接回应，打击了原本扭成一股绳的波音员工士气。他向波音的工程师宣战，称他们妄自尊大，还罢免了商用机事业部的负责人。遭对方抵制后，他模仿韦尔奇冷冰冰的露骨语气："我不是刻意打压他们，我只不过告诉他们现实，他们就觉得天塌了。"

并购完成一年后，波音暗示华尔街，自己是一家与时俱进的企业，宣布将推出大规模股票回购计划。这项计划进一步推高了公司股价，却抛弃了数千名从业经验丰富的老员工。2000 年，忍无可忍的波音工程师们举行了罢工，他们的诉求是提高薪资并重新夺回员工自主权。他们认为这种自主权已经被某种空降的、一心压缩成本的企业文化取代。罢工持续四十天后，返回工作岗位时，他们发现情况更糟了。经理和工程师之间缺乏信任，关系越发紧张。在接下来的几个月里，大批资深员工相继离职。

2001 年，波音又作出了一个震惊全美企业界的决定。在西雅图地区经营了近一个世纪之后，这家企业决定把总部迁移到远离工厂的地方。至于搬迁目的，公司方面称是为了打造一个"全新的简约型企业中心，专注于股东价值"。无疑，此举的灵感又是来自通用电气。通用电气总部设在费尔菲尔德，距离旗下斯克内克塔迪、辛辛那提和伊利等历史悠久的制造厂都很遥远。宣布搬迁计划后，康迪特和斯通塞弗坐飞机离开，没有向公众透露目的地。飞机升空后，波音才披露了这一重大事项的谜底：公司总部将迁往芝加哥。

波音在"风之城"芝加哥从未设立过任何一家重要的办

事处或工厂。实际上，搬迁后，最近的商用喷气机制造厂与公司首席执行官办公室也相隔 1700 英里[①]。究竟是什么促使波音搬到芝加哥？答案是税收减免。波音刻意鼓动各大城市之间相互竞争，让当地政府相信可以靠提供补贴吸引波音公司入驻。高管们还产生了一种莫名的自信，以为远离基层员工将让他们有法子更好地作决策。"公司总部紧邻主要业务现场时——就像在西雅图那样——我们就会不可避免地埋头于日常经营。"康迪特如此解释，好像那是一件坏事。

前波音工程师和工会领导人斯坦·索舍尔眼睁睁看着这一切发生，不禁哀叹波音公司的"安全文化"已经被"一种金融狗屎文化、一种群体错觉文化"[②]取而代之。波音公司的老员工都明白正在发生什么。"麦道的人是一群企业杀手，"凯尔·史密斯说，他是"波音二代"，曾在工厂车间工作过，后来担任管理职务，"他们不断地裁员、贩卖资产，为自己和某些股东赚大钱，却毁掉了公司。可他们那一套又确实能捞钱，所以华尔街爱死他们了。"[③]

即便在当时，商业界的一些杰出人物也预见到了即将发

①　1 英里约合 1.6 公里。——译注
②　参见《新共和》杂志 2019 年 9 月 18 日刊文《速成课》（"Crash Course"），作者莫琳·特卡西克（Maureen Tkacik）。详见：https://newrepublic.com
③　参见莎拉·摩尔（Sarah Moore）和里昂·格伦伯格（Leon Grunberg）合著《从动荡中复苏：波音和当今美国职场故事》（*Emerging from Turbulence: Boeing and Stories of the American Workplace Today*, Lanham, MD: Rowman & Littlefield Publishers, 2015）第 36 页。

生什么。"如果真有所谓反向取代，也就是说，如果麦道公司的企业文化渗透到波音，那么波音将不可避免地走向平庸。"①商业学者吉姆·柯林斯 2000 年这样评论道，"波音公司一路走来得以发展壮大的原因只有一个，那就是他们永远记得自己是一家依靠工程技术而非财务驱动的企业。如果他们不再以工程技术作为核心使命，那么早晚会变成另一家企业。"

康迪特于 2003 年被迫辞职，起因是从麦道公司过来的另一名高管陷入了政府采购丑闻。康迪特离开后，斯通塞弗被任命为新一任首席执行官。终于，一名深得韦尔奇真传的老板掌管了波音。大权在握，斯通塞弗开始照韦尔奇的剧本层层加码。进一步控制成本、股东利益优先、不停扩大股票回购规模——每年高达 100 亿美元，远远超过了公司的研发投入。斯通塞弗为此深感自豪。"人们都说我改造了波音的文化，那正是我想做的。如今的波音更像是一家企业，而不仅仅是一家杰出的工程公司。"他在 2004 年这样说，"诚然，它的确是一家杰出的工程公司，但人们投资企业是冲着赚钱来的。"②

尽管公司股价还在上涨，波音内部却困难重重。那桩迫

---

① 出自杰瑞·尤西姆《那条让波音偏离航线、被长久遗忘的航班》(*The Long-Forgotten Flight That Sent Boeing Off Course*)。

② 参见《芝加哥论坛报》(*Chicago Tribune*) 2004 年 2 月 29 日刊文《那么，为什么哈里·斯通塞弗自认为能扭转波音的局面？》("So why does Harry Stonecipher think he can turn around Boeing?")，作者帕特里夏·卡拉汉 (Patricia Callahan)。详见：https://www.chicagotribune.com

使康迪特不得不提前下台的丑闻爆发后，应美国空军要求，波音内部进行了道德审查。结果发现公司员工"几乎普遍"期盼公司能恢复到与麦道合并之前的状态。"合并之前，"该研究引用一名员工的话，"我们被当作人，而不是数字。"

"世纪经理人"

随着通用电气成为全球最值钱的企业，随着美国企业界普遍推崇韦尔奇的观点，随着他的个人名气和财富达到顶峰，韦尔奇在 20 世纪即将结束之际可谓风光无限。他成了真正的名人，凭借作为首席执行官的成就，跻身当时的文化名流圈。他可以跟克林顿总统在玛莎葡萄园岛①打高尔夫球，与杰·雷诺在《今夜秀》节目里亲热地互开玩笑。唐纳德·特朗普曾在 CNN 的一档节目中调侃 1999 年的总统竞选，对主持人沃尔夫·布利策说，如果自己参加总统竞选，一定会考虑找韦尔奇担任竞选搭档，因为后者"可能是有史以来最伟大的大企业领导者，是个伟人，了不起的家伙"。

韦尔奇的多卷本语录出版了，赞美他业绩的书籍也成了畅销书。《掌握自己的命运，否则就会被别人掌控》《新通用

---

① 玛莎葡萄园岛，位于美国东北部新英格兰地区马萨诸塞州的海岛，美国东部最受富人青睐的度假胜地，多任美国总统、达官贵人、演艺明星在此都拥有豪宅。——译注

电气：杰克·韦尔奇如何重振美国制度》等登上了销售排行榜。他的照片登上《新闻周刊》《财富》《福布斯》《商业周刊》《成功》等主流杂志封面。他任职通用电气的最后几年，每年刊发约 8000 篇关于他的英文文章，大多都语带谄媚。

他成了商学院的最佳素材。美国最具影响力的未来企业家培训基地哈佛商学院简直把他奉为神明，教授们开设十几门案例研究课来吹捧他的业绩。有两名学者仔细研究了这些文献，得出的结论是："关于韦尔奇的出版物不仅在效果上媲美若干世纪前的神话或圣徒传记，在结构上也十分相似。" [1] 同时，"怎么赢……"之类的头条标题比比皆是。评价企业高管时通常比较保守的《经济学人》把韦尔奇称作"过去二十五年来最成功的职业经理人""财经媒体圈的戴安娜王妃"。《商业周刊》称他是"衡量其他首席执行官的黄金准则"。《财富》杂志也不甘示弱，将终极的资本礼赞献给了韦尔奇，称他为"世纪经理人"。

韦尔奇本人是最大赢家。他住在康涅狄格州一栋占地 10733 平方英尺 [2] 的豪宅里，配有司机宿舍、壁球场和庭院，

---

[1]　参见《管理咨询期刊》（*Journal of Management Inquiry*）2001; 10(4): 298–309 页刊文《掌握自己传奇建构而不是任他人掌控：对杰克·韦尔奇文本的分析》（"Control the Construction of Your Legend or Someone Else Will: An Analysis of Texts on Jack Welch"），作者科妮莉亚·黑格尔（Cornelia Hegele）、阿尔弗雷德·基泽（Alfred Kieser）。

[2]　1 平方英尺约合 0.09 平方米。——译注

还可以俯瞰长岛峡湾。雷格·琼斯居住的那栋殖民地风格的红砖房宅邸里可没有这些。韦尔奇出行乘坐私人飞机，下榻最豪华的高级酒店，把年会举办地定在乔治亚州奥古斯塔国家高尔夫俱乐部附近的东南部城市——为了方便董事会成员（主要是年长的白人男性）开完会顺便去大师赛的主场地打上几场高尔夫球。

和其他大多数美国企业一样，通用电气董事会深受韦尔奇的影响。在某次年会上，一名董事会成员向其他人慷慨陈词地强烈建议董事会为韦尔奇提供更丰厚的薪酬，还警告说，如若不然，韦尔奇就会被别的企业挖走。董事会听从了这一建议。截至1995年，韦尔奇获得了超过275万股通用电气股票，价值约1.42亿美元。仅在1996年一年，这些股票就增值8300万美元，他的持股总价值高达3.16亿美元。而这仅仅是个开始。

在韦尔奇任期的最后五年，通用电气董事会又慷慨赠送他一笔巨额财富，大到超出这个来自塞勒姆爱尔兰贫民窟男孩的想象。虽然通用电气并不是他一手创建的，他获得的奖励却是创始人级别，成了全球最富有的人之一。2000年，他任期的最后一年，通用电气向韦尔奇提供了价值1.225亿美元的薪酬。一直推行股票激励的职业生涯此时获得了丰厚回报。他拥有的通用电气股票最终高达令人震惊的2100万股，巅峰时期的市值约为10亿美元，让他在《福布斯》杂志评选

的"2001 年全美最富有 400 人排行榜"中名列第 376 位。而
这些还是在韦尔奇收到豪华退休薪酬大礼包之前，等他退休
后还会公布更多的福利。"在我们那个时代，杰克是企业领袖
中的'摇滚巨星'。"20 世纪 80 年代为数不多的女性传媒大
亨之一林恩·福雷斯特·德·罗斯柴尔德评论道，"我们都觉
得杰克所做的一切都对。成功的定义就是：刚刚好完成季报
盈利，不要超过一分钱。"①

　　尽管如此，并非所有人都被韦尔奇蛊惑。韦尔奇的亿万
薪酬和他的"反忠诚运动"受害者形成了鲜明对比，通用电
气的工人并没有忘记这一点。"我爱通用电气这家公司，"斯
克内克塔迪工厂的一名老员工说，"它曾为我们所有人遮风挡
雨。"但这名忠诚的工人最终看穿了整个骗局，"可是你看看
那些大人物拿到了多少股票分红和奖金，然后他们转头就用
种种理由告诉我们必须裁员。"他接着说，"他们拿到了巨额
大礼包，而我们被解雇，利益被损害。"

　　对公司不满的不仅是员工。在韦尔奇的管理下，通用电
气作为良好企业公民的声誉也被破坏。担任首席执行官的
二十年里，韦尔奇引发了一连串爆炸性丑闻。通用电气内部
的业绩压力冷酷无情，高管们为了完成业绩往往不择手段。
通用电气的高级管理层曾被曝光欺骗政府、操纵产品价格甚

---

① 出自本书作者 2021 年与林恩·福雷斯特·德·罗斯柴尔德的讨论。

至侵吞给以色列的海外援助。韦尔奇亲自坐镇了一项长达数十年、逃避污染哈德逊河责任的欺瞒行为——通用电气向河中倾倒了一种名为多氯联苯（PCBs）的有毒化学物质。但韦尔奇从未因他的公司违法而被追究责任。相反，他精通居功卸责的艺术。这一切发生时，通用电气的股价正随着大盘持续上涨。

在里根经济学的助力下，无节制、不受约束的资本主义似乎兑现了弗里德曼及其追随者所承诺的，一轮轰轰烈烈的大牛市持续了二十年。道琼斯工业平均指数在韦尔奇任内从不到 1000 点飙升至 1.1 万点以上，让其他首席执行官难以否认股东价值最大化有效论。到了 1997 年，整个商业世界都把韦尔奇式价值观奉为福音。也是在这一年，有影响力的全美大企业联合会——通用电气二十年前协助成立的首席执行官组织——重新定义了自己的使命宣言。曾经认为企业应该平衡员工与社区需求和投资者需求的细致观点消失了，取而代之的是利润最大化就是商业目标这一断言。"管理层和董事会的首要职责是为了公司股东，"该组织声称，宣誓拥戴弗里德曼学说，"其他利益相关者的权益只是为股东尽责的衍生品。"

不仅保守派经济学家和亲商共和党人拥抱了自由市场的意识形态，民主党人也加入了，他们迫切地支持韦尔奇的主张，只要能让市场持续上涨。克林顿总统在两届任期内都奉行企业界乐见的经济政策——支持自由贸易，不支持工会，允许联邦最低工资保持在贫困线水平。米尔顿·弗里德曼死于 2006 年，当时，克林顿政府的财政部长、奥巴马总统的高级顾问拉里·萨默斯不得不承认，股东至上论已经不仅是共和党人的信条，民主党人也深信不疑。"任何诚实的民主党人都会承认，我们现在都是弗里德曼主义者。"[①] 他说。

很难看清楚的一点是，在华尔街的无尽利润和为韦尔奇狂欢的吹捧声中，这场革命的代价是什么？韦尔奇采取裁员、并购、金融化、回避法规、藐视监管的态度，把通用电气的股东利益凌驾于一切其他相关利益之上，重新定义了成为一家伟大的美国企业意味着什么。在通用电气的示范下，越来越多的大企业转向外包和离岸生产，用承包商或廉价海外劳动力取代国内高薪雇员。这些转变对美国普通民众的心理产生深远的影响。韦尔奇接管通用电气后不久，一项针对美国大公司雇员的调查显示，当时只有 14% 的人担心自己会被解雇。美国员工多年来都被问及同一个问题，他们的焦虑情绪在持续上升。到了 1995 年，那时的经济仍向好，却有约半数美国人开始担心失业，他们有充分的理由。在 20 世纪 90 年

①　参见《纽约时报》2006 年 11 月 19 日刊文《伟大的解放者》（"The Great Liberator"），作者劳伦斯·萨默斯（Lawrence Summers）。详见：https://www.nytimes.com

代，全美削减了 84.8 万个制造业工作岗位 ①。肇始于通用电气的"反忠诚运动"已蔓延全美。

其中受冲击最大的是蓝领工人。韦尔奇退休时，生产率和工资——这两个用来衡量财富分配的最重要指标——之间的差距已经形成一道鸿沟。在世纪之交的千禧年，美国企业的盈利水平达到了前所未有的高度，硅谷也正处于新一轮长达数十年繁荣期的起点，但普通美国工人的工资几乎没有增加。那些处于经济谱系最底层的人仍在苦苦挣扎，企业高管们却比以往任何时候过得都好。韦尔奇是策划了这场薪酬革命的领导者之一，他冷静地把财富从工人手中拿走，放进经理人的兜里。1965 年，一名企业首席执行官的薪酬大约是普通员工平均工资的 20 倍左右。韦尔奇接手通用电气后，这个比例就不断膨胀。首席执行官们的薪酬增至普通员工工资的 50 倍，继而扩大到 100 倍，再扩大到 200 倍。

就在这场狂欢进行得如火如荼之际，一些反对者敲响了警钟。随着互联网泡沫膨胀，时任美联储主席的艾伦·格林斯潘发出了著名的"非理性繁荣"警告。曾先后在里根政府和老布什政府任职的威廉·贝内特也指出，韦尔奇的做法如

---

① 参见《美国劳工统计局月度劳工评论》(*Bureau of Labor Statistics Monthly Labor Review*) 2000 年 12 月刊文《1990 年代的就业增长回顾》("Job growth in the 1990s: a retrospect")，作者朱莉·哈奇（Julie Hatch）和安吉拉·克林顿（Angela Clinton）。详见：https://www.bls.gov

果不加以控制，最终可能严重破坏美国的国家结构。"最令人担忧的是市场上的盲目崇拜现象，"他在 1998 年公开表示，"毫无约束的资本主义，是人类的问题，是价值领域和人际关系的问题，因为它歪曲了事物。"

在更早之前，曾为韦尔奇精心策划美国广播唱片公司并购交易的投资银行家菲利克斯·罗哈廷就看穿了整个骗局。"我们刚刚见证了自 20 世纪 20 年代以来最伟大的投机与金融无责任化十年的落幕，"他在 1991 年评论道，"金融自由化、宽松的信贷、监管的疏忽，加上价值体系的倒退，创造了一种崇拜金钱和权力的宗教。追求无限的财富和名声成了不惜一切代价去实现的终极标准。那些垃圾债券掮客、掠食者、投机者、存贷骗子及其顾问军团、游说群体乃至与之勾结的政客把美国变成了一个巨型赌场。有人犯下了罪行，对整个国家犯下了罪行。这些罪行将造成数千亿美元的损失，也将破坏人们对几代人建立起来的体系的信念。这个国家需要漫长的恢复才能摆脱这种癫狂。"①

连美国证券交易委员会也终于批判地看待支撑通用电气股价长期上涨的盈余管理。1998 年，美国证券交易委员会主席亚瑟·莱维特警告称各大企业都把季度盈利视为"数字游

---

① 参见《芝加哥论坛报》1991 年 2 月 24 日刊文《菲利克斯·罗哈廷的午夜之行》（"The Midnight Ride of Felix Rohatyn"），作者约翰·麦卡伦（John McCarron）。详见：https://www.chicagotribune.com

戏"。他向那些追求季度利润的公司发出呼吁，警告称需要更严格的执法。"我越来越担忧企业迎合华尔街盈利预期的动机或许是在推翻商业常识，"他说，"太多企业的经理、财务审计师和分析师加入了一场相互暗示的游戏。为了满足双方共同的盈利预期，为了完成平稳的盈利，一厢情愿的说法将取代诚实可信的陈述。因此我十分害怕我们正在见证某种对盈利报表乃至财务报告质量的腐蚀。企业管理或许正在被会计操纵取代。职业操守或许正在输给心理幻象。"[1]

这番讲话很不一般。美国证券交易委员会主席，负责确保所有上市公司遵守游戏规则的那个人，实际上是在指出股票市场被操纵了。"人们一旦掌握了这种灵活性，就会滥用诸如盈余管理之类的手段。"莱维特继续说道，"用诡计来掩盖真实的财务波动，而这反过来又掩盖了管理决策导致的真正后果。这种行为并不仅发生在那些竭力博取投资者青睐的小公司，也发生在那些我们熟知并喜爱其产品的公司。"通用电气没有被直接点名，但毫无疑问，莱维特指的就是这家公司。

然而，敲响警钟的是少数派，韦尔奇却走上了巅峰。他任内的最后一天，2001 年 9 月 7 日，通用电气依然是全球市值最高的企业之一，他的"世纪经理人"丰碑仍然屹立不倒。

---

[1]　参见纽约大学法律与商业中心 1998 年 9 月 8 日发布的文章《数字游戏》（"The Numbers Game"），作者亚瑟·莱维特（Arthur Levitt），详见：https://www.sec.gov

　　韦尔奇提交辞呈一个月之后，在最后一次经营会议上对通用电气数百名高管发表讲话。站在血红色帘幕前的讲台上，他对通用电气进行了最后一次抨击，对这家二十年来他曾使之狂喜也恐惧的企业做了告别演讲。这场演讲也是他那些反乌托邦管理理念的大汇总。他批判过于复杂的组织管理，最后一次否定了他从雷格·琼斯手中接管的这家企业。"痛恨官僚主义，"他说，"每天都痛恨它。不要害怕'痛恨'这个词。嘲笑官僚，摆脱等级。"① 这是他最后一次竭力将自己的裁员行为正当化。为了把大屠杀美化成道义上的势在必行，他使用宗教术语来形容大规模裁员。他说失去表现最好的员工才是领导者的失职，还说"留下水平最低的 10% 员工是一种罪"。韦尔奇在这家他度过了整个职业生涯的企业所做的最后一次演讲中鼓动员工无情地互相审判，找出各自团队中的弱者。通用电气的任何员工一旦发现某个同事不具备该企业的正确价值观，韦尔奇使用了他最喜欢的隐喻："就毙掉他们！"

　　台下鸦雀无声。通用电气的拥护者牢记他说的每一句话。他警告听众，落后分子仍在他们中间。他呼吁展开运动，清除最后的落后分子。"我们没能把他们都揪出来，但我们拿着显微镜，努力把他们都揪出来，"他说，"你们每一天都要留神，每一天。你们要搜寻并把他们从这里赶出去。永远不要

①　参见特里·苏塞诺（Tri Suseno）的视频《杰克·韦尔奇在通用电气的最后一次管理层会议》（*Jack Welch final GE mgt meeting*）中韦尔奇的发言。

停止搜寻。"为了奖励这种残忍行径，他以金钱为诱饵，承诺给予"大幅加薪，更多期权"。最后他宣布，他精心挑选的接班人杰夫·伊梅尔特无疑是接替他位置的最佳人选。"我百分之一千地确信，未来二十年，即使放眼全球商业界，你们的领导者也都是最好的。"他说。随后，全场爆发热烈掌声，他像个英雄般大步走出演讲厅。

第四章　通用电气光环

"完美选择"

韦尔奇担任首席执行官的最后几年，谁将成为他的接班人这个问题笼罩了通用电气乃至整个商界。无论谁将被任命为通用电气下一任领导人，都将立竿见影地获得堪比国家元首般的信誉和影响力，还有高达数百万美元的薪酬福利。但这也是一份高度紧张的工作。从未有过如此"大鞋"虚位以待，新的首席执行官将受到密切关注。三名候选人进入了决赛圈：鲍勃·纳德利、吉姆·麦克纳尼和杰夫·伊梅尔特。他们仨都是在韦尔奇改造后的这家企业里逐级晋升上来的，和他们的老板有一致的内在驱动力——韦尔奇退休在即，他们都觊觎最高职位。

小个子、好斗、有冲劲、人称"小杰克"的鲍勃·纳德利于1982年加入通用电气，一路打拼，当上了负责制造火车头的运输事业部的主管。20世纪90年代早期，他曾对供应商采取强硬立场，迫使他们最终同意降价6%，次年又降价12%。那些没有妥协的供应商彻底丢掉了与通用电气的合作机会。他对员工同样强硬，只要发现哪些组件业务外包比自行制造更划算，就会在运输业务部发起一波裁员潮。

为了最大限度地节约成本，纳德利一度禁止加班。该举措在短期内节省了资金，却导致员工无法按时交货。产品未能如期交付时，不满的客户曾威胁要将业务转交给其他公司。但纳德利毫不动摇，反而加快了外包。这种做法当然对通用电气员工不利，却在短时间内效果显著。靠着不断削减应付工资人数、把更多工作交给承包商等手段，纳德利把分管部门的年销售额翻了一番。

到了 1995 年，他已经被确定为接任韦尔奇的候选人之一，还被任命为斯克内克塔迪动力涡轮机事业部负责人。刚抵达斯克内克塔迪这个曾被视为通用电气精神家园却饱受韦尔奇裁员摧残的城市，纳德利就会见了当地员工，宣布了一系列最后通牒。他要求涡轮机部门的生产能力必须在几个月内实现巨大提升。如果这个部门还想"在公司内部获得一点点认可，就必须完成或超额完成"[1] 下一年度的盈利目标。"其他一切都不重要，"他说，"如果我们不能交出满意的财务数据，别人就会不由分说地给我们打上'一群笨蛋'的标签。"为了快速扭转局面，纳德利表示，他打算削减成本，包括裁

---

[1]　参见《华尔街日报》1996 年 5 月 6 日刊文《通用电气任命培训主管执掌电力部门》("GE Taps Trains Chief For Its Power Division")，作者威廉 M. 卡雷（William M. Carley）。详见：https://www.wsj.com

员、进一步缩小业务规模等。现实不容许他再犯错了。"工程必须加速，必须更高效、更高产，而且从一开始就要做对。"他说。

只看数据，纳德利的努力奏效了。他接手时，该部门年销售额约为 64 亿美元，利润不足 10 亿美元。到了韦尔奇退休前，该部门销售额已经达到 97 亿美元，获得 17 亿美元的利润。这意味着该部门的利润近乎翻了一番，销售额增长近 50%。诈骗式裁员经济学再次登场：纳德利是通过更极端地削减工作岗位获得成功的，抬高了通用电气的利润，却令斯克内克塔迪陷入困境的本地经济雪上加霜。

第二名候选人吉姆·麦克纳尼毕业于常春藤名校耶鲁大学，拥有哈佛大学 MBA 学位，早就在争取最高职位了。他的父亲曾是大型保险企业蓝十字和蓝盾公司总裁，任职通用电气期间，麦克纳尼本人经常接触其他公司和猎头机构，寻求更大突破。20 世纪 90 年代中期，麦克纳尼负责通用电气照明业务部，该部门总部位于辛辛那提。因并购失误，加上持续居高不下的国内成本，该部门一直在苦苦挣扎着如何扭亏。不过麦克纳尼自有法子讨好韦尔奇。

20 世纪 90 年代中期，麦克纳尼成了六西格玛项目——韦尔奇在通用电气推行的提高质量新方法——的最狂热拥趸之一。六西格玛项目灵感来自日本的改善理念，即持续改进理念。六西格玛项目采用复杂的反馈系统和流行术语，尽力根除所有导致效率低下的拖延症。它到底是真的有效还是仅仅凭空制造大量案头工作一度引发激烈争论。但在韦尔奇的全盛时期，六西格玛项目是高管们博其欢心的必备项目，而麦克纳尼是发自内心地拥护这个项目。"这是我们新的全球化语言，"他说，"我们在印度、匈牙利、美国、巴西……谈的是同样的东西。我们使用同一个术语。"①

　　无论是六西格玛项目、有利的市场环境还是麦克纳尼个人进行的裁员及外包，总而言之，在他负责照明业务部的那些年，他确实收效颇丰，随后被任命接管通用电气的航空发动机部门。通用电气是全球最大的喷气发动机制造商之一，麦克纳尼的主要工作是管理好该部门最重要的两个客户，空客与波音，特别是后者。

　　他接手航空发动机部门前不久，通用电气与波音打造了一个为企业和亿万富翁提供定制版波音 737 的项目。通用电气提供航空发动机，波音负责制造飞机。这个想法最初是韦尔奇与当时波音首席执行官菲尔·康迪特在一张鸡尾酒餐巾纸背面设计出来的。韦尔奇认为里尔和湾流的飞机显然不够，如果一家企业想购置专机，就应该买一架大型喷气机——它就应该叫波音商务机，就应该花 3500 万美元买一架。通用电气预计将在十年内组装 100 架该机型，配备发动机，将盈利

① 参见《商界透视》（*Inside Business*）杂志 1997 年 9 月刊文《富有启发性的变化》（"Illuminating Changes"）。

数十亿美元。但即便麦克纳尼有能力拓展航空发动机市场也没能实现韦尔奇寄望于波音商务机的远大抱负。四年过去了，仅售出 11 架公务机。尽管如此，麦克纳尼还是主控了发动机业务的扩张期，在韦尔奇临近退休之际毫无悬念地成为竞争最高职位的候选人之一。

第三名也是最后一名真正有实力成为继任首席执行官的候选人是杰夫·伊梅尔特。身高六英尺四英寸[①]，比韦尔奇高大得多。他父亲曾是通用电气航空部雇员，他本人从达特茅斯大学毕业后加入宝洁公司，与斯蒂夫·鲍默，也就是微软公司后来的首席执行官，同挤在一个格子间里办公。从哈佛大学获得 MBA 学位后，伊梅尔特跳槽进了通用电气。在职业生涯早期，他曾因为韦尔奇巧妙地处理了一起重大的冰箱召回事件而崭露头角。之后，他连续升职，靠塑料业务进入上升通道——韦尔奇本人当初也正是在这个领域发迹的。1994 年，伊梅尔特被任命为塑料事业部美洲区负责人。不过，为了完成韦尔奇提出的野心勃勃的盈利指标，他吃尽了苦头，这多半归咎于该部门预测高速增长的基础是数据造假。

多年来，塑料业务部一直虚报库存，用来匹配被夸大的利润。迫于韦尔奇的施压，会计师们总会采取反向操作：拿到高级管理层期望的利润数据之后，倒推所需要完成的销售

---

① 约合 1 米 93。——译注

额，同时调整库存，维持账目平衡。[①]通用电气的员工们又一次意识到，若想实现韦尔奇期望的销售额和利润，唯一的出路就是在会计准则上多作变通。

伊梅尔特本可以告诉韦尔奇实情：该部门的前任管理层不讲诚信，业务能力并不像表面看来那么强大。但有人劝阻了他。在通用电气内部，高管们都秉持缄默原则：绝不说实话，不出卖他人。加上韦尔奇并不是一个通情达理的老板。如果伊梅尔特去说理，韦尔奇就会找一个愿意不惜任何代价达成目标的人取代他。

没过多久，伊梅尔特就欣然接受了在韦尔奇领导下伪造账目的黑暗艺术。通用电气分布在亚洲的塑料分公司并不自主生产基本材料，而是从美国和欧洲的工厂调货。按照通用电气的会计准则，从该公司的一个工厂往另一个工厂调的货可以计入销售额，即使没有产生收入。伊梅尔特想到了法子来利用这一点：当季度盈利增长总额不明显时，他就打电话给亚太区的主管帮个忙：有没有可能再来一些内部订单，让伊梅尔特完成季度目标，也让大老板开心？伊梅尔特声称他不记得是否做过这些事，并为自己任内行为大力辩护。"关于公司的报道，有一点我认为是错误的，那就是认为人们可以

---

① 参见托马斯·格里塔（Thomas Gryta）和泰德·曼恩（Ted Mann）合著《灯灭：傲慢、妄想和通用电气的没落》（*Lights Out: Pride, Delusion, and the Fall of General Electric*, 2021）第 28 页—29 页。

伪造数据。"他说，"我们的系统中有十多种制衡制度，能阻止这种行为。"①

对伊梅尔特的最后考验是安排他去主管通用电气的医疗业务。三年里，他将该部门的销售额从 42 亿美元提升到 60 亿美元。为了实现快速增长，他使出韦尔奇剧本里的另一个老套路：并购。他是靠花钱购买市场份额的——花 13 亿美元并购了三家大公司，就这样把自己主管的部门变成了业内霸主。显而易见，他除了精通金融化手段，也很懂交易那一套。

争夺韦尔奇职位的竞技场上还有几个黑马候选人，比如戴夫·卡尔霍恩，一颗冉冉升起的新星，有韦尔奇早年脱颖而出时那股冲劲儿；比如拉里·约翰斯顿，当时负责陷入困境的家电业务。但最终，是纳德利、麦克纳尼和伊梅尔特三个人的角逐。"他们仨都超出了预期，"韦尔奇说，"他们的表现都超越了期待。"最终他选定了伊梅尔特，吹嘘"我认为他是完美人选"②。

不过私下里，韦尔奇还是觉察到伊梅尔特身上的某些弱点。就在伊梅尔特正式上任前一周，韦尔奇在克罗顿维尔举办的派对上把通用电气董事肯·朗格尼拉到一旁，给了他一

---

① 参见《纽约时报》2021 年 2 月 5 日刊登大卫·盖勒斯文章《杰夫·伊梅尔特见证了通用电气的衰落，现在他想让你读他的书》（"Jeff Immelt Oversaw the Downfall of G.E. Now He'd Like You to Read His Book."）及其对伊梅尔特本人的采访。详见：https://www.ny times.com
② 参见《杰克·韦尔奇自传》第 407 页。

句警告："肯，我想让你记住一件事，"他说，"杰夫有个习惯，做交易时大手大脚。一定要让你的人仔细研究他的收购方案，要让钱花在刀刃上。"①

"聪明人"

当这场角逐最终锁定了纳德利、麦克纳尼和伊梅尔特之后，通用电气的其他高管就开始另谋高就。2001 年 4 月，机会渺茫的候选人之一拉里·约翰斯顿离开通用电气，掌管连锁超市艾伯森。他在通用电气一直负责家电业务，对连锁超市行业一无所知。但对艾伯森董事会而言，来自通用电气人才的诱惑难以抗拒。招聘顾问示警，反对这一决定，提醒称熟悉这一行业的人或许更适合这个岗位。董事们根本听不进去。他们斟酌了一百多个候选人，断定这个师从韦尔奇的男人就是最佳人选。"通用电气有很多聪明人，"其中一名董事会成员说，"况且我们的业务并不复杂，我们又不是制造宇宙飞船的。"②

起初这似乎是一个明智之选。宣布任命约翰斯顿为新任

---

① 出自对朗格尼的采访。

② 参见《华尔街日报》2003 年 5 月 15 日刊文《通用电气的校友发现更难脱颖而出了》（"General Electric Alumni Find It Harder to Shine"），作者乔治·安德斯（George Anders）。详见：https://www.wsj.com

首席执行官当天，艾伯森的股票跳涨 7.5%。这个新任首席执行官不出意料地一上任就着手剥离无利可图的店铺，削减成本。为了减少能耗，他甚至下令关掉店里 25%—50% 的照明灯，这个决定只会让货架看起来阴暗、肮脏。他无法提振公司的核心业务，就去收购其他连锁企业，花费数十亿美元买了更多门店，却只能把它们也慢慢拖垮。这些手段都不起作用之后，他又关掉了 165 家门店，解雇了数千名国内员工。试图在一个市场份额高度分散的行业里占据主导地位，这完全是乱来。"如果在某个行业中不能做到数一数二或不清楚如何成为数一数二，那就退出该行业。"约翰斯顿说，解释自己那一系列令人眩晕的并购、关店操作，"我在通用电气工作时，这种策略很有效。"[1]

碰了一鼻子灰，约翰斯顿又请来一名励志演说家，他任职于通用电气时也曾雇用过此人，试图鼓舞士气。但打鸡血并不能止血。约翰斯顿的自残操作毁了艾伯森。最后，他把这家公司卖给了私募股权机构赛博鲁斯旗下的财团。惹来一堆麻烦的约翰斯顿却获得 1.05 亿美元的金色降落伞补偿[2]。

韦尔奇的其他门徒日子也不好过。约翰·布莱斯通，这名通用电气前高管辞职后去了工业企业斯必克集团，后来因

---

① 同前，见 146 页注 ②。
② 金色降落伞（Golden Parachute），企业股权发生变动时，对因此而离职的管理人员给予的补偿。——译注

为在公司即将发布业绩不佳的季报前抛售持股而获利 2500 万美元、陷入丑闻而辞职。虽然他本人没有被指控参与内幕交易，但投资者还是起诉了斯必克集团，指责该公司董事会擅自修改分红计划，为公司高管和独立董事谋取不当奖励。不久，布莱斯通同意辞职。

斯蒂夫·班尼特，曾任职于通用电气二十三年，辞职后先后出任财捷集团和赛门铁克两家科技企业的首席执行官。他从韦尔奇那里学到的经营策略在这两家公司都失败了。在财捷集团，由于旗舰产品特波报税软件的数据库出现问题，导致数千人无法按时报税，于是他匆匆下台，说自己打算"多花些时间去探索人生的下一个挑战"[1]。几年后，他因未能扭转赛门铁克公司的颓势而被解雇。

凯文·沙雷尔，韦尔奇的另一门徒，执掌生物机构安进十多年。他通过一系列无情的并购增加了公司收入，股价却长期停滞。一番折腾下来，他本人却赚了大约 1 亿美元。

还有加里·温特，曾长期担任通用金融的负责人，韦尔奇的成功有他的一份功劳。他后来执掌康赛克公司，一家负债累累、总部位于印第安纳州的保险公司。他的签约金高达 4500 万美元，现金支付。该公司此前进行了一系列不明智的

---

① 参见《计算机世界》(*Computerworld*) 2007 年 8 月 23 日刊文《财捷公司首席执行官将于 12 月辞职》("Intuit CEO to Step Down in December")，作者萨姆纳·列蒙 (Sumner Lemon)。详见：https://www.computerworld.com

收购，温特试图让公司业务重回正轨，代之以不计后果的连续放贷。上任二十八个月之后，康赛克不得不申请破产保护，温特下台了。离任时，他获得了5300万美元。

"通用电气出身的众多高管被视为商业奇才，"美敦力前任首席执行官、高盛董事会成员比尔·乔治说，"但他们只不过是成本杀手。你无法单靠削减成本让企业壮大。"①

话虽如此，但通用电气模式似乎仍在无休止地重复上演：通用电气的某前高管成了另一家公司的首席执行官。一条任命消息就让该公司股价飙升。这些人只要接受聘任就能获得一大笔钱，签一份价值数百万美元的合同，无论上任后表现如何都稳拿高额退休金。随之而来的往往是持续裁员，公司利润往往在接下来的几个季度甚至几年内有所攀升。但韦尔奇主义必然要付出代价，因为很少有人关注公司的长期战略，同时盲目追求达成季度业绩。"即使被长期战略砸中脑袋，他们也搞不明白那是什么。"罗特曼商学院前院长罗杰·马丁说，"这些人只知道生搬硬套，修补修补，让那一套更好操作。"② 很快，士气低落，业务摇摆，股价暴跌。这在家得宝、艾伯森和其他很多企业里一再上演。这些企业的董事会以为从通用电气请来一名高管就能解决自己的问题，但几乎总是大失所望。"我曾经近距离私密地观察过很多企业，"

---

① 出自本书作者对乔治的采访。
② 出自本书作者在罗特曼商学院的采访。

马丁说，"我观察了摩托罗拉。我观察了北电网络。还有家得宝，每一家都是如此。他们都没有战略纪律，只有操作纪律，总体来说就是，'我得再挤一挤成本，赚点儿钱'。"

韦尔奇退休后，又过了些年，《华尔街日报》盘点了他的门徒及其表现。只有两名首席执行官——3M 的吉姆·麦克纳尼和北极星的汤姆·蒂勒——成功推高了公司股价，其他人都把公司搞垮了，艾伯森股价下跌了 25%，大湖化工下跌了 45%，财捷集团下跌了 48%。韦尔奇刚退休，他的衣钵无人能传承就暴露无遗了。"董事们过于迷信通用电气光环。"芝加哥大学商学院创业学教授詹姆斯·施拉格说，"他们似乎忘了，把灯具和家用电器卖给门店和管理直面消费者的门店是两回事。"①

"证明杰克选错人"

韦尔奇告知伊梅尔特他将成为下一任首席执行官后，登上了私人飞机前往奥尔巴尼，把这个消息透露给纳德利。他们见面的地点就在飞机跑道旁的休息室里。飞机刚落地，韦尔奇就叫纳德利下来。得知自己输给了伊梅尔特，纳德利面

---

① 参见《纽约时报》2007 年 1 月 4 日刊文《通用电气模式并非所有企业都适用》（"The GE way isn't for everyone"），作者克劳迪亚·多伊奇（Claudia Deutsch）。详见：https://www.nytimes.com

色铁青。正如韦尔奇在自传中所描述的，纳德利想知道自己还能如何找补，想知道韦尔奇为什么没选自己。同时，他开始暗中谋划下一步。

纳德利将离开通用电气是事先说好的。韦尔奇曾明确表示，两名出局的候选人都应该离开公司，以免过渡阶段出现内斗。这是韦尔奇独裁风格的体现，因为他无法理解这三个徒弟在他卸任后能怎么共事。纳德利没有浪费时间。伊梅尔特被选为韦尔奇接班人后不到两周，家得宝就宣布纳德利将出任首席执行官。

虽然纳德利在零售行业全无经验，但家得宝与通用电气过往甚密——家居维修大卖场采购通用电气的家电和灯具；通用金融负责家得宝的信用卡管理；家得宝的创始人朗格尼还是通用电气的董事会成员。但家得宝在某些重要方面与通用电气截然不同。多年来，家得宝得益于去中心化的企业管理文化而蓬勃发展——承认地区差异，每家门店采取因地制宜的举措，员工们享受到家庭般的工作环境，在这里结下了友情。虽然在总部的高管看来或许有点儿混乱，但去标准化对家得宝来说起到了更重要的作用：让顾客满意。

2000 年，纳德利接任首席执行官时，家得宝的销售额和利润都在飙升。当时美国的房地产业处于繁荣期，纳德利的工作是保持这种发展势头。但服膺通用电气指挥控制架构的纳德利对这家公司时常出现的散漫文化深感厌恶，于是他引入通用电气的强制操作，灌输纪律观念，发起反忠诚运动，缩小领薪水的长期雇员规模，换成知识匮乏的兼职工。他采取了集权决策，砍掉了成本，掏空了中层管理队伍。他要求门店打烊后再补货，要求雇员延长轮班时间。为了提高效率，他还降低了家得宝的总库存。没过多久，顾客们就因门店总是缺货而感到失望，员工们则因无法满足客户需求而感到尴尬。

　　家得宝原本欢乐的企业文化被纳德利转变成达尔文式文化。库存管理工具取代了朴素的为顾客服务。当纳德利试图照搬在通用电气成功实施的那一套、强制供应商压低供货价格时，产生了事与愿违的后果。几家关键供应商没有屈服，他们的产品撤出了家得宝的货架。"我不懂鲍勃到底在干什么，"朗格尼说，"唾手可得的果子都被摘走了，他简直像变了个人。他对结果和数据有一股疯狂的执念，但家得宝不仅仅是数据，而是人。"[1]

　　业务动荡逐渐毁掉了家得宝。很多门店关闭，员工从一个地区转岗到另一个地区，员工之间的长期关系不复存在，销售团队发现自己在为新的管理层工作。士气低落，普通员工得知纳德利的薪酬后更是深受打击。朗格尼和董事会其他成员同意付给纳德利的薪酬连韦尔奇本人都会脸红，那真是一笔离谱的巨款——年薪3810万美元，他们承诺。这份天价

---

[1]　出自本书作者对朗格尼的采访。

薪酬激怒了普通员工。而且纳德利上任后不久，他那栋带有十二车位车库的豪宅照片就被抖出来，很快在公司员工间广为传播。皇帝的新衣一下子被戳破了——他们在厂里按小时领工资，他们中的很多人只能勉强养家糊口，与此同时，纳德利过得像个国王。

业界观察家认为，纳德利似乎想向韦尔奇证明其选择伊梅尔特是做错了决定。正如当时一名分析家所言："鲍勃想证明杰克选错人。"① "小杰克"似乎决心让老上级丢脸。"在我看来，鲍勃的一个问题是，他永远无法忘记自己没能拿下通用电气这一事实。"② 朗格尼说。

纳德利也对伊梅尔特不满，此人赢得最高职位，让纳德利丢脸了。因此一等到韦尔奇退休，通用电气和家得宝的合作关系就很快恶化。纳德利决定停止采购通用电气的灯泡。他还决定，长年管理家得宝白标信用卡的通用金融将由其他公司取代。这些举动看似都是针对伊梅尔特的，也产生了效果。没过多久，伊梅尔特要求朗格尼退出通用电气董事会。既然纳德利公开为难前雇主，那么家得宝的联合创始人就不好待在这里了。更糟糕的是，朗格尼因批准向纽约证券交易

① 参见《市场观察》(*Marketwatch*) 2007 年 1 月 3 日刊文《纳德利的狂妄自大搞垮了家得宝》("Nardelli's arrogance led to downfall at Home Depot")，作者詹妮弗·沃特斯 (Jennifer Waters)。详见：https://www.marketwatch.com
② 出自本书作者对朗格尼的采访。

所前主席迪克·格拉索提供 1.87 亿美元薪酬而陷入丑闻，引发了时任纽约总检察长的艾略特·斯皮策提起诉讼。虽然斯皮策指控格拉索和朗格尼都有不当行为，但法庭否决了本案，没有人被定罪。

短短数年，深感失望的顾客纷纷转去光顾劳氏——家得宝的主要竞争对手。消费者的情绪转向让劳氏一跃成为在全美与家得宝竞争的新对手，华尔街也知道了。纳德利任内，家得宝股价跌去 8%，劳氏股价飙升 180%。连伪造账目也无力回天。家得宝还被指控在纳德利任内针对有缺陷的商品向供应商索赔过高。纳德利的任期即将结束时，家得宝还承认，为了让高管的薪酬福利增值，公司给股票期权倒填日期 [1] 已经成了常规化操作。

长达五年的管理不善导致家得宝 2006 年度股东大会的气氛剑拔弩张。纳德利一改往年全天候出席的惯例，只在股东面前露面二十分钟。按照他的指示，公司董事会成员无一人出席。大会期间，纳德利没有与股东深入交流，而是敷衍了事，语气也十分生硬。他还叫停了投资者说明会，并拒绝回答股东的提问。这场大会是一场灾难。不久，纳德利同意辞职，董事会表示同意，但没有金色降落伞补偿。虽然家得宝的投资者在纳德利任内亏了钱，然而纳德利还是获得了 2.1

---

[1]　一种违法牟利的金融化操作。——译注

亿美元的离职补偿。

照詹森和麦克林的说法，首席执行官本应该是代理人，代表股东管理企业，努力实现股东价值最大化。然而数十年来，天价薪酬和形同虚设的问责制早就腐蚀了管理层的激励措施。看看纳德利在家得宝的表演，看看特拉尼在史丹利的行径，韦尔奇调教出来的首席执行官似乎都对投资者不屑一顾，他们优先关注的是个人财富。

被赶出家得宝之后，纳德利于2007年被委任管理克莱斯勒公司。当时这家日薄西山的美国汽车制造商已被臭名昭著、巧取豪夺的私募基金公司瑟伯勒斯收购。纳德利得到这个职位并非全凭本事，而是动用了个人关系——瑟伯勒斯的多名高管都曾在通用电气与他共事过。他在汽车行业全无经验，就像当初他在零售业全无经验一样，然而他还是掌握了领导权，并立即再次施展韦尔奇式套路。

纳德利就任时，克莱斯勒正处于十分艰难的时刻，落后于时代，背负着沉重的历史包袱。2008年金融危机爆发时，各大汽车公司纷纷向华盛顿求助。但作为初步谈判的一部分，美国财政部希望克莱斯勒能接受限制高管薪酬这一条件。也就是说，政府想确认，如果出手救助克莱斯勒，克莱斯勒的高管不会立刻给自己发放巨额薪酬，然后跑路。瑟伯勒斯拒绝了，转头向私募市场募集资金，后来这些贷款都成了昂贵的债务，高额利息只会加速奔向那个必然的结果，克莱斯勒终于破产。为了避免汽车工业崩溃，华盛顿方面最终决定为克莱斯勒提供 40 亿美元贷款——虽然瑟伯勒斯现金充裕是事实，但它拒绝向克莱斯勒提供任何资金。然而纳德利和瑟伯勒斯还是卖掉了克莱斯勒唯一盈利的部门，也就是金融服务业务，用来偿还原本假定由瑟伯勒斯为失败收购案支付却拖欠的债务。与此同时，公司销售额直线下滑——纳德利上任后第一年下滑了 30%，次年又下滑了 45%。

纳德利在首席执行官任内完成的最后一项工作是在参议院为他本人和克莱斯勒公司辩护。当时参议院发起了对政府救助计划的调查。"我并不想成为破产专家。"[①] 纳德利说。事实证明他的确不擅此道。他上任后不到两年，克莱斯勒公司就成了烂摊子，而他辞职了。他在克莱斯勒的表现、温特在康赛克的表现，韦尔奇的两名高徒成功包办了美国商业史十大破产案中的两件。

麦克纳尼，竞争接任韦尔奇的另一个失败者，离开通用电气后表面看来获得了更大成功。他也是在伊梅尔特上任后十天内辞职的，于 2000 年底执掌 3M 公司，一家总部位于明尼苏达州的跨国集团，主营化学品、透明胶带、便利贴和其他产品。麦克纳尼是该公司从外部聘请的首位掌门人，投资

---

① 参见《华尔街日报》2008 年 12 月 4 日刊文《现场直播：对三家大企业进行救助的听证会（*Live-Blogging the Big Three Bailout Hearings*）》，作者海蒂·摩尔（Heidi Moore）。详见：https://www.wsj.com

者所期待的只不过是他能带来意外之财。任命的消息公布后，3M 公司股价果然飙升了 20%。"只要提到他的名字，就能让所有人发财。"《商业周刊》杂志如此评论道。

适应了自己的新角色之后，麦克纳尼开始推行自己版本的"中子杰克"运动，宣布削减 5000 个工作岗位。不久，裁员人数升至 8000 个，再升至 1.1 万个。接下来，他不断地在 3M 公司照搬韦尔奇的剧本。他大力推行六西格玛政策，试图将不拘一格的创新型文化格式化清除。他说自己并不是想扼杀创新精神。"支持创新已经刻在这家公司的基因里，"他说，"我不想消灭创新，我想鼓励创新。我只是想让关于创新的评估更加缜密。"①

这套新的缜密远不限于评估新产品。麦克纳尼创建了一个绩效评估体系、一个独家版本的强制排名体系，旨在筛选、清除那些表现不够好的员工。他还持续压缩成本，削减公司总预算。这些举措起初似乎产生了一点效果：公司利润有所增加，股价随之上涨。在外界看来，麦克纳尼似乎为 3M 注入了新的力量。但在公司内部，他发起的改变正在腐蚀企业精神。科研人员开发新产品时总是需要不停地尝试，有尝试就会有失败。他们需要反复试验，才能了解哪些有效，哪些

---

① 源自明尼苏达公共广播电台安德鲁·海格（Andrew Haeg）的节目《百年 3M 是否走上正确的增长之路？》(*3M at 100 — on the right path for growth?*)。详见：http://news.minnesota.publicradio.org

无效。但六西格玛政策的推行使得公司不再容忍失败，更不可能将失败视为学习和成长的机会。再说不遵守新制度的员工将全部被解雇。很快，公司里出现公开反对的声浪。"这里就像一个大家庭。首席执行官来自明尼苏达州，我们觉得可以一直在这里工作，"一名老员工说，"大家都觉得会被公司善待——只要做好自己的工作，每天都来上班，而且表现出色——永远不必担心失去工作。"[①] 很快，那些最了解公司的人有了不祥的预感。"企业文化变了，这令人担忧。"发明了便利贴的阿特·福莱当时这样说。

经历了三年动荡，3M 的前员工开始反击。在某项具有划时代意义的歧视诉讼案中，曾经在麦克纳尼任期内被强迫离职的年长工人们称，公司采用新的绩效评估系统之后，他们被系统性地列入低一档排名，被不成比例地降级，日渐影响了薪酬、晋升和离职待遇。他们在诉讼中还指出，六西格玛是一种歧视性工具，每当遴选项目强化培训人员时，年长员工总会忽略，机会都给了年轻员工。3M 公司最终花了一笔小钱，以 1200 万美元达成和解，没有承认有不当行为。

麦克纳尼这个首席执行官没当太久。领导 3M 四年——公司股价在此期间上涨，很多人却称其迷失方向——之后，他跳槽到了更高的职位。这个曾主管通用电气航空发动机业

---

① 源自明尼苏达公共广播电台安德鲁·海格的节目《一个更精简的 3M 公司》(*A leaner 3M*)。详见：http://news.minnesota.publicradio.org

务、视波音为最重要客户的男人要去西雅图掌管波音公司了。

麦克纳尼离开后，3M 公司恢复了原有的怪异风格，创新再一次回到比账目规划更重要的地位。工程师们被激励着去钻研新产品而不是钻研预算了。管理层大声说出了失声的那部分：金融工程必将是一项失败的战略。"创新本质上是一个无序的过程，"新任首席执行官乔治·巴克利说，"不能把六西格玛流程硬塞进去，然后说，看，我在创新的道路上落后了，因此我给自己规划了要在周三冒出三个好点子，周五再冒出两个……创造性工作不是这么干的。"①

"我们并不知情"

在韦尔奇的所有门徒中，没有人比伊梅尔特面临的挑战更艰巨。他接任时，通用电气正处于最糟糕的局面。就在他上任的第二天，2001 年 9 月 11 日，恐怖袭击事件让美国经济陷入瘫痪，通用电气和其他所有美国企业都面临巨大的风险。韦尔奇为了将通用电气打造成全世界最值钱的企业，把公司的业务范围扩张到了几乎所有能想象的行业。这也意味着，当美国经济发展顺利时通用电气可以到处获利。同样，

---

① 参见《商业周刊》2007 年 6 月 11 日刊文《3M：效率与创新之争》（"At 3M, A Struggle Between Efficiency And Creativity"），作者布莱恩·辛多（Brian Hindo）。详见：http://sjbae.pbworks.com

一旦发生类似"9·11"这样的黑天鹅事件，通用电气会比大多数企业更脆弱。伊梅尔特在某个瞬间突然意识到了这一点。"我刚上任的第二天，一架从我们公司租赁出去的飞机，挂着我们生产的发动机，撞进了由我们承保的一座大厦，而我们旗下的电视网在报道这一切。"[1]伊梅尔特说。随后，情况进一步恶化。股市暴跌，拖累了通用电气股价及通用金融持有的其他资产的市值。

袭击事件发生后的几周里，金融分析师和投资者开始仔细审视通用电气。他们所看到的，很难让他们表示乐观。通用金融的规模比他们想象的更大、更复杂、风险更高。通用电气的实业部门从航天发动机到电力涡轮机都受到很大冲击。股市休市一周后重新开盘时，通用电气的最大投资者当即抛售了一半的持股。

伊梅尔特致电投资者，求对方手下留情。"嘿，让我们喘口气吧，"他说，"眼下正是最艰难的时刻。"[2]对方不为所动，反而向伊梅尔特抛出了一个惊人的秘密。"你看，"他说，"通用电气的保险业务已经做大到如此地步，我们并不知情。"

通用电气的投资者竟然不清楚这家公司是怎么赚钱的，这一事实并不令人意外。韦尔奇刻意把通用电气那看上去异常平稳的季度业绩弄得艰深难懂，限制公司对外披露信息。

---

[1] 参见曼恩与格里塔合著《灯灭》第46页。

[2] 出自本书作者与杰夫·伊梅尔特于2021年的讨论。

他精准设计的持续盈利增长催眠了投资者。但袭击事件发生后，投资者纷纷选择撤退，伊梅尔特也开始意识到通用电气的真实状况。资本改进和研发方面的投资不足长达二十年，导致通用电气在千禧年到来时再也不可能推出任何创新型产品。这家企业持续二十年无情地压低成本，再也没有一丝一毫可供搜刮的余地了。膨胀的金融运作给公司资产负债表带来巨大风险，却让华尔街误信了通用电气是一家能保障利润增长的企业。"我很难向你展示 2001 年的通用电气是什么样子的，"伊梅尔特说，"我们有《财富》杂志笔下的'世纪经理人'、一只市盈率高达 60 倍的股票，公司业务复杂到……说得明白点儿，我的意思是，从宠物保险到电视节目，我们什么都有。"[1]

此时，通用电气的影响力比以往任何时候都大，具有成功企业的所有外部特征，包括天价市值。然而华尔街分析师们真正关心的是该公司是否有能力持续达到甚至超出他们的预期，而这在很大程度上一直是由通用金融借助伪造账目实现的。

这种局面不可能永远持续下去，但若要停止这种无限度的扩张和无休止的盈利增长也很难。"9·11"事件过后，伊梅尔特获得了一次机会。市场动荡不安、投资者重新评估投

---

[1]　出自本书作者对伊梅尔特的采访。

资组合之际，他却适逢一次绝无仅有的机遇，来调整通用电气。趁此良机，他本可以约束通用金融，剥离某些高风险金融投资，对制造业进行再投资；他也本可以采取一次性举措，承认通用金融存在严重漏洞，需要修正。经历了"9·11"事件，即便通用电气季报不佳，也不会有人感到惊讶。股价可能会下跌，分析师们可能会烦躁，但度过了最初的艰难时刻，通用电气可能会更好，可以不再依靠通用金融的财务魔法，也对投资者更加透明。

伊梅尔特似乎缺乏这种决断。发布新一季利润井喷式增长的财报，尤其是在恐怖袭击发生之后发布，这是难以抗拒的强大诱惑。他不想破坏通用电气关于季度盈利的煽动情绪式运作，特别是在自己刚上任之际。因此，伊梅尔特没有去做艰难却有必要的工作，诸如调整预期、给公司重新定位等，而是在紧要关头向通用金融要求利润，继续提高季度盈利。恐袭事件过后，几乎所有企业的季度业绩都不好看，通用电气是个例外。"尽管遭遇了全球经济衰退和"9·11"恐怖袭击，但我们仍然实现了两位数的盈利增长。"①伊梅尔特宣称，并公布公司当季盈利140亿美元，"以此致敬我们了不起的全球团队和通用电气商业模式的实力。"

---

① 参见通用电气网站 2002 年 1 月 17 日刊文《通用电气公布创纪录的第四季度和全年业绩》("GE Reports Record Fourth Quarter and Full-Year Results")。详见：https://www.ge.com

不是所有人都相信的。比尔·格罗斯，华尔街最精明的投资者之一、有"债券之王"之称的亿万富翁，即将盯上伊梅尔特。作为主流投资机构太平洋投资管理公司的联合创始人，格罗斯向来以天马行空的备忘录和善于把握先机而闻名。伊梅尔特上任六个月后，也就是 2002 年初，格罗斯在其公司网站上发布了一则重磅消息：太平洋投资管理公司刚刚卖掉了市值 10 亿美元的通用电气债券，因为他认为通用电气"在诚信上值得怀疑"[①]。他还对通用电气最近的某些财务决策表示不满，因为这些决策损害了他这类投资者的利益。他甚至上升到更根本的、对韦尔奇本人可信度的批评："多年来，通用电气一直隐藏在神秘的阴影中，"格罗斯在 CNBC 的一档节目中称，"机构投资者都十分好奇，为什么一家企业能年复一年、季复一季地持续完成 15% 的盈利增长？"[②]

这还没结束。格罗斯宣称，通用电气的成功不是得益于其在工业制造领域的潜能，而是得益于通用金融在短期票据业务上的投机倒把，加上利用公司股票进行的无休止并购。"盈利增长并不像韦尔奇或伊梅尔特宣称的那样是靠优秀的管理或多元化经营去实现的，而是靠使用高杠杆、高倍数认购

① 参见太平洋投资管理公司（PIMCO）官网 2002 年 3 月 1 日刊文《美国企业界受到冲击》（"Buffeting Corporate America"），作者威廉 H. 格罗斯（William H. Gross）。详见：https://www.pimco.com
② 参见格里塔和曼恩合著《灯灭》第 59 页。

通用电气股票或收益率低至国债的廉价商业票据，让其去并购其他企业——过去五年，每年并购超过 100 家企业。"格罗斯还一针见血地指出了通用金融作为全美最大放贷人之一的命门：该公司总负债高达 1270 亿美元，信用总额度却只有区区 310 亿美元。

格罗斯大声说出了被消声的那部分。一旦遭遇危机事件，通用电气就陷入了致命的被曝光境地。韦尔奇长期推行、影响深远且被伊梅尔特至今沿用的那套策略正在被动摇。"那可几乎全靠韦尔奇的一己之力。"后来转投北极星的通用电气前资深高管汤姆·蒂勒说，"我想，就算是神仙来接任韦尔奇，也会很煎熬吧。"[1]

"世界尽在我掌握"

纳德利在家得宝埋头苦干、麦克纳尼努力重塑 3M、伊梅尔特在通用电气绞尽脑汁时，韦尔奇在纵情享乐。他不甘心退休后隐居佛罗里达靠打高尔夫球消磨时光，于是筹备第二幕，为巩固他作为"世纪经理人"的精神遗产而作准备。离开通用电气不过几周，他就准备巡回签售新书了。他的自传《杰克：直击内心》（*Jack: Straight from the Gut*）[2] 于 2001 年 9

---

[1]　出自本书作者对蒂勒的采访。
[2]　又译《杰克·韦尔奇自传》，中信出版社 2017 年版。——译注

月 11 日正式发售。当天早上，韦尔奇现身洛克菲勒中心《今日秀》节目演播厅，在通用电气旗下的 NBC 这档节目中推广自己的新书。在九分钟的节目里，韦尔奇和马特·劳尔开了一些关于担任首席执行官的轻松玩笑，劳尔虽然问到了"中子杰克"这个标签，但对自己的前任老板总体上还是恭敬的。韦尔奇像平时一样，有魅力，但脾气暴躁。

一小时后，劳尔和搭档凯蒂·库里克中断了节目流程，向观众展示世贸中心大厦冒出滚滚黑烟的现场画面。《杰克：直击内心》新书推广到此结束。那天上午，NBC 最明显的一次提到韦尔奇是《纽约时报》专栏作家托马斯·弗里德曼评论称奥萨马·本·拉登是"查尔斯·曼森和杰克·韦尔奇的怪异组合"。①

"我不知道杰克·韦尔奇是否喜欢听到这个。"库里克坐在主播椅上说。弗里德曼赶忙澄清说自己无意"冒犯"韦尔奇，而是想说本·拉登拥有"财富 500 强企业经理人般的组织能力"。

虽然恐怖袭击事件扰乱了全球经济，但对韦尔奇几乎毫无影响。他的自传在出版前就已经获得 700 万美元的预付金，随后成了畅销书。他极其富有，富得简直无法想象，而且他

① 参见《大西洋月刊》（*Atlantic*）2002 年 10 月 1 日刊文《杰克的高点与低点》（"High, Low Jack"），作者威廉·帕尔斯（William Powers）。详见：https://www.theatlantic.com

即将遇见"真命天女"。

《哈佛商业评论》在韦尔奇退休前就想采访他。这本杂志——全美企业领导人必读——想把韦尔奇作为封面，回顾他的精神遗产。他起初有些犹豫，更倾向于通过新书上市来掌控个人叙事。但得知《哈佛商业评论》允许受访者在文章发表前进行审阅甚至修改之后，他接受了。10月，世贸大厦废墟上余火未烬时，《哈佛商业评论》的编辑苏茜·韦特劳弗从波士顿前往韦尔奇位于纽约的办公室做采访。韦特劳弗刚刚成为一名当地记者，她出版过一本小说叫《本能的召唤》，讲述一位迷人的时髦女记者与自己的线人——来自迈阿密的一名毒贩——陷入爱河的故事。如今她走进韦尔奇的办公室，与企业首脑中的首脑面对面。当时韦尔奇与妻子简·比斯利结婚十三年了，但他立即迷上了韦特劳弗。几周之内，他们无视两人相差二十二岁，也无视韦尔奇的婚姻，恋爱了。与此同时，韦特劳弗继续写韦尔奇的封面故事，还叫摄影师给他们拍了张合影，作为那期杂志编辑寄语中的配图。

但是在杂志即将付印时，韦特劳弗接到简的电话，她发现丈夫出轨了——韦特劳弗刚刚写了篇文章吹捧那个正和她上床的男人，这岂不是在损害她自己的职业道德？这通电话让韦特劳弗深感不安，便将实情告知了上司，建议《哈佛商业周刊》撤掉文章。她的同事得知消息后愤然而起，声称对编辑失去信任。"对团队中那些真正的商业记者而言，我像是通敌。"韦特劳弗承认，"我本该去做关于某人的报道，结果'你像是和对方中的一个私奔了'。"[1] 她同意暂时休假，最终离开了《哈佛商业评论》。一个新的报道团队重新采访了韦尔奇，后来以《杰克对杰克》发表。

简提出离婚。她和韦尔奇签过婚前协议，但已到期。韦尔奇开出的条件是每月支付 3.5 万美元，外加一次性支付 1000 万美元。但比斯利已习惯奢华的生活方式，即便如此大手笔的数额也不够她花销。她想要更多，就在一份法庭文件中列举了自己作为韦尔奇妻子所能享受的福利，提到韦尔奇与通用电气签订的退休合同中的新信息。

虽然韦尔奇从 2001 年 9 月起就不再为通用电气工作，但通用电气从未停止为他工作。卸任前，这个"世纪经理人"已经拿到与美国企业史上其他人都不可比拟的退休福利。卸任后，他仍能享用股东们的慷慨赠送，直到过世。描述这些优厚待遇时所使用的法律术语显得极为平淡。通用电气董事会于 1996 年重新调整了韦尔奇的退休合同，在措辞中悄悄加入了一些表述，规定了韦尔奇将"在余下的人生中继续接触公司的设施和服务，与退休前差不多"[2]。这项条款是临时添

---

[1]　源自苏茜·韦尔奇 2020 年 12 月 4 日的播客节目《她与山姆和艾米的故事》(*What's Her Story With Sam & Amy*)。详见：https://podcasts.apple.com

[2]　参见《纽约时报》2002 年 9 月 6 日刊文《通用电气前首席执行官的花销被立案调查》("G.E. Expenses For Ex-Chief Cited in Filing")，作者杰拉尔丁·法布里坎特（Geraldine Fabrikant）。详见：https://www.nytimes.com

加的，多年来无人注意，直到简·比斯利在法庭上将其曝光，才忽然大白于天下。它实际上意味着通用电气的股东在为韦尔奇奢侈的退休生活埋单。

作为他同意每年为公司当三十天顾问的交换条件，韦尔奇将拿到与他担任首席执行官时同级别的日薪；此外还有年度聘金；还有各种数不清的额外津贴，包括韦尔奇位于特朗普国际酒店大厦的公寓，从那里能俯瞰中央公园，还包括与这豪宅配套的昂贵花销如鲜花、管家、洗衣服务等。仅此一项，就意味着每月将近 8 万美元的开支。韦尔奇夫妇外出旅行时，一切费用也由通用电气支付。在曼哈顿，通用电气为他们在林肯中心大都会歌剧院的包厢席位埋单，为他们在麦迪逊广场花园观看尼克斯队比赛的前排贵宾席位埋单。通用电气为他们支付用于购买十几家乡村俱乐部会员资格、租用直升机和豪华轿车等服务的费用。通用电气为韦尔奇提供电脑、传真机、车载电话、手机、卫星通信、家电甚至灯泡。通用电气为他们支付园林设计师、建筑设计师和保安费用。通用电气为他们在曼哈顿的让·乔治等米其林星级餐厅的花销埋单；韦尔奇夫妇乘飞机出门旅行时，通用电气提供公司的波音商务机——由韦尔奇本人当年提出购买的波音 737。在简·比斯利提交的法庭文件中，她估算，仅波音 737 的花销就相当于每年 350 万美元。

这些细节一经公开便引发轩然大波。连韦尔奇的长期支持者也觉得这些福利太过分了。"我认为通用电气董事会为他提供这些福利是错误的,"花旗集团前任首席执行官、通用电气前董事沃特尔·瑞斯顿说,他曾批准提供给韦尔奇的众多福利方案,"他每年的退休金高达 700 万至 800 万美元,你们为什么还要额外支付公寓和女佣的费用?还有,我觉得终身免费使用公司的商务机也太过分了。"① 韦尔奇假装懊悔,他在《华尔街日报》写了篇专栏文章解释这些安排,并同意退还公司支付的一些费用。然而在文章结尾,他一如既往地不认错。"这份合同是开放的(随时可以修改),而且对通用电气及其股东来说是划算的。"他写道。换句话说,他的意思是:我值这个价钱。

和他做过的大多数事情一样,他的退休福利也开了先河。不出几个月,其他企业纷纷为自家高管提供类似方案。不到一年,一模一样的表述写入了拉里·博西迪与霍尼韦尔签订的合同,他在余下的人生中可以"继续接触公司的设施和服务,与退休前差不多"。

简·比斯利最终拿到了 1.83 亿美元,韦尔奇与她离婚后,和韦特劳弗结婚。经历了退休待遇丑闻、婚外情、"9·11"事件后通用电气的时运骤变,韦尔奇在退休后的几个月里不

---

① 参见《纽约邮报》2002 年 11 月 12 日刊文《丑闻在商界引发寒蝉效应》("Scandals' Chilling Effect on Business"),作者约翰·克鲁德尔(John Crudele)。详见: https://nypost.com

得不面对现实。纽约《每日新闻》把他作为封面人物打出横幅标题："贪婪！"《金钱》称他"对股票市场的暴跌负有责任"①。几个月前把他誉为"世纪经理人"的那个男人也突然倒戈背叛他。

　　然而这片土地总会给人两次甚至三次机会，只要这个人输得起。19世纪的强盗大亨投身慈善事业来为其垄断式商业操作赎罪，向各种基金会和大学捐赠了数十亿美元。几十年后，洛克菲勒、卡内基、梅隆这些姓氏更多地与慈善机构而不是与垄断企业联系在一起。韦尔奇的同行中也有类似的狡诈之辈。迈克尔·米尔肯，20世纪80年代的垃圾债券之王，曾因敲诈勒索和欺诈被判入狱十年，并被禁止进入证券业。与检察官合作而获减刑后，他把自己包装成慈善家和准公共知识分子，为某次重要的经济政策会议慷慨解囊，在会上取悦汤姆·布雷迪、前总统乔治·W.布什等一众名人，借助一次又一次合影挽回自己的名誉。唐纳德·特朗普，21世纪初有名的骗子，屡次破产后，很多大银行拒绝跟他做生意，他的滑稽行为成了笑料，但这并不妨碍NBC——当时正处在伊梅尔特掌控下——为《名人学徒》节目②大开绿灯，为特朗普赢得新的口碑和财富。

　　韦尔奇也是如此。他在退休的第一年经历了些挫折，一

①　参见前注帕尔斯的文章《杰克的高点与低点》。
②　由特朗普监制、主持的真人秀节目，2004年1月8日首播。——译注

度坚如磐石的通用电气公司开始暴露危险的裂缝。但他仍然是那个趾高气扬、面无愧色、以铁腕手段统治通用电气的超级老板。那些麻烦的、充满道德指责的头条新闻不会令他沮丧。离开通用电气后不久，他向杂志编辑蒂娜·布朗倾诉，说自己非常喜欢下榻在特朗普国际大厦，也就是通用金融和特朗普于 20 世纪 90 年代中期共同打造的那座金色巨无霸。每当夜幕降临后，他望向窗外，俯瞰曼哈顿中央公园四周的璀璨灯火，对布朗说："我感到，世界尽在我掌握。"①

---

① 参见《沙龙》(*Salon*) 杂志网站 2003 年 2 月 7 日刊文《丽兹·史密斯的八卦小菜》("The dish on Liz Smith")。详见：https://www.salon.com

第五章　烂苹果

"可怕的暴行"

在保持增长的压力之下，通用电气开始了违规操作。伪造账目成了司空见惯，其财务运作规模之庞大、纷繁、复杂，令监管机构很难发现其中的不当行为，至少在短期内很难。而且采取这种做法的不止通用电气一家。在20世纪的最后几年和21世纪的头几年，许多美国大企业都有类似的可疑行径。

先是在垃圾回收企业废物管理公司，由创始人迪恩·邦特洛克牵头，公司上下沆瀣一气，长年蒙蔽监管机构和股东。1992至1997年，该公司总是由高管们预先设定盈利目标，都是些肯定能让华尔街分析师印象深刻、能刺激股价上涨的数据，然后由财务人员根据这些目标伪造账目。随着公司股价一个季度接着一个季度连创新高，拥有大量公司股票期权的高管们坐看个人资产如火箭发射，一路飙升。直到1997年，新任首席执行官下令对会计规范进行审查，这些欺诈行为才被曝光。审查发现该公司重复申报了此前五年的盈利，金额高达17亿美元，是当年金额最大的一笔财务造假。公司股价随后暴跌，在税前收费和盈利重复申报上花费了35亿美元。美国证券交易委员会对邦特洛克及其同伙提起诉讼，称该事件为"我们所见过的最令人震惊的会计欺诈案之一"[①]。他们还指控公司的高管"篡改账目，中饱私囊，为了保住自己的饭碗，一再欺骗不知情的股东"。然而虽然邦特洛克及其同伙们被抓了个正着，但他们从没承认有过不当行为，也从未因此而锒铛入狱。他们最终与控方达成和解，让公司承担了约合3100万美元罚款的大头。

接着，安然公司崩盘。2001年破产前，这家位于得克萨斯州的能源企业一度被视为全美最佳管理企业。它四处撒钱，让创始人肯尼思·莱和首席执行官杰弗里·斯基林富可敌国，还获得业内推崇。到了21世纪初，安然公司的大部分成功都来自某个秘密的商品交易程序。该公司当时承受巨额亏损，于是采用会计欺诈来蒙蔽投资者和监管机构，掩盖其崩盘的事实。安然公司最终宣布破产。莱和斯基林被逮捕、判刑。该企业的会计师事务所安达信被勒令停业。

第二年，工业巨头泰科国际倒闭。该公司首席执行官丹尼斯·科兹洛夫斯基曾被誉为业界超级明星，入选《商业周

[①]　参见美国证券交易委员会官网在2002年3月26日刊文《废品管理公司创始人及其他五名前高管被诉大规模欺诈》（"Waste Management Founder and Five Other Former Top Officers Sued for Massive Fraud"）。详见：https://www.sec.gov

刊》评选的"年度经理人 25 强"。几个月后他就身败名裂。
他照搬韦尔奇的剧本，不断操作并购，削减成本，一度使泰
科成为市值高达 1140 亿美元的企业。科兹洛夫斯基还把韦尔
奇看作灵感来源，自称渴望成为"杰克·韦尔奇整合通用电
气的手段和沃伦·巴菲特回报股东实用理念的结合体"①。通过
一笔接一笔——累计约 900 笔并购，科兹洛夫斯基打造了一
家庞大芜杂的企业，从家用安保系统到潜艇零部件无所不造。
泰科还采用在通用金融早已司空见惯的盈余管理手段，甚至
用得更过头。他被可怕的增幅裹挟着走上犯罪之路。作为一
家美国大企业的首席执行官，他已坐拥数千万美元的高薪，
却自视为理所当然，贪心不足。科兹洛夫斯基开始窃取公司
财富，先后从泰科的金库中搜刮了约 1.5 亿美元。他最终被
揭发、定罪、锒铛入狱。直到他被捕了，投资者才恍然大悟，
发现泰科的价值不超过其业务部门价值的总和，实际上，这
家企业只是一堆互不相干的零散业务。随着新的管理层就位，
科兹洛夫斯基服刑，泰科公司被分拆后卖掉。

　　还是在 2002 年，大型长途电话公司世通因会计丑闻而倒
闭。该公司创始人伯纳德·埃伯斯一直靠系统地夸大盈利来
维持公司股价，多年来精心策划了一套欺诈方案，伪造了 38

---

① 参见《商业周刊》2002 年 12 月 23 日刊文《丹尼斯·科兹洛夫斯基的浮
沉》（"The Rise and Fall of Dennis Kozlowski"），作者安东尼·比安科（Anthony
Bianco）。详见：https://www.bloomberg.com

亿美元利润，将公司资产夸大至 110 亿美元。伪造盈利、谎报资产价值都是彻头彻尾的犯罪行为，埃伯斯因此入狱。正是由于韦尔奇树立了榜样，让推动股价持续上涨的压力非常巨大，众多企业的掌门人于是为达目标不择手段。

接下来的很多年，此类无耻行径仍一再上演。房地美，一家由美国政府支持的住房抵押公司，被爆出自 2000 年至 2002 年谎报了 50 亿美元盈利。实施欺诈的还是那些高管，他们醉心于制造无限增长的假象、抬高股价、进行收割、谋求个人回报（房地美及其高管与检方达成了和解，既没有承认也没有否认罪行）。

2005 年，纽约总检察长艾略特·斯皮策对莫里斯·"汉克"·格林伯格——全球最大保险公司之一的美国国际集团首席执行官——提出指控。该公司不遗余力地在各方面误导公众，从储备金规模到公司的整体经营状况。它伪造了四年的财务数据，导致股东损失数十亿美元。为了在不认罪的前提下达成和解，该公司支付了 16 亿多美元。格林伯格的案子也了结，但他最终承认了自己在欺诈中起到的作用，并支付900 万美元罚款。

随着众多美国企业卷入丑闻，通用电气再也不能免于审查了。美国证券交易委员会开始查看其账目，以便确定是否通过财务欺诈隐藏利润或亏损。该项调查历时数年。2002 年底，国会通过了《萨班斯－奥克斯利法案》①，一项因旨在打击商业欺诈而影响深远的法案，要求提高信息透明度，提高对企业及高管的问责力度。"安然事件之前，金融分析师和投资者从不来问我们通用金融是如何运作的。"②伊梅尔特说。但随着全美各地的首席执行官被置于显微镜下，伊梅尔特意识到自己也将面临来自投资者和监管机构新一轮的严格审查。

大企业是不会犯错的——这种印象持续数十年之后，层出不穷的欺诈玷污了美国企业的好名声。这个国家某些最杰出的企业被爆出了严重的腐败问题。对短期盈利的迷恋往往引诱高管们违规甚至违法。卸任不久的韦尔奇对亲手打造了这一遍布恶行之企业文化的自己所扮演的角色似乎不太愉快，连他都很清楚，情况已经失控。"在公众看来，所有的企业似乎都被坏人盘踞了——整个果园里全是烂苹果，"他说，"经济的长期繁荣引发可怕的放纵，少数人实施了不诚信行为。"③

---

① 即美国国会针对安然、世通等财务欺诈事件而出台的《2002 年上市公司会计改革与投资者保护法案》，因由美国众议院金融服务委员会主席奥克斯利和参议院银行委员会主席萨班斯联合提出，又称《萨班斯－奥克斯利法案》（"Sarbanes-Oxley Act"，简称《萨班斯法案》）。

② 参见杰夫·伊梅尔特著《如坐针毡：我领导一家伟大的美国企业时学到了什么》（*Hot Seat: What I Learned Leading a Great American Company*）第 29 页，纽约·西蒙和舒斯特出版公司 2021 版。中文版书名为《如坐针毡：我与通用电气的风雨 16 年》。

③ 参见《杰克·韦尔奇自传》第 441 页。

"员工们还是会被我震慑"

21 世纪初，长期被视为美国工业化典范之一的波音公司也深陷丑闻。2004 年，该公司首席财务官因企图贿赂五角大楼官员而被判入狱。第二年，哈里·斯通塞弗——在麦道工作一段时间后接管波音——因与下属有染而被迫辞职。尽管他担任波音首席执行官仅数年，却无情地改造了波音公司，该公司原本引以为豪的工程师文化被末位淘汰焦虑取代，员工与公司之间原本牢固的纽带也日趋分崩离析。波音董事会四处网罗首席执行官人选，最终把目光投向了差点儿坐上韦尔奇位置的吉姆·麦克纳尼。

麦克纳尼任职 3M 期间虽然曾引发公司内部争议，但也确实为股东们带来了回报。这位通用电气灯具业务前负责人并非工程师出身，却在接管通用电气航天发动机业务后与波音最高领导层关系牢固，对航空业市场有实际的了解。即便如此，经营一家从事飞机设计与制造的企业是另一码事。在波音的黄金时代，工程师文化的繁荣基于彻底的透明度、直言不讳地指出差错、花费时间和金钱把事情做好。对这种需要费时耗力去摸索的创新型工作，麦克纳尼当初在 3M 公司时就缺乏耐心，曾因推行六西格玛、削减成本而被指责扼杀创新。2005 年，他接手波音公司后不久又打算故技重施。

麦克纳尼与韦尔奇共事的时候就知晓如何利用薪酬方案

来改造企业文化。为了让波音的中层雇员积极参与削减成本，他对该公司的工资计划做了一些微妙却有效的调整。在新的体系下，经理们的薪酬不但与公司股价挂钩，而且与经理们所在部门的财务表现挂钩。直观看来，这是奖励团队中业绩最强的，实际上是在制造反效果：经理们忽然有了尽其所能去削减成本的个人动机。他们每天殚精竭虑的不再是如何生产对公司有贡献的伟大产品，更别提什么性能安全的飞机了，而是如何在生产过程中精打细算。全新的薪酬框架起初收效显著，成本降下来了，生产效率提高了。然而日积月累地刺激员工围着成本转，将造成灾难性的后果。

　　为了遏制波音的家庭文化，麦克纳尼还采取了其他手段。他降低工资，取消养老金方案，从西雅图移走更多工作岗位，向工会出手。他压榨供应商，逼迫他们降价，否则就会失去波音的订单。他说不配合降价的供应商都被禁止与波音合作。"如果某个团体不配合我们……就会被列入'禁飞名单'，"他说，"将无法参与波音所有新项目的投标。"[1]

　　麦克纳尼像韦尔奇一样喜欢让员工们战战兢兢。2014 年与分析师的一次电话会议中，他说他不打算很快退休，因为

---

[1]　参见《西雅图时报》（*Seattle Times*）2013 年 5 月 24 日刊文《麦克纳尼：波音将压缩供应商数量及削减工作岗位》（"McNerney: Boeing will squeeze suppliers and cut jobs"），作者多米尼克·盖茨（Dominic Gates）。详见：https://www.seattletimes.com

"我的心还在跳，员工们还是会被我震慑"。波音工会的一名领袖称这番言论标志了该公司与其员工的关系降至"新的低点"。麦克纳尼对此一笑而过，但至少有一名敏锐的观察者洞察了其轻蔑态度的源头——工会领袖汤姆·布芬巴格称，麦克纳尼的言论是一个提醒，"杰克·韦尔奇式的杀伤力管理依然盛行于波音"[①]。

　　麦克纳尼上任前不久，当时的首席执行官斯通塞弗作出了最重大的决定之一：批准研发全新的喷气式飞机。波音已经几十年没有研发新机型了，不能再拖延了。国际旅游市场方兴未艾，各大航空公司纷纷开辟更远距离的航线。波音想推出一种能连续飞行 7000 英里以上的节能中型机，这将是一个价值数十亿美元的机遇，代价高昂，但绝不能放弃。如果再不进行新的大规模投资，波音公司将落后于时代，沦为一家无足轻重的飞机制造商。斯通塞弗曾想叫停新机型的研发，仍想把利润用于股票回购和分红。他提出，假如公司一定要推进这个项目，那么至少应该考虑如何把研发支出压缩到最低。在他的阻挠下，该项目拖延多年，但最终还是获得了批准，新机型即后来的 787 梦幻客机。

---

① 　参见《西雅图时报》2014 年 7 月 25 日刊文《波音公司首席执行官麦克纳尼为'让工人被震慑'相关言论道歉》（"Boeing's McNerney apologizes for remark about 'cowering' workers"），作者拉米·格伦鲍姆（Rami Grunbaum）。详见：https://www.seattletimes.com

　　麦克纳尼上任时，波音787项目处于启动阶段，但这个新掌门人立刻发现了让自己名垂青史的好机会。787梦幻客机是波音公司数十年来首款新机型，新任首席执行官觉得自己可以打破常规。波音以前的机型大约35%的零部件外包给承包商，其余大部分零部件由波音自行生产。麦克纳尼把这一比例颠倒过来，787梦幻客机70%的零部件将交给外包。做出此种安排，自然是为了削减成本。麦克纳尼自信能强硬掌控与承包商的讨价还价，提高公司的盈利能力。他还认为，外包将加快研发进度，787梦幻客机只需短短四到六年就可完成。假如一切顺利，波音只需为它投入60亿至100亿美元研发费用。事实证明，他的两个预测都过于乐观。新机型的研发耗时九年，耗资超过320亿美元。

　　外包也大大削弱了波音对零部件乃至整机质量与工期的控制权。与自主掌控新机型设计及工程管理相比，波音选择了把大部分关键性制造交给供应商。为了减轻飞机的重量、提高耐用性，787的机身材料将是碳纤维而不是铝合金，但是将碳纤维应用于机身在当时还是未经充分验证的新技术，因此这个决定反而增加了研发难度，引发了一连串延期交付和测试故障，原本负责制造后段机身的某家供应商的问题尤为糟糕，以致波音不得不花费10亿美元收购了这家陷入麻烦的厂商。麦克纳尼为了降低成本，不惜采取极端措施，他甚至在南卡罗来纳州建了一家新工厂，只因为那个州的工会代表人数最少。

波音于 2004 年正式发布新机型，订单如潮水般涌来。单价 2 亿美元让梦幻客机有望大获成功，但雇用廉价劳动力很快给波音带来了更多问题。为了避免引发工会运动，南卡罗来纳州工厂的经理们接到通知，不要雇用那些曾加入工会的工人。恶果很快显现。南卡罗来纳州没有航空制造业基础，新招的工人对飞机制造过程的复杂性一无所知，麻烦很快堆积如山。在潦草马虎的组装过程中，锋利的金属碎屑往往紧挨着驾驶舱内的线束，成品机舱内部很可能遗落工具、灯带甚至梯子等杂物，埋下诸多隐患。一架飞机即将完工时被水淹，另一架飞机的发动机还在装配线上就烧了起来。查尔斯顿工厂生产的梦幻客机问题层出不穷，连波音的大客户卡塔尔航空都公开宣布将拒绝接收该工厂生产的飞机。即使连操作不当的工人都心知肚明：这家工厂问题严重。有人开始四处举报、投诉，终于让美国联邦航空管理局启动对波音的调查。波音最终被罚 660 万美元，公司上下人心涣散。许多员工对南卡罗来纳州工厂生产的梦幻客机的安全性能深感不安。一个名叫约瑟夫·克莱顿的技师说："我告诉太太，我永远不会乘坐这个机型。没别的，就是因为安全问题。"①

---

① 参见《纽约时报》2019 年 4 月 20 日刊文《有关粗制滥造的说法引发当局对波音第二款喷气式型号的详细审查》（"Claims of Shoddy Production Draw Scrutiny to a Second Boeing Jet"），作者娜塔莉·吉特罗夫（Natalie Kitroeff）、大卫·盖勒斯（David Gelles）。详见：https://www.nytimes.com

787 梦幻客机直到 2011 年年底才正式亮相，比原定推迟了好几年，研发预算大大超支。投入使用仅一年多，又因电池着火问题而导致整个机队停飞。这次停飞代价高昂，让波音尴尬万分，也预示即将爆出更严重的问题。但在该机型复飞之前，波音公司还要作出另一个关键决定。

"赢"

通用电气的前高管们四处破坏几乎所有行业的美国企业时，韦尔奇却无忧无虑地享受着生活。他有了新欢，又富得流油。在苏茜的陪伴下，他成了多媒体巨头。这对夫妇签订了一项出版协议，打算合写一本名为《赢》的新书①，杂糅了商战故事和励志套路。几年后，他们又出版了该书的姊妹篇，名为《赢的答案》②。2015 年，韦尔奇夫妇出版了他们最后一本书：《现实生活中的 MBA：关于如何赢得竞争、建立团队和发展职业生涯的不扯淡指南》③。之后他们开始为杂志（起初是《商业周刊》，后来是路透社和《财富》杂志）撰写每周

①　原书名 *Winning*，中文版 2005 年中信出版社出版。——译注
②　原书名 *Winning: The Answers: Confronting 74 of the Toughest Questions in Business Today*，中文版 2007 年中信出版社出版。——译注
③　原书名 *The Real-Life MBA: Your No-BS Guide to Winning the Game, Building a Team, and Growing Your Career*，中文版译名为《商业的本质》，2016 年由中信出版社出版——译注

专栏，每周都会提供一堂谈竞争、毅力和决心的教学课。

　　他们巡回演讲，露面一小时索取六位数出场费。但韦尔奇并不亲自演讲，因为那太累。他宁愿要价 15 万美元与一个由他认可的主持人进行问答式对谈。他出现在费城的页岩气行业观察会议上，出现在波士顿大学的 MBA 研讨会上，接下来要前往厄瓜多尔参加商业决策者项目，活动的组织者向与会者向上销售活动门票，只要再花 800 美元就能和韦尔奇一道出席鸡尾酒招待会。他还成了 CNBC 及其他电视节目的固定嘉宾，就当天的商业新闻发表评论。他会和查理·罗斯聊上几个小时，参加脱口秀节目的小组讨论，接受任何热线电话采访。"毫无疑问，通用电气公司退休的首席执行官杰克·韦尔奇是美国商业史上最成功的企业高管之一，"丹·拉瑟 2005 年在《60 分钟》节目中饰演韦尔奇时嘟囔道，"他一心想赢，这碰巧是他新书的书名。"

　　韦尔奇不再西装革履，他改穿毛衣，全方位收敛棱角。夫妇俩还与《情商》①一书的作者丹·戈尔曼共同录制了有声书。戈尔曼的作品主要探讨同理心、正念和同情心的作用，这些都不是韦尔奇担任首席执行官时具有的特征，但这本有声书将韦尔奇描绘成一个办公室角落里的大师，巧妙地掌舵商业世界，智慧又优雅。"没有人能像杰克·韦尔奇那样深谙

---

① 原书名 *Emotional Intelligence*，中文版 2010 年中信出版社出版。——译注

领导力，"该有声书在面向读者的宣传材料中称，"情商的关键要素——从自我意识到向团队灌输核心价值观的能力——都是成功的一部分。"

在现实生活中，韦尔奇的措辞鲜有顾忌。无论走到哪里，他总是滔滔不绝地宣扬那套股东至上论，要求企业以投资者为优先，裁员时要保持冷静。"你很清楚哪些人是笨蛋，他们就在你们中间，"他在麻省理工学院斯隆商学院演讲时说，"棒球队每天都这么做。事情本来该如此。企业要裁员有什么问题？"与诺贝尔经济学奖获得者约瑟夫·斯蒂格利茨进行专题讨论时，韦尔奇无视美国汽车业和钢铁业的辉煌时代，仅举了两个例子就狂妄地断言没有一个成功的产业是靠高度的工会化劳动力兴起的。

南加州大学领导力研究所创始人兼主席、韦尔奇的朋友沃伦·本尼斯说，韦尔奇与苏茜结婚后"重塑了自我"。"没有她的鼓励，我想他不会这么活跃，"本尼斯称，"他俩是合伙领导人。他们的品牌背后也有苏茜的力量。他们的结合是韦尔奇转型的关键因素。"[1] 媒体对此大加赞赏。2005 年，《新闻周刊》——创造了新词"中子杰克"的那份杂志——把韦尔奇作为封面，还配以醒目的封面标题——《如何去赢》。《成

[1]　参见《商业周刊》2012 年 11 月 21 日刊文《杰克·韦尔奇退而不休》("Jack Welch's Unretirement")，作者希拉·科尔哈特卡（Sheelah Kolhatkar）和黛安·布雷迪（Diane Brady）。详见：https://www.bloom berg.com

功》杂志也把他作为封面人物，配图标题则是《怎样成为伟大的领导者》。

　　一个人在某个领域的成功并不代表他在其他领域也会取得成功，但这从未阻止韦尔奇这样的人试一试。既然他能经营通用电气，那么为什么要阻止他把管理专长传授给其他需要变革的企业？2003 年，自信满满的韦尔奇成了纽约市领导力学院主席。领导力学院是旨在为纽约市公立学校教师提供指导、培训新校长的组织，由纽约市市长迈克尔·布隆伯格手下的教育总长乔尔·克莱因发起，向基础教育领域推广美国企业的竞争精神。在学院的揭幕仪式上，韦尔奇试图用他在通用电气惯用的强硬态度向台下满怀抱负的校长们灌输恐惧。"过去我们在企业里常常说，'你们这些浑蛋经理中，谁的身边围着一群死气沉沉的手下，谁就不称职'，"韦尔奇说，"现在，我们也可以把同样的话送给各位校长。我们将以同样的方式来激励校长们。"①

　　项目启动不久，韦尔奇带着校长们到克罗顿维尔开展周末研修。有一次，他提议教师薪酬应该与学生的考试成绩挂钩，类似他担任首席执行官时所要求的问责制，他无法想象这怎么就不能在学校里起作用。但教师们对这个提议深恶痛

---

① 参见《纽约时报》2003 年 1 月 14 日刊文《曾经拯救通用电气的高管开始培训学校校长》（"Executive Who Saved G.E. Is to Train School Principals"），作者艾比·古德诺（Abby Goodnough）。详见：https://www.nytimes.com

绝，他们体会到孩子的学习方式各不相同，不是所有学生都能考出好成绩。"孩子不是产品。"① 一位有抱负的校长在克罗顿维尔与韦尔奇交流时说。

"不！他们是！"韦尔奇回击道，要她闭嘴。

他试图把韦尔奇主义引入纽约市公立学校系统的努力白费了，这个项目没能改变全美学校体系的走向，它保持封闭性，又缺乏资金，无法为整个城市的学童提供统一的教育产品，无论孩子们的家庭拥有多少净资产。2017年，这个项目被唐突地叫停了，该市的教育官员趁机抨击了项目中的误导性做法。"经营通用电气需要一些特殊手段，但经营学校是另一码事。"② 学校的副校长最后说。

韦尔奇相信自己能整顿纽约市的公立学校，并非因为他是公共教育方面的专家。他有这份自信是因为他曾是一名成功的管理者。作为妄想症受害者，他以为拥有财富就代表了某种更伟大的智慧——既然他能从高度金融化的跨国公司榨取利润，似乎也就能成为一名教育改革家。这是富人们常有

---

① 参见家长倡议者组织官网 2005 年 3 月 8 日刊文《杰克·韦尔奇是我爸爸》（"Jack Welch is My Daddy"），作者玛丽·霍夫曼（Mary Hoffman）。详见：https://nycrubberroomreporter.blogspot.com

② 出自教育组织 Chalkbeat 网站 2017 年 8 月 31 日刊文《纽约市关闭了市长布隆伯格组织的校长训练营，标志着一个时代的结束》（"New York City closes the door on Mayor Bloomberg's boot camp for principals, marking end of an era"），作者亚历克斯·齐默尔曼（Alex Zimmerman）。详见：https://ny.chalkbeat.org

的妄想，韦尔奇并不是唯一一个把注意力转向整顿公立学校的富人。比尔和梅琳达·盖茨基金得益于微软公司的早期垄断，手头一度有 500 亿美元巨款，曾试图借助科技去改革华盛顿州的学校课程。亚马逊创始人杰夫·贝佐斯曾推出贝佐斯学院，一所旨在培养创业精神的幼儿园。脸书创始人马克·扎克伯格曾捐赠 1 亿美元用于改造纽瓦克的公立学校体系，后来以失败告终。共享办公联合创始人亚当·诺依曼为他的孩子及其朋友们办过一所高价学校，由他的妻子设计课程。这些昂贵的尝试基本上都没成功，清晰地证明改善儿童的学习方式和教师的教学方式不能只靠钱。

　　韦尔奇改革纽约市公立学校的尝试最终脱离了他的掌控，但他并没有就此停止涉足教育领域。很快，他就确信自己可以培养未来的商业领袖。在 2009 年的一次聚会上，他遇到商人迈克尔·克利福德。此人曾在广播电视行业与帕特·罗伯逊、杰里·福尔韦尔等大众福音派布道家合作过，日渐相信在线教育可以赚大钱，于是开始收购那些拥有资质但财务困难的学校，改头换面后，对网授学位收取高额费用。有时，他还招收流浪汉注册入学，因为流浪汉有资格申请联邦学生贷款，有助于提高学校盈利。克利福德深知韦尔奇个人品牌的威力，发现有利可图。碰面后不久，他就向韦尔奇提议创办在线 MBA 课程。

韦尔奇起初不信，但是当克利福德通过另一家在线教育企业赚了 5000 万美元之后，韦尔奇在苏茜的鼓励下跃跃欲试了。"苏茜是促成一切的关键。"[1] 克利福德称。他们将联手创办一个旨在盈利的克罗顿维尔，并借机扩大韦尔奇主义的传播。不久，他们推出了在线 MBA 课程杰克·韦尔奇管理学院，学员可偶尔获得韦尔奇本人指导，也可获得一些他所信任的副手如吉姆·麦克纳尼的指导。

为了推广这门 MBA 课程，韦尔奇和唐纳德·特朗普一起出现在真人秀节目《学徒》中，为幸运选手提供奖学金。那个上午，他俩联名的节目播出后，韦尔奇与特朗普又现身《今天》节目，站在洛克菲勒中心广场上，微笑着与马特·劳尔、阿尔·洛克和安·库里等人闲聊。他俩是奇特的一对，特朗普在韦尔奇面前高得像一座塔。他俩都渴望被关注。

"唐纳德帮了我大忙。"韦尔奇说。[2]

"没有人比杰克更优秀。"特朗普说。

如今，杰克·韦尔奇管理学院仍在运营，仍有学生每年支付 5 万美元，拿到一纸写有韦尔奇名字的在线学位证书。这只是一个提醒，提醒我们韦尔奇在全球坏点子市场仍

---

[1]　参见文章《杰克·韦尔奇退而不休》。

[2]　参见韦尔奇 2010 年 11 月 12 日的 MBA 课程《杰克·韦尔奇和唐纳德·特朗普在〈今日秀〉》(*Jack Welch and Donald Trump on the Today Show*)，韦尔奇本人提供。详见: https://www.youtube.com

具有持久的影响力。他的书仍在不断重印。从圣地亚哥到悉尼、堪萨斯城乃至布拉格，仍有一群群野心勃勃的企业高管聚在一起讨论他的遗产、研究他的书。在沙特阿拉伯，茅斯·本·侯赛因组织了一个类似的小团体。他从韦尔奇管理学院拿到了学位并为沙特阿美公司工作，这是一家国有石油生产商，近年来继承了全球最值钱公司的名号。"我爱杰克·韦尔奇，我视他为导师，"本·侯赛因说，"我正在把从他的学院所学到的一切传播给我们的客户。"①

　　正如他把通用电气从失去活力的工业巨头改造为能量十足的多元化企业集团，他也改造了自己。他不再只是退休的首席执行官。如今，他成了励志大师、政策专家和创业者。离开通用电气之后，他没有整体规划。他没有去支持真正有价值的事业，也没有去致力于帮助真正有需要的人。他没有大额捐赠，也不深思他在掌管美国工业巨头时如何影响了这个国家的命运。和他担任首席执行官时一样，他不关心共同利益。相反，他的主要兴趣是自我推销。他找到了保护自己遗产的手段——四处推销"首席执行官可以为所欲为"这一谬论，卖力地向其他企业老板布道。正如韦尔奇的密友、摩根大通前副总裁吉米·李所言："他的目的就是成为杰克。"②

---

① 出自本书作者 2020 年与穆斯·本·侯赛因的谈话。
② 参见文章《杰克·韦尔奇退而不休》。

"你能感到他的存在"

"9·11"事件之后，伊梅尔特更倾向于韦尔奇主义了。一方面，这完全合乎逻辑，他不想在自己的任期内打破通用电气持续骄人的季报业绩，而是在经济陷入混乱时选择靠通用金融的会计魔术保住业绩；但由于放弃了重新整合通用电气的机会，伊梅尔特最终自作自受地走向失败。他实际上是在向华尔街承诺，将保持和韦尔奇时代一样无休止的盈利增长。事实证明这是不可能完成的，特别是在监管机构开始对通用电气进行审查、分析师们也因债券投资者比尔·格罗斯直言不讳的批评而对通用电气持谨慎态度的情况下。但伊梅尔特仍打算放手一搏，为此他将在接下来的几年里仰仗韦尔奇的三大法宝：裁员、并购和金融化。

仅 2003 年一年，伊梅尔特就无视格罗斯的批评——通用电气的增长是靠无休止的并购来支撑的——豪掷约 300 亿美元先后收购法国媒体集团维旺迪的电影电视部门、芬兰的一家医疗器械公司及英国的一家生命科学技术公司。在此之前，他还耗费 54 亿美元在荷兰买下一项商业贷款业务。从医疗技术到媒体资源，通用电气无所不买，为了追求无休止的净利润增长无所不用其极。接下来的几年里，伊梅尔特更败家地拍板买下几家数据公司、环境软件制造商及其他更多交易。

这些交易几乎都血本无归。"9·11"之后，通用电气重金投资安全技术公司，耗资 10 亿美元收购了两家爆炸物检测公司，但这两家公司从未实现大幅增长，于是伊梅尔特在 2009 年抛售了大部分股权，损失惨重。对通用电气这种规模的企业来说，这些损失相当于舍入误差①，却代表了伊梅尔特拙劣的并购水平。他对新兴趋势的把握同样要么仓促，要么迟钝，经常花冤枉钱，而且一旦选定目标就不懂回旋。韦尔奇退休前曾经提醒朗格尼——伊梅尔特是不可靠的交易者——看来真是一语成谶。

　　伊梅尔特涉足的新行业越来越广泛，对通用电气昔日的支柱性业务如塑料、电器、灯具等越来越不重视。他把塑料业务以 116 亿美元卖给了总部位于利雅得的化工企业沙特基础工业公司。这个价格很公道，甚至超出大多数金融分析师的估值。然而这也让通用电气越来越远离其工业基础。几年后，伊梅尔特又以 54 亿美元把家用电器业务卖给了中国企业海尔，作为交易的一部分，他把通用电气的商标名也授权给了海尔，其结果是一种连韦尔奇都可能从未预见的全球化特征：路易斯维尔家电园区里的美国工人们早出晚归，照旧生产着贴有通用电气商标的产品，却是在为一家中国企业打工，收入也比为通用电气打工时要低。最终连通用电气的灯具业务也被卖掉了，通用电气的商标名也再一次授权出去了，韦

---

① 量化误差，因运算时的舍入而得到的近似值和精确值之间的差异。——译注

尔奇一手打造的全球最值钱公司这个大型企业集团整个儿地彻底解散。

　　而通用金融一直持续增长。伊梅尔特不断地收购利基市场①金融业务。2001年12月，他用40亿美元收购了安全资本集团的房地产融资业务，还从波音公司收购了商业贷款组合业务，从韩国收购了汽车贷款业务。此外，它鲸吞了更多品牌的专属信用卡业务，投资了从土耳其到新西兰的多家银行。2004年，通用金融涉足的业务领域风险更高，用5亿美元收购了次贷参与公司——西方资产抵押资本集团。当时次贷金额正不断上升，那些信用差的购房者都在拼命借入低息贷款，从事该业务的企业明显将面临极高风险。但利润就在眼前，且无人知晓这种贷款的灾难性后果有多可怕，因此通用电气与西方资产抵押资本集团达成收购交易时没有引发质疑，反而像是一份认可：大企业为次贷做担保。

　　与此同时，全球经济形势似乎正在好转。经历了"9·11"事件的冲击，资本市场强势回归。随着宏观经济再次繁荣，通用金融大量借入贷款，获得巨额利润。该公司在韦尔奇时期的资产峰值为4250亿美元，伊梅尔特接手五年后，这个数字膨胀至5500亿美元，而且还在不断扩大。除了规模更大，通用金融在通用电气集团业务中的地位也越来越重要。韦尔

①　相对于大众市场而言、被忽略或细分的数量较小的客户群，又称缝隙市场或小众市场。——译注

奇主政时，金融业务对集团业绩的贡献比例从未超过41%，而在伊梅尔特时期，这个比例跃升到60%。因此，自然而然地，伊梅尔特会继续依赖通用金融来提高整个集团的收益。每个季度，财务部门都会想出一些不同寻常的——有时是不太正当的——点子，让数据看上去恰到好处，好让公司能在下个季度继续提交漂亮的收益报告。

尽管通用电气伪造账目的创新手段不断，但越来越多的迹象表明其在工业创新方面已经失去优势。韦尔奇在任时不遗余力地削减成本，沉迷于向华尔街提供漂亮的业绩报告，导致企业的创新精神被极大地削弱。即使伊梅尔特希望改变现状，也来不及了。

亚伦·迪格南是协助企业应对组织变革和艰难转型的咨询顾问，他在伊梅尔特任内与通用电气合作多年，试图说服这家公司着眼长远。他发现通用电气的高管们目光短浅，只盯着个人的一亩三分地，为了达成每个季度的预期数据不择手段，没有人关心公司的整体战略。他试图谈论企业创新时，通用电气的高管们谈论的是订单积压。他向不同部门的主管询问公司的愿景是什么时，答案全都是为股东服务。"当你试图做成什么事情时，总能感觉到韦尔奇的影子，"迪格南说，"那个男人留下了深远的影响。"[1]

---

[1]　出自本书作者2020年与亚伦·迪格南（Aaron Dignan）的讨论。

　　多年来，迪格南深入研究通用电气，鼓励伊梅尔特进军3D 打印、自动驾驶汽车以及任何可能在未来几年能让该公司拥有一席之地的新领域。他持续提醒伊梅尔特和董事会一个商科学生都懂的道理：凡事都需要有前期投入，一旦产生回报，将会是巨额的犒赏。"趋好之前总会有阵痛，"他告诉他们，"事实上，我们不得不把这座花园连根拔除，重建一家面向 21 世纪的企业。它将会是一家万亿美元级别的企业。但是在未来五年中，你们不再有季度收益。你们愿意这么做吗？"他分析说还有一种选择是缓慢衰亡。"他们的回答总是：'不，我们想要分红。'"迪格南说。

　　另一名咨询顾问埃瑞克·里斯，也是《精益创业》（*The Lean Startup*）一书的作者，曾受邀与伊梅尔特及其团队合作。作为创业文化方面的专业人士，里斯试图在该公司激发创新意识，这就意味着去探索新事物，愿意接受失败，投资一些可能不会马上获得回报的新科技。然而他发现，通用电气公司内部对承担风险有一种根深蒂固的厌恶。在每件事情上，他们都害怕冒险，担心可能会失败。首先，他们偏执地认为一切新冒险都不会有大赚头。韦尔奇退休这么久了，他的幽灵似乎仍然在通用电气的办公大楼里游荡着。"他在通用电气的地位几乎与托马斯·爱迪生并驾齐驱，"里斯说，"没有人会直接提他的名字，但你能感到他的存在。他的理念如影随形。"[1]

---

[1]　出自本书作者 2020 年与埃瑞克·里斯（Eric Reis）的讨论。

在伊梅尔特时期，通用电气最接近创新的时刻是一场"生态创想"市场营销活动，但那其实不过是"漂绿"①。公司旗下虽然有新兴的风能业务，也曾尝试过提高某些产品的生产效率，但始终使用化石燃料大量生产涡轮机、机车和喷气发动机。他们也在努力清理哈德逊河，但几十年来，他们一直排放多氯联苯污染这条河。"从本质上讲，我不是环保主义者，"伊梅尔特称，"我和其他人一样喜欢原生态的海滩，但我不是从保护自然的角度来考虑这个问题的。"相反，伊梅尔特这个永远的推销员很清楚，绿色产品市场即将起飞。联合利华前首席执行官保罗·波尔曼说："当真正的策略仍是季度盈利和燃气涡轮机时，'生态创想'就是在愚弄大众。"②

甚至连蒂娜·菲③都看穿了这套把戏。伊梅尔特发起"生态创想"时，《我为喜剧狂》用剧中角色杰克·多纳吉——亚历克·鲍德温饰演的、以韦尔奇为灵感的首席执行官——营销环保的桥段对此加以嘲讽，影射 NBC 和通用电气。那句口号是："保持盈利，同时保护地球！自由市场自会化解全球变暖——假如真有这档子事！"

---

① "绿漂"（greenwashing），指一些涉嫌污染环境的企业利用慈善来标榜环保，实际上并非如此。——译注
② 出自本书作者 2020 年与保罗·波尔曼的讨论。
③ 美剧《我为喜剧狂》（30 rock）导演、编剧、主演，该剧 2006 年播出第一季。——译注

第六章 亏本交易

"我差点从椅子上跌下来"

通用电气曾让某些最具影响力的现代产品和改变了无数人生活的科技创新流行起来：灯泡、冰箱、电视机、喷气式发动机等。如今这份清单上又多了一项：次级抵押贷款。

21世纪初期，随着美国房地产行业如火如荼和贷款利率下降，银行及其他贷款机构向信用不良的购房者发放大量房屋抵押贷款，催生了全新的次级抵押贷款行业。对那些坚信自己能在房价上涨时脱手的炒房客来说，这是源源不断的免费资金池。银行其实也知道大多数借款人很难按时还款，这一现实从这些可疑贷款的名称本身就能看出来：借款人属于"次级"。也就是说，不太理想；也就是说，信用不良。但是，尽管存在风险，银行还是在"9·11"过后的几年里发放了数百万笔次级贷款，狡黠地以可调利率向任何有需求的人提供大额贷款，完全不考虑其收入或职业。随后，富有创造力的金融家们变本加厉，华尔街公司将这些可疑贷款包装成抵押支持债券出售给投资者，发明了一大堆可疑的金融衍生品。没有人意识到全球越来越多的金融体系都在依赖过度透支的美国购房者按揭还贷的能力。

韦尔奇掌权时，通用金融已经拓展至证券交易、私募及高利息信用卡业务，但尚未到涉足面向还贷能力差的购房者推销抵押贷款的地步。然而到了 2004 年，随着通用电气不择手段地四处搜刮利润，伊梅尔特批准了以 5 亿美元的价格收购次贷主要参与者西方资产抵押资本集团。

这笔交易充分暴露了伊梅尔特的鲁莽：决定草率、代价昂贵、尽职调查敷衍。通用电气但凡仔细观察一下就可能会发现，西方资产抵押资本集团招聘不具备职业资格的鞋子售货员和色情片明星担任次贷销售代表，用高额奖金刺激他们去发展新的贷款人[1]。它可能还会发现该公司处处造假、销售人员伪造文件、帮无资格借款人获批巨额贷款。它可能还会发现该公司员工捏造数据，将不良贷款打包卖给华尔街。通用电气本该注意到该公司发行的大量抵押贷款正面临抵押品赎回权被取消的危险，但通用电气看起来并不聪明，次贷狂热仍在蔓延。

被通用电气收购后，西方资产抵押资本集团在接下来的两年里成为全美最大次级抵押贷款机构之一，向数万名不具备资格的购房者发放了约 650 亿美元贷款。到了 2007 年，所有这些亏本的赌约影响了经济。购房者纷纷违约，引发大规模次

---

[1]　参见公共诚信中心（Center for Public Integrity）网站 2012 年 1 月 6 日刊文《欺诈和愚蠢》（"Fraud and Folly"），作者迈克尔·哈德森（Michael Hudson）。详见：https://publicintegrity.org.inequality-poverty-opportunity

贷危机，让通用电气——这家企业在当时绝大多数人眼中仍是可靠的冰箱与灯具制造商——危机曝光。当年夏天，西方资产抵押资本集团公布亏损10亿美元。通用电气随即急不可待地止血，逐步裁员，解雇大部分员工，并同意以极低折扣出售西方资产抵押资本集团的股权。二十年前，韦尔奇收购基德·皮博迪时曾给自己埋下一枚定时炸弹：并购之后才得知这家投资银行是内幕交易的老巢，通用电气因此陷入持续多年的丑闻。如今，伊梅尔特也在西方资产抵押资本集团遭遇到同样的麻烦。"真希望我们从未涉足这个行业。"他说。[1]

但一切为时已晚。这场金融市场的传染病迅速扩散，波及范围早已不限于美国。忽然之间，通用电气在全球范围内进行并购交易的策略显得极为愚蠢。韦尔奇任期最后一年收购的日本消费类贷款公司Lake株式会社同样陷入困境，通用电气将其脱手前已宣布亏损12亿美元。伊梅尔特以往那些可疑的并购交易终于暴露了严重的负面效果，作为通用电气长期秘密武器的通用金融突然成了主要责任方。可惜伊梅尔特本人仍对上述现实视若无睹。

当年夏天，伊梅尔特委托咨询公司麦肯锡展开一项研究，评估通用金融在经济急剧下滑时的脆弱程度。麦肯锡的结论是：一切都很好！咨询顾问们相信，即使美国的资本市场暂

---

[1] 参见伊梅尔特著《如坐针毡》第122页。

时陷入困境，全球金融体系也有足够的流动性，能维持通用金融的疯狂交易和贷款业务。[①]

这正是伊梅尔特想听到的。如果说有什么区别，那就是伊梅尔特认为，更普遍的经济低迷或许能让通用电气有机会以超低价收购那些陷入困顿的企业。高盛的银行家也附和麦肯锡的评估结果，并向伊梅尔特保证通用电气有能力应对前进道路上的任何情况。伊梅尔特备受鼓舞，继续保持乐观，在宏观经济最黑暗的日子降临几个月前，他还在公开强调"我们的金融业务将和2008年一样表现出色"。

次月，伊梅尔特回答投资者的提问，信誓旦旦地向他们保证通用电气如常地走在正轨上，公司发布的盈利公告有望符合或超过预期。但仅仅过了三天，投资银行贝尔斯登倒闭，在广义金融市场引发第一波震动。

2008年4月，通用电气发布的季报收益首次远低于华尔街预期，比预期减少7亿美元——灾难性的失败。"当时在火车上听到这个消息，我差点从椅子上跌下来。人们还以为是印刷出错。"[②] 一名负责研究通用电气的顶尖金融分析师这样

---

① 参见《纽约时报》2010年12月6日报道《因为通用金融，麦肯锡误判了金融危机的到来》（"With GE Capital, McKinsey Missed the Financial Crisis"）。详见：https://dealbook.nytimes.com

② 参见《纽约时报》2008年4月17日刊文《通用电气的亏损引发了对其信誉的质疑》（"G.E.'s Shortfall Calls Credibility Into Question"），作者尼尔森D. 施瓦茨（Nelson D. Schwartz）、克劳迪亚H. 多伊奇（Claudia H. Deutsch）。详见：https://www.nytimes.com

说。投资者纷纷抛售，通用电气股价跌去 12%。事后，伊梅尔特承认通用金融"在过去两周里完成不了正常情况下可以完成的交易"。这一令人吃惊的公开招供等于承认通用金融在以往每个季度的最后几天为了让数据符合预期而完成一切必要交易已是惯常操作。

　　数十年来，通用金融早就沦为魔术师的舞台，变不完的戏法令华尔街眼花缭乱。投资者们从不怎么过问。事实上，外界并不清楚韦尔奇及后来的伊梅尔特是如何有效运作的，这也是通用电气的魅力之一。不质疑，只享用，更轻松。如今戏法被戳穿了。"投资者终于知道通用电气一直在每个季度的最后两周里对其金融服务组合进行'微调'来确保完成盈利目标，"通用电气分析师海曼当时说，"事实证明那根本不是什么奇迹般的管理体系或风险管控体系，更遑论创新型智慧。那只是一块让戏法不穿帮、持续演下去的绿幕。"

　　到了 2008 年 9 月，全球金融危机爆发。三大汽车制造商中的两家急需华盛顿方面出手救助。房利美和房地美由联邦政府监护。美国银行被迫收购美林证券。雷曼兄弟申请破产。道琼斯工业平均指数呈自由落体式下跌。美国国际集团[1]濒临崩溃，不得不由政府兜底。全球金融体系摇摇欲坠，推高了通用电气的借贷成本——公司需要尽可能获取所有现金来偿

---

[1]　又称美亚集团（AIG），曾是美国最大保险公司。——译注

付约 900 亿美元的短期债务。更多银行正在倒闭，其他银行看起来也快要倒闭。一系列连锁效应让通用电气出现巨大的现金危机。

当年 9 月底，伊梅尔特走投无路了。一个知名金融分析师下调通用电气公司的盈利预期，导致其股价下跌 9%。债券市场上，有投资者表示，通用电气的债务——由该公司原始积累的 AAA 级信用评级长期庇护——正逐步下滑至垃圾债水平。虽然令人费解，但通用电气作为美国工业支柱之一的大企业，一瞬间好像也会倒闭了。

最终，美国最著名的一个投资者向伊梅尔特伸出了援手。9 月 30 日下午，沃伦·巴菲特同意向通用电气提供 30 亿美元的贷款。[①] 这笔现金固然宝贵，但来自巴菲特的支持更重要。这让其他投资者对通用电气恢复信心。巴菲特在一份声明中称："我相信，通用电气在未来几年将继续取得成功。"

数日后，伊梅尔特前往华盛顿寻求更多救助。这一次，他需要联邦存款保险公司为通用电气约 1390 亿美元的贷款提供担保。从根本上来说，他这是在要求山姆大叔[②] 用自己的信用为通用电气背书。通用电气在不到两周的时间里对现金的

---

① 参见《财富》杂志 2008 年 10 月 15 日刊文《陷入困境的通用电气》（"GE under siege"），作者杰夫·科尔文（Geoff Colvin）、凯蒂·本纳（Katie Benner）。详见：https://archive.fortune.com

② 指美国联邦政府。——译注

迫切需求完全暴露了：根据他们公布的财报，公司第二季度盈利下降 22%，其中通用金融的盈利更是惊人地暴跌 38%。失去流动性的资本市场让通用金融在黑箱里玩弄的金融把戏无用武之地了。更糟糕的是，通用电气看起来和其他公司一样脆弱，甚至更危险。除了那些在经济低迷时期就已经陷入危机的工业制造业部门，伊梅尔特还背负着一个不受监管、持有大量不良贷款的银行部门。

通用电气再也不会彻底恢复了。来自巴菲特和联邦存款保险公司的资助让它暂时止了血，但美国政府将通用电气判定为具有系统重要性的金融机构，对其采取额外监管措施，导致其成本大幅提高。这番经历让伊梅尔特痛定思痛，决定一劳永逸地与通用金融彻底切割。整个切割过程是痛苦的，但伊梅尔特的努力获得了丰厚回报：从 2007 年到 2009 年，三年之内，他获得了 2500 万美元的赔偿金。

"掏出枪毙了他"

韦尔奇退休时曾表示他的"成功将取决于接班人"让这家公司"在接下来二十年里的增幅"。若以此为标准，他正在沦为一个失败者。通用电气的市值在伊梅尔特任内缩水了几千亿美元，而且情况还在恶化。

韦尔奇从不在公开场合批评他选定的接班人。当有人让他评价通用电气的业绩时，他会赞美伊梅尔特，表示对通用电气公司及其未来充满信心。但私下里，他气坏了，对密友们说伊梅尔特是一场灾难。朗格尼回忆说："他曾对我说，'作为通用电气董事长兼首席执行官，我要做的最重要决定就是选好接班人，但我把这件事办砸了'。"①加上其他一些原因，韦尔奇和伊梅尔特的关系日趋恶化。伊梅尔特把朗格内赶出董事会时，韦尔奇立即将这一举动上升为个人恩怨——当初把朗格尼请进董事会的人正是韦尔奇，两人交情匪浅。

　　七年不发恶言之后，韦尔奇的耐心因金融危机爆发时伊梅尔特保不住盈利增长而崩溃了。"世纪经理人"的嫡传弟子在艰辛时刻输了，于是韦尔奇上全国性电视台质问伊梅尔特。

　　"搞砸了！"韦尔奇在 CNBC 节目中说，"你承诺过要完成，三周后却办不到。杰夫的信誉有问题。他挨揍了。"②当主持人询问如果下个季度伊梅尔特仍无法实现预估盈利会有什么后果时，韦尔奇使用了他最喜欢的残忍比喻。"我会惊掉下巴，如果他再不兑现承诺，我会掏出枪毙了他！"他说，"必须完成盈利！告诉他们，你将增长 12% 并且将完成 12% 的增长！"

---

① 出自本书作者对朗格尼的采访。
② 参见 CNBC 网站 2008 年 4 月 16 日刊文《杰克·韦尔奇：通用电气的现任执行官伊梅尔特"信誉有问题"》（"Jack Welch: GE CEO Immelt Has 'Credibility Issue'"），作者娜塔莉·埃利希（Natalie Erlich）。详见：https://www.cnbc.com

次日，韦尔奇打电话给伊梅尔特，希望言归于好。伊梅尔特虽然没心情，但还是回应了老上司。"当你的接班人一点都不好玩，"他对韦尔奇说，"你留给我的诸多问题，我都保持沉默。是我在撑着你的遗产，我本可以轻松地戳破它们。因为我的沉默，你才能继续当'世纪经理人'韦尔奇。可是在我最需要帮助的时候，你却在背后捅我一刀？我实在不理解。"[1]

"你瞧，我很抱歉，"韦尔奇说，"你的确搞砸了，但我不该在广播中说那些话。"

之后的几天里，韦尔奇试图收回自己的说法，但伊梅尔特为此烦恼了很久。"这让我们的交情到此为止了。"伊梅尔特说，"后来我才反应过来，他是在借由抨击我去推广个人品牌。"伊梅尔特终于意识到韦尔奇留给自己的是"一泡污"。多年来，伊梅尔特从未在公开场合指责过这位前任，但经此一役，他不再小心翼翼。第二年，他在《金融时报》主办的一场活动中批评韦尔奇："在 20 世纪 90 年代，任何人都能经营通用电气，"伊梅尔特说，"连他的狗都可以。一条德国牧羊犬都能管理通用电气。"而摆在他本人眼前的难题，伊梅尔特告诉在场的人，"真的，真的，真的非常难。"[2]

---

① 参见伊梅尔特著《如坐针毡》第 125 页。

② 参见网络杂志《华盛顿笔记》(*Washington Note*) 2009 年 2 月 18 日刊文《金融时代：最糟糕的时代？》("Financial Times: The Worst of Times")，作者斯蒂芬·克莱门斯 (Steve Clemons)。详见：https://washingtonnote.com

几个月内，韦尔奇遗留的更多过错将像噩梦一样困扰了通用电气。2009年初，通用电气宣布与美国证券交易委员会就大规模财务欺诈指控达成和解。在伊梅尔特接手公司的头两年，通用电气是靠虚报利润来提升股价的。他们发明了无数种玩数字游戏的手法，详见美国证券交易委员会公布的大量投诉案例。例如在2003年初，因短期贷款业务激增，通用电气在最后一刻修改会计准则，逃避申报2亿美元的税前收入。根据行业普遍认可的会计准则，这种做法属于严重行为失当，却让通用电气再次完成符合预期的季度盈利目标。

另一个案例是伊梅尔特的会计师们想方设法让通用电气在产品实际售出前就计入销售额。一个特别大胆的做法是：宣称在第四季度销售了约价值4亿美元的火车头，让公司完成了年度目标，但实际上并没有把这些火车头出售给铁路运营商，而是委托给金融机构保管到次年真有客户愿意采购。所有案例中的动机都很明确。

"动机都是为了盈利增长。"[1] 负责调查的美国证券交易委员会官员大卫·博格思说。虽然这次和解仅仅涉及韦尔奇离任后几年内的违规行为，但通用电气玩这类花样早就驾轻就熟。美国证券交易委员会在起诉书中指出，1995年到2004

---

[1]　参见《首席财务官》（*CFO*）杂志2009年8月4日刊文《通用电气就会计欺诈指控达成和解》（"GE Settles Accounting Fraud Charges"），作者玛丽·莱昂内（Marie Leone）、蒂姆·瑞森（Tim Reason）。详见：https://www.cfo.com

年，通用电气每个季度都能完成或超出分析师预期的业绩目标。这个结论明确无误：同样的策略在韦尔奇掌权的巅峰时期就被采用了。正如美国证券交易委员会的调查记录所显示的，这不是个例。管控盈利在通用电气俨然已成为一种艺术。"通用电气对会计准则的歪曲程度已经超过了极限。"美国证券交易委员会执法部负责人罗伯特·库扎米指出。①

　　通用电气最终同意与政府达成和解，支付 5000 万美元的区区小钱来解决麻烦。按照和解协议，通用电气可以称其不当行为是无心之失，任何的行为欠妥都只是少数害群之马的过错。同样的借口，韦尔奇在下属诓骗美国空军时用过，其他高管在分管业务中遇到麻烦时也用过。但这一和解让通用电气越发难以否认其长期以来饱受的质疑——完美无瑕的盈利太不真实了。这家企业似乎已经养成了靠操控数据取悦华尔街的习惯。

　　金融危机当然不是通用电气一家造成的。恶意倾销的放贷者、贪得无厌的银行和过度加杠杆的购房者都有责任。逐利机构向幼稚的消费者兜售其还不起的贷款，银行再将这些贷款打包卖出，连同风险一起转售给下一批毫无戒心的消费者。接到最后一棒时，美国政府出手救助了银行，却任凭购

---

① 参见美国证券交易委员会 2009 年 8 月 4 日刊文《美国证券交易委员会指控通用电气会计欺诈》（"SEC Charges General Electric With Accounting Fraud"）。详见：https://www.sec.gov

房者自生自灭。那些想靠拥有房产这一传统价值观去实现美国梦的普通人都破产了，然而这场次贷危机的始作俑者却无一人落网。虽然对这场危机负有责任的并不是韦尔奇或伊梅尔特，但第一张多米诺骨牌开始倒下，通用电气已然泥足深陷于这一毒害无穷的金融体系。

通用电气成立之初，其金融业务旨在支持中产阶层，为购买第一台冰箱的人提供低息贷款。它曾是良性的金融工具，不是为了牟利，而是培育新一代消费者。如今的通用金融却像在掠夺它原本想去帮助的那类消费者。通用金融已经成了它原本反对想成为的样子，不再支持而是击垮中产阶层。

即使抛开通用电气在这场危机中所扮演的角色，这种由少数人反复操作就能造成如此巨大风险的野蛮力量，折射出韦尔奇主义的世界观。无视风险地追求无限增长是直接照搬了通用电气的剧本。对金融复杂性的完全拥抱——信用违约掉期、债务抵押债券、按揭抵押债券——是由通用金融纵容的黑箱文化的某种延伸。投资者坚信市场会一直上涨，相信房地产市场会一直上涨，这种信念都是被长年追求盈利持续增长的韦尔奇培养出来的。

归根结底，所谓的危机解决方案仍然是韦尔奇主义。为了支撑金融体系，政策制定者和企业高管们掀起了一波整合浪潮——美国银行接管美林证券、富国银行接管美联银

行——让大银行规模更大。最遭罪的是那些还不起贷款的
人——数千万人失去工作，数亿人的存款化为乌有。引发这
场危机的人，那些让购房者背负不可持续债务、逐步抬高利
率、将不良抵押贷款打包成高风险金融产品、毒害整个经济
的银行家、金融家和企业高管却没有受到惩处，享受着有罪
不罚，屡屡由美国刑事司法体系为白领罪犯们埋单。

"世界上最愚蠢的想法"

随着金融危机持续，这场大风暴波及的范围逐渐清晰显
露。房地产市场被摧毁，失业率飙升，养老金账户被掏空。
这场经济破坏来得如此迅猛，却又似乎不知是从哪里冒出来
的，暴露出现代经济固有的某些根本性不公平。次级抵押贷
款和少数华尔街机构的掠夺性贷款为什么会破坏整体经济？
为什么会有这么多人生活在灾难的边缘，随时面临丧失抵押
品赎回权和破产，只因贪婪的抵押贷款经纪人追逐暴利？

为了应对这场危机，新生代社会活动家开始对明显暴露
出来的不平等以及造成这种不平等的体制进行谴责。来自两
党的政治家都呼吁对大公司加强审查。连一些企业的首席执
行官都承认，是时候多加警惕一个把盈利凌驾于一切之上的
经济体究竟会对社会产生何种影响。随着肇事者们有罪不
罚——对引发这场危机负有重大责任的那些人竟没有一个出

来承担后果——渐渐受到关注，怒火蔓延到了街头。

2011 年 9 月，在反资本主义杂志《广告克星》[①] 的推动下，抗议者来到曼哈顿下城区的祖科蒂公园，"占领华尔街"运动由此开启。在"我们就是那 99%"这一口号的引领下，一场抗议引发了另一场抗议，始于纽约，延烧至奥克兰、伦敦及全球其他数十座城市。人们愤慨于大多数人的工资如此之低且就业机会如此之匮乏；他们狂怒的是大企业获得了救助，这场金融危机的责任方却无一人被追究责任；他们生气的是医疗保健费用如此昂贵且复杂得让人看不懂；最让他们义愤填膺的是这么多的教师、服务员和机械工程师都在挣扎着求生，而银行家、股票交易员和企业高管们却享受着太多福利。全球各地越来越多的人走上街头抗议韦尔奇主义带来的恶果，最初的小打小闹快速演变为一系列全球性的抗议活动，在多地引发警察暴力镇压。

抗议者将"占领华尔街"运动视为宣泄愤怒的载体时，多家企业却看到了掌握话语权的良机。很明显，人们非常生气；而且很明显，现状也是问题的一部分。于是这些企业派出最好的市场营销人员去做工作，让这 99% 的人相信跨国集团实际上是站在他们这一边的。这些企业很快大张旗鼓地

---

① 反广告杂志 *Adbusters*，该杂志 2011 年 7 月的封面是一名芭蕾舞者在铜牛上起舞，铜牛背后是汹涌的人群。——译注

鼓吹一些自我标榜、空谈大道理的首字母缩略词，兜售诸如CSR（企业社会责任）、ESG（环境、社会和治理）等企业诚意。他们愿意减少排放，促进多样性，清理供应链。的确，这些愿景都很美好，但目标往往模糊不清，承诺无法落实。

　　尽管如此，关于经济究竟出了什么问题的讨论仍在继续，并最终传到了最高管理层。某些首席执行官开始低调地承认当下的这种资本主义似乎不太对劲，可能需要进行某些合理的改革。高管们开始把"讲道德的资本主义""利益相关者资本主义"等时髦名词挂在嘴边，意图与那些把亿万财富从劳工阶层转移到少数百万富翁、亿万富翁手上的抢劫犯划清界限。这场金融危机过后，令人难以置信的是，韦尔奇本人看起来也开始重新评估股东至上论。

　　2009 年，世界经济仍举步维艰，通用电气自身也濒临崩溃的边缘。韦尔奇接受英国《金融时报》采访时谈及资本主义的未来。被问到长期以来把投资者凌驾于一切之上的做派时，他竭力撇清自己对现代经济体系作出的这一独特贡献。"从表面上看，所谓股东价值是世界上最愚蠢的想法。"他声明，回避自己曾具体执行这一优先级，"股东价值是结果，而不是策略……企业的主要支撑来自员工、消费者和产品。"[1]

---

[1]　参见《金融时报》2009 年 3 月 12 日刊文《韦尔奇谴责只关注股价的做法》（"Welch condemns share price focus"），作者弗朗切斯科·格雷拉（Francesco Guerrera）。详见：https://www.ft.com/content

这些话从韦尔奇口中说出来真是可笑至极。他是第一个专注于股东价值、排斥其他一切的首席执行官，他本人对此也心知肚明——他在 20 世纪 80 年代争夺通用电气最高领导权时给雷格·琼斯的备忘录里就是这么写的。然而他退休后再次抛头露面时，又窜改了自己在首席执行官任内的历史。

对《金融时报》作出如此发言后不久 [1]，他上了保守派商业评论员拉里·库德洛的节目，阐释自己的惊人发现，称取悦投资者或许没那么重要。库德洛是自由市场信条的头号支持者，韦尔奇对现状的质疑让他颇感不适，试图将谈话拉回安全区域。"但我们得盈利呀，"库德洛说，"利润就是乳汁。"

"当然！"韦尔奇答道。

这并非韦尔奇设法修正自身遗产的唯一手段。他定期浏览职场人士社交网站领英，在上面发文否认自己的创新管理，其中一篇的标题是《"强制分级"？事实并非如此》[2]。文中，韦尔奇将自己热爱的"活力曲线"描述为"由媒体发明、被政治化、含蔑视意味的贬义词，固化了人们对行之有效的商业管理实践的厌恶情绪，而这种商业管理实践实际上更应该

①　参见《国家评论》（*National Review*）杂志 2009 年 3 月 17 日刊文《杰克·韦尔奇访谈》（"An Interview with Jack Welch"），作者拉里·库德洛（Larry Kudlow）。详见：https://www.nationalreview.com
②　参见韦尔奇 2013 年 12 月 2 日在领英网（*LinkedIn*）发表的文章《"强制分级"？事情并非如此》（"'Rank-and-Yank'? That's Not How It's Done"）。参见：https://www.linkedin.com

被称为差异化管理"。但他没有否认自己的确这么做过。和听闻《新闻周刊》称他为"中子杰克"时一样，他的抱怨停留在语义学，而不涉及主旨。在另一篇《并购的六宗罪》("Six Deadly Sins of M&A")中，他重复了诸如"不要大手大脚"之类的老生常谈，却闭口不提自己曾在并购交易中亲历的那些灾难性案例。他从不提自己是如何接管美国广播唱片公司再将其分拆出售的，也不提自己收购基德·皮博迪时买了个贼窝。他加入这场盛大的运动是为了抹除自己职业生涯中的污点，让神话永流传：他就是世纪经理人。

然而，他称股东价值是"世界上最愚蠢的想法"实在令人印象深刻。他说这番话时，许多评论家都认为过于讽刺。但只要重复的次数足够多，谎言就有可能变成真理。随着时间流逝，很多人似乎认可了韦尔奇这句话的表层意思，直到今天还时常有人引用韦尔奇的话去批评当年由韦尔奇本人发动的那场改革，把他列为主要的批评家之一。《福布斯》杂志发表头条文章《世界上最愚蠢的想法：股东价值最大化》赞扬韦尔奇"看到了光"，是"对股东价值最强烈的批评者之一"。①

---

① 参见《福布斯》杂志 2011 年 11 月 28 日刊文《世界上最愚蠢的想法：股东价值最大化》("The Dumbest Idea In The World: Maximizing Shareholder Value")，作者史蒂夫·丹宁（Steve Denning）。详见：https://www.forbes.com

"快，快，快！"

2011 年，波音公司首席执行官吉姆·麦克纳尼接到一通令他震惊的电话。电话线那头是波音最优质的客户美国航空公司总裁杰拉德·阿佩。数十年来，美国航空公司只采购波音飞机，但这种局面即将终结。阿佩告诉麦克纳尼，美国航空公司正准备向空中客车公司发出一笔数量巨大的订单，订购一批新的空客 A320 Neo——也就是波音最主力的单通道 737 机型的欧洲竞品。

麦克纳尼大惊失色，立刻召集公司高层商讨对策。多年来，波音一直在考虑重新设计 737 的升级版，但 787 梦幻客机混乱的开发过程和惨淡亮相让这个任务看来比以往任何时候更艰巨了。如今美国航空公司让这场危机更加迫在眉睫。波音会花费时间去设计一款有可能拿不到美航订单的新机型吗？抑或再次想方设法延长 737 机型的使用寿命？几天后，决定出台：重新设计 737 这款早在 20 世纪 60 年代就推出的机型。这将比从零开始设计一款全新的机型更快、更节约成本。麦克纳尼当即把这一决定告诉了阿佩，并承诺新版本的 737 将在燃油效率方面与 A320 Neo 不相上下。阿佩被说服了，美航决定让波音和空客分享这笔订单。

从短期来看，放弃设计一款全新机型的决定合情合理。失去美航订单将使波音陷入尴尬境地，还可能导致公司股价暴跌。麦克纳尼的小算盘是让波音737再撑上几十年，但这个决定后来导致了一系列恶性事件，最终导致346人死亡，让波音陷入极其严重的困境。

执掌波音十年后，麦克纳尼于2015年宣布退休，没有留下来见证因他的决定而导致的后果。波音公司股价在他任期最后几年里持续飙升，很大程度上归功于他精心策划的大规模股票回购与分红计划。资本回报计划提振了公司股价，也使麦克纳尼本人所持有的波音股票市值飙升至约2.5亿美元。

接替麦克纳尼的是丹尼斯·穆伦伯格，他在波音公司工作了一辈子，靠国防业务崭露头角。选择一名工程师，而且是来自波音内部的"自己人"继任，似乎表明盛行于波音内部的通用电气文化持续近二十年之后开始走向衰落。但事实并非如此。麦克纳尼在离任前采取了不少措施来确保韦尔奇主义能够延续，还从通用电气招来几名曾与韦尔奇共事的高管加入董事会，其中包括一度曾在韦尔奇接班人竞争中被视为黑马候选人之一的戴夫·卡尔霍恩。接手波音的第二年，穆伦伯格邀请通用电气飞机发动机业务部负责人凯文·麦卡利斯特负责波音的商业航空业务，其中就包括737的改型项目，新机型将被命名为737 Max。

737 Max于2011年一亮相就立刻大受好评。波音公司以"最高效、最可靠"的营销口号四处推广这款新机型，收获了来自世界各地航空公司的数千架订单，一跃成为波音有史以来最畅销的机型。但改造 737 的决定给波音的工程师们带来了最直接的挑战。20 世纪 60 年代刚开始设计这个机型时，由于当时喷气发动机的体积较小，所有飞机的机身也较短，因此 737 的机身离地面很近，但为 737 Max 提供动力的新型节能发动机的体积要大得多；此外，由于无法简单地只加高机身的离地间距，工程师们不得不将发动机安装在机翼前部，以免飞机着陆时发动机刮伤跑道——正是这个简单的修改引发了一连串后果。

2012 年，波音工程师开始在风洞中测试 737 Max 的等比例模型。他们发现，由于发动机安装在更靠前的位置，飞机的机头做某些大角度转弯时很容易上翘。为了修复这一缺陷，工程师们提出了被称为 MCAS（机动特性增强系统）的软件修正方案，也就是说，一旦飞机的传感器检测到机头上翘就会借助软件自动下压机头。但波音在 MCAS 的最终设计方案里犯了一个致命错误：工程师们让该系统仅凭机身上凸出的脆弱金属片——迎角传感器——去判断和测量飞机的倾斜角度。在这个过程中，他们给 737 Max 埋下了一个单点故障，而这在航空工程中是被严格禁止的，因为每个关键性安全系统都应该配置可供替代的冗余设计。

鉴于 MCAS 是 737 Max 的新增功能，波音公司曾考虑过要对这一修正方案进行强调，列为飞行员必须了解的事项。工程师们曾考虑在驾驶舱的主飞行显示器上添加 MCAS 警报功能：该系统一旦启动，飞行员就会看到相应的提示。在很长一段时间里，有关 MCAS 系统的功能介绍都被写进了飞行员操作手册，但后来在波音的要求下，美国联邦航空局最终同意从飞行员手册中删除了涉及 MCAS 的部分，向飞行员及其所属的航空公司隐瞒了这个新系统的存在。MCAS 警报提示也从未被添加在驾驶仪表盘上，而另外一项能帮助飞行员诊断 MCAS 系统故障的警报功能则被作为选装软件，需要额外加价购买。至于美国联邦航空局，他们从未对 737 Max 上安装的 MCAS 系统最终版本进行全面审核。

波音方面如此安排自有其强烈的动机。公司上下的首要任务是让 737 Max 尽可能地接近上一代机型 737NG，因为波音向航空公司宣传的是：能够驾驶 737NG 的飞行员无需进行大量培训就能驾驶 737 Max。假如新机型在功能方面有了重大变化，飞行员们就必须先在模拟器上进行培训，之后才能驾驶 737 Max。这种培训不仅耗时，而且费用昂贵。波音向各大航空公司竭力保证不会出现这种情况，说只要一小时的 iPad 课程就足够了（尽管该课程只字不提 MCAS 系统）。这些承诺背后实际上都关乎真金白银。波音曾告诉美国西南航空公司，新机型不需要飞行员完成模拟器训练后才能正式驾驶，否则波音愿意将每架 737 Max 降价 100 万美元。

在波音内部，快速、低成本地生产 737 Max 的压力也与日俱增。波音正在全力追赶空客，737 Max 晚一个月上市就意味着多损失一个月的利润。一名工程师说，经理们会告诫下属，工期但凡拖延一天就是在让公司付出代价，还提醒说"你总不想惹得上头不高兴吧"。[①]工程师们压力倍增，不得不以平时的两倍速度提交技术图纸。但预算上的限制又导致737 Max 项目需要从公司其他项目中抽调人手。"时间线非常紧张，"一名工程师说，"就是要快，快，快！"[②]

美国国会后来对波音公司展开调查所发布的文件证明，737 Max 的试飞员对自己的同事已经失去了信任，不断质疑该款飞机的设计及生产者："设计这款飞机的人简直是个小丑，还是个任凭猴子摆布的小丑！""这款飞机就是个笑话！""这款飞机太可笑了。说老实话，公司里的很多人让我根本无法信任。"[③]

---

① 参见《西雅图时报》(*Seattle Times*) 2019 年 6 月 22 日刊文《MCAS 的内幕：波音的 737 MAX 系统如何获得权力并失去保障措施》("The inside story of MCAS: How Boeing's 737 MAX system gained power and lost safeguards")，作者多米尼克·盖茨 (Dominic Gates)、迈克·贝克 (Mike Baker)。详见：https://www.seattletimes.com

② 参见《纽约时报》2019 年 3 月 23 日刊文《波音正在"冲冲冲"，用 737 Max 击败空客公司》("Boeing Was 'Go, Go, Go' to Beat Airbus With the 737 Max")，作者大卫·盖勒斯 (David Gelles)、娜塔莉·基特罗夫 (Natalie Kitroeff)、杰克·尼卡斯 (Jack Nicas) 和丽贝卡·鲁伊斯 (Rebecca R. Ruiz)。详见：https://www.nytimes.com

③ 参见《纽约时报》2020 年 1 月 10 日刊文《一种破碎文化的曝光："老实说，波音公司里的很多人都让我无法信任"》("'I Honestly Don't Trust Many People at Boeing': A Broken Culture Exposed")，作者大卫·盖勒斯 (David Gelles)。详见：https://www.nytimes.com

在华盛顿州伦顿的波音车间里，数百架 737 Max 喷气式客机正在组装，工人们承受着来自上司的巨大压力。即使他们指出某些环节违反安全规范并要求延长工期，要求制订质量保证协议，高管们也只会不停地催促他们继续生产，对他们的忧虑置若罔闻。"坦白说，我心里早已警报声大作，"737 Max 工厂的高级经理埃德·皮尔森在 2018 年 6 月写给项目负责人的电子邮件中称，"有生以来第一次，我必须很抱歉地说，我怀疑我是否愿意让我的家人乘坐波音生产的飞机。"[①]

这与韦尔奇当初在通用电气工厂内部施压的情形如出一辙，只不过这一次的代价将是人命。直到 2018 年年中，波音员工还在相互抱怨公司现状。"我不知道该如何解决这些事……我们的体制出了问题，"一名员工在给同事的电子邮件中提到 737 Max 时这样说，"有时候必须得闹出点儿大麻烦，每个人才会明白问题究竟出在哪里……或许更需要的是出点儿大麻烦，而不是继续修修补补。"

"令人难以置信的就业数据"

美国经济以惊人的速度从金融危机中复苏了。奥巴马政

---

① 参见《纽约时报》2019 年 12 月 9 日刊文《举报人称波音 737 Max 工厂问题层出不穷》（ "Boeing 737 Max Factory Was Plagued With Problems, Whistle-Blower Says" ），作者大卫·盖勒斯。详见：https://www.nytimes.com

府的大规模救助计划拯救了美国的汽车业和银行业，也让其他大部分经济部门逐渐恢复。虽然政府的应对措施忽略了购房者和劳工阶层，但股市在危机过后的几年中再次蒸蒸日上，甚至连通用电气和波音这样的企业也迎来了繁荣的好光景。2012年，随着奥巴马总统进入第二个任期，就业率开始回升，美国经济总体表现良好。

对于已经退休十多年的韦尔奇来说，一切似乎都进展得太顺利了。他一生都是共和党人，在税收（这部分应该很低）和监管（这部分应该很宽松）等经济政策方面一直支持共和党的路线。不过有时他也会抛开政治观点，换取跟最有权势的人密切交往的机会，比如他和比尔·克林顿是高尔夫球友。当民主党人支持低税收和最低水平监管等自由市场议题时——克林顿就曾大力支持北美自由贸易协定——韦尔奇会立即表达赞许。所以，在大多数时候，他是毫无原则的墙头草。

当他在新闻报道里看到NBC正考虑聘请时任克林顿总统顾问的乔治·斯特凡诺普洛斯担任评论员时，他在那则报道下面画了一只竖中指的手，然后传真给NBC的负责人。"斯特凡诺普洛斯！"他咆哮道，"那个自由派浑蛋！"[1] 他还指望小布什能在竞选中击败戈尔，不惜在选举之夜霸占整个NBC新闻的决策台。有报道称，他还向NBC高管施压，要求他们

---

[1] 参见比尔·莱恩著《雄起：杰克·韦尔奇如何说服通用电气成为全球最伟大公司的幕后故事》第28页。

宣布小布什胜选，并敦促国会就小布什与戈尔的选票争议展开调查。

2012年10月5日，美国劳工统计局发布了月度就业报告数据。这本是例行的经济数据披露，除了财经媒体，很少会引起普通人的关注。时值奥巴马总统第一个任期即将结束，距离下一选举日只有一个月，总统终于收到了一条好消息：失业率四年来首次降至8%以下。韦尔奇拒绝相信。"令人难以置信的就业数据，"他在推特上写道，"芝加哥团伙什么事都干得出来……他们赢不了辩论，就去窜改数据。"①

韦尔奇实际上是在点名指责奥巴马政府，也就是他所谓的芝加哥团伙，指责他们急于赢得选举，甚至会出于政治利益而窜改就业统计数据。这种指责当然毫无事实根据，纯粹因为他无法相信在一位民主党总统的领导下会实现经济增长这一客观事实。整个事情里最讽刺的一点当属韦尔奇本人，因为通用电气正是在克林顿执政期间实现了股票大幅升值。在韦尔奇任内，通用电气在数字上做手脚已是家常便饭，他如今却指责奥巴马政府在做同样的事情，简直侮辱了"公正"两个字。与他的政治观点不一致而能取得事实上的成功，对此，他的解释显然只能是腐败猖獗。

---

① 奥巴马曾于1991年在芝加哥主持选民登记运动。——译注

　　舆论很快反弹。"你简直疯了！"[1]曾担任经济顾问委员会主席的经济学家奥斯坦·古尔斯比回击道。主流商业媒体也系统性地驳斥了韦尔奇的说法。资深经济学家们逐字逐句分析韦尔奇的那番信口开河的发言，并逐一说明大规模捏造联邦就业数据是多么困难、多么不可能。就连韦尔奇当时撰写专栏的《财富》杂志的众多撰稿人也奚落他的这番言论。

　　韦尔奇第二天就采取了补救措施，与安德森·库珀一同现身 CNN 节目，还上其他电视节目到处澄清自己的确没有任何证据来证明数据造假，半真半假地道了歉。但谎言一旦从韦尔奇口中说出就无法控制了。右翼权威人士立刻接受了这一阴谋论，推波助澜。"关于今天公布的就业报告，我赞同通用电气公司前首席执行官杰克·韦尔奇的观点，"共和党众议员艾伦·韦斯特发推特称，"芝加哥式的政治起作用了。"福克斯新闻主持人劳拉·英格拉姆称这些数字是"彻头彻尾亲奥巴马的政治宣传"。众议院前议长纽特·金里奇表示韦尔奇的谎言"听上去很可信"。连当时还只是真人秀明星的唐纳德·特朗普也加入了阴谋论者行列，称韦尔奇的虚假指控

---

[1]　参见商业类新闻网站 Quartz.com 2012 年 10 月 5 日刊文《推特嘲笑杰克·韦尔奇关于美国就业报告被人为操纵的说法》（"Twitter laughs at Jack Welch's suggestion that the US jobs report was manipulated"），作者西蒙娜·福克斯曼（Simone Foxman）。详见：https://qz.com

"100% 正确"①，并指责奥巴马政府在数据上"胡闹"。"我不相信那些数据，任何有头脑的人都不会相信，"特朗普在福克斯新闻中说，"因为那些数据不知是从哪里冒出来的。"谣言迅速扩散，出现了所谓的"就业报告真相追求者"，他们一口咬定美国劳工统计局的数据是为了提高奥巴马总统连任胜选的概率而捏造的。

韦尔奇似乎开始意识到继续撒谎好过承认撒谎。得知《财富》杂志——曾为他加冕"世纪经理人"——将矛头指向自己时，韦尔奇十分恼火，宣称不再为该杂志撰写专栏，将从别处获得更多"支持"。他倒也不全是错的。他发现编造阴谋论使自己获得的影响力远远超过给保守派商业杂志撰写专栏，于是索性变本加厉地发表虚假言论，声称将择机重新阐释自己的观点，还将在全国巡回的收费演讲中详细解答。"想完成他们所报告的就业数据，经济就必须以极度危险的高速运行，"发表推文一周后，他在北卡罗来纳州首席执行官论坛上反问，"难道你们觉得美国经济正在以极度危险的高速运行？我就是要证明这个数据毫无意义。"②

谎言持续蔓延，连保守派媒体也试图支持韦尔奇的言论

①　参见 CNBC 2012 年 10 月 9 日刊文《特朗普：杰克·韦尔奇 100% 是对的，就业岗位数据有问题》("Jack Welch '100%' Right, Jobs Data Are Wrong: Trump")，详见：https://www.cnbc.com

②　参见希拉·科尔哈特卡和黛安·布雷迪的文章《杰克·韦尔奇退而不休》。

了，《纽约邮报》发表文章引用某位"消息可靠人士"的话称奥巴马政府实际上在选举前干预了统计数字。这些错误言论没有任何实质内容。人口普查局监察长办公室的一项调查表明"没有任何证据显示费城地区办公室的主管在 2012 年总统大选前操纵或试图操纵失业率数据"。[①] 但即便韦尔奇错了，又有什么关系？事实是，他越是在推特上大放厥词，追随者就越多。他把气候变化称作"群体性神经衰弱"和"社会主义无法得逞的对资本主义的攻击"。[②] 他还暗示希拉里·克林顿是因为与克林顿基金会达成妥协才当上了国务卿[③]。他又一次引领了时代，率先意识到在推特上唯粗鄙言语吸引追随者，有了追随者就有了话语权。

　　韦尔奇立在假新闻革命的潮头，但他并不孤单。一年前，唐纳德·特朗普就发起了"出生地运动"，诡称奥巴马并非出生在美国，是一名不合法的总统。韦尔奇和特朗普都开始感受到谎言在社交媒体时代的威力。虽然很多人会觉得这些胡

---

① 参见数据机构网站 FiveThirtyEight 2014 年 5 月 1 日刊文《就业数据有误，但别归咎于奥巴马的"芝加哥团伙"》（"The Jobs Numbers Are Wrong, But Don't Blame Obama's 'Chicago Guys'"），作者本·卡塞尔曼（Ben Casselman）。详见：https://fivethirtyeight.com

② 参见右翼媒体 NewsBusters 2008 年 7 月 3 日刊文《通用电气前任首席执行官杰克·韦尔奇：全球变暖的怀疑论者》（"Former General Electric CEO Jack Welch: Global Warming Skeptic"），作者彼得·萨索（Peter Sasso）。详见：https://www.newsbusters.org

③ 2016 年，希拉里担任国务卿期间，克林顿基金会承认收受国外巨额捐款而未通报。——译注

言乱语既滑稽可笑又虚张声势，不过是末路大亨疯狂的自言自语，然而这些谎言找到了心甘情愿的受众，这些人把特朗普推向了椭圆形办公室[①]，并为披萨门阴谋论事件、右翼阴谋论团体匿名者 Q 及特朗普当选总统后一连串谎言的登场铺平了道路。

新闻主播查克·托德反思了由出生地论和捏造就业数据事件引发的一整波舆论周期，随后预判了即将到来的疯狂。"传播疯狂阴谋论者的富人唐纳德·特朗普和杰克·韦尔奇能借此博关注，"托德说，"这种想法是一种坏趋势"。

"最有钱的人犯的错最多"

通用电气勉强挺过了金融危机。如果没有巴菲特出手相救，如果华盛顿方面没有为其提供贷款担保，通用金融可能早已崩溃，还将进一步拖垮通用电气，在更广泛的层面损害整体经济。这般濒死体验是因沉迷于更多盈利、逃避转型阵痛而引发的。危机过后，伊梅尔特承认这个国家已经迷失了方向，过度依赖通用金融玩弄的高风险赌博把戏。"当美国的竞争对手们在制造业和研发方面加速时，我们却忽视了技术的重要性。"[②] 2009 年底，他在西点军校对听众们说："与它们

---

① 位于白宫西翼，象征美国总统权力。——译注
② 参见曼恩与格里塔合著《灯灭》第 137 页。

相反，我们的经济正朝着金融服务业带来的快钱倾斜，获得的回报越来越不正当。"他接着说："最有钱的人犯最多的错，承担的责任却最少。"

伊梅尔特即使欣赏这种讽刺性，也没有表现出来。没有哪家企业比通用电气更能代表美国从制造业转向金融化的整个过程。除了韦尔奇和伊梅尔特，还有谁更能称得上是搞砸了而不受罚的典范？

事情只会变得更糟。如今通用金融被监管机构绑住了双手，再也不会在每个季度的最后时刻上演会计魔术了。它的一些工业制造类业务如风力涡轮机、医疗保健设备等虽然稳步增长，但增幅不足以抵消动力涡轮机等核心业务的降幅，因此伊梅尔特采取的一系列举措越来越绝望，企图为提振通用电气而最后搏一搏。

伊梅尔特曾在能源价格高企时大手大脚买入多家石油和天然气公司，又在能源价格下跌时眼睁睁地看着资产价值一落千丈。2015 年，通用电气又花费 106 亿美元收购了一家制造动力涡轮机的法国企业阿尔斯通。这是通用电气历史上规模最大、结局最惨淡的一笔交易。阿尔斯通的利润率原本就很低，加上反垄断监管机构强迫通用电气卖掉了阿尔斯通最赚钱的业务线，最终通用电气只得到了数万名高薪员工。而且，依据欧洲的劳动法，通用电气几乎不可能解雇这些人。

假如阿尔斯通的化石燃料类涡轮机仍有市场需求，那么这些昂贵的新增劳动力或许还是值得的。但伊梅尔特再次证明自己选错了时机。收购完成之际，随着太阳能电池板和风力发电机价格走低，可再生能源在成本方面的竞争力大幅提升，然而通用电气还在制造成本昂贵、需求萎缩的燃气轮机。

伊梅尔特既然不能靠实业保持增长，就再次转向了股票回购和股息分红，指望靠它们提振股价。2015 年，通用电气启动 500 亿美元的股票回购计划，也是公司有史以来最大规模的回购计划之一。为了履行这项规模庞大的新义务，伊梅尔特宣布通用电气将一劳永逸地永久分拆通用金融。他逐步出售旗下金融资产：车辆管理业务以 70 亿美元售出，杠杆贷款业务以 120 亿美元售出，而收益则直接流向了股东，来支撑公司股价。同时，通用电气的养老基金规模日益萎缩，60 万名前雇员无法领取翘首期盼的退休金。到了 2016 年底，公司的养老基金面临 310 亿美元缺口。

伊梅尔特上任十多年，韦尔奇一手打造的全球市值最高企业只剩下一具空壳。通用金融被完全分拆，曾经盈利的电力业务没落了。公司不得不减少股息分红，原有的塑料、家电等支柱性业务也都被卖掉了。无论怎么挣扎，通用电气的股价都不会上涨了。

随着从通用电气传出的消息越来越糟糕，最早的企业掠食者之一纳尔逊·佩尔茨开始少量买入通用电气股权，鼓动内部变革。当时正在竞选总统的佛蒙特州参议员伯尼·桑德斯也留意到了伊梅尔特。这名参议员接受纽约《每日新闻》采访时说，贪婪的大企业正在"摧毁美国的道德体系"。请他举例时，他点名通用电气。"通用电气是美国工人和美国消费者在美国打造的，"桑德斯说，"这么多年，我们看到的是它关掉了这个国家里的许多大工厂，把工作机会转移到那些低收入国家。而且通用电气很会逃税。事实上，在有些年份，他们连一分钱的税都不缴。这就是贪婪，这就是自私自利，这就是对美国人民的不敬。"[1]

桑德斯更进一步，把矛头对准韦尔奇主义。"假设某家企业只关心自家的盈利——举个例子，某家企业在美国赚着钱，却渴望搬到中国或墨西哥去赚更多的钱——这就是在摧毁美国的道德体系。"

伊梅尔特在《华盛顿邮报》上发表了一篇专栏文章，辩称通用电气实际上具有向善的力量。"通用电气从业124年，从不受社会主义者待见。"他说，"我们创造财富，提供工作岗位，而不仅仅在演讲时喊口号。"但是他在媒体上与桑德斯争执的场面只会进一步破坏通用电气首席执行官的信誉。[2]

---

[1]　出自纽约《每日新闻》（*Daily News*）2016年4月1日披露的有关伯尼·桑德斯与编辑委员会的对谈实录。详见：https://www.nydailynews.com

[2]　参见杰弗里·伊梅尔特2016年4月6日发表在《华盛顿邮报》的文章。详见：https://www.washingtonpost.com

这种争论对伊梅尔特全无益处。即使通用电气面临分崩离析，他个人也照旧赚得盆满钵满。他领取丰厚的薪水，时常登上年末评选的当年收入最高首席执行官排行榜。2015 年，也就是他与阿尔斯通达成灾难性并购交易的同一年，他赚了3300 万美元。当他乘坐通用电气的公务机出行时，还有一架飞机随行，以防他的座机临时出现故障。此事一经披露，那架备用机立刻成了通用电气所犯一切错误的象征——该企业痴迷于维持强大表象，由脱离实际的首席执行官管理，把资源浪费在毫无价值的事情上。一个著名分析师把伊梅尔特形容为"帝国首席执行官"[1]，称"国家元首也享受不到他的待遇"，还进一步追问：既然通用电气在第二架飞机上这么浪费，那么在其他方面又会怎么做？"真叫人不得不质疑他们的财务监管、成本控制以及内部审计，不得不质疑他们的整个组织体系。"

2017 年，通用电气的董事会忍无可忍，伊梅尔特被踢出局。在他担任首席执行官期间，通用电气是道琼斯工业平均指数成分股中表现最差的股票，约 5 万亿美元的股东权益灰飞烟灭。诚然，他在上任之初遇到了诸多困难。他接手时，公司

---

[1]　参见《纽约时报》2017 年 11 月 2 日刊文《通用电气积弊的隐喻：没有乘客的公务机》（"Metaphor for G.E.'s Ills: A Corporate Jet With No Passengers"），作者詹姆斯·斯图尔特（James Stewart）。详见：https://www.nytimes.com

股价已被季度盈利魔法夸大，还拥有许多亟待投资的工业企业。但十六年后，通用电气仍被许多类似问题困扰。伊梅尔特不断地并购新公司，推动公司业务组合多样化，营收一度有所增长，但他始终无法为通用电气规划新方向。"9·11"事件发生后，他未能及时关闭通用金融，又在错误的时机押注石油、天然气和电力涡轮机业务。他的任期注定会被打上一连串决策失误的标记。一路走来，他在股票回购上花费了930亿美元。"世纪经理人"千挑万选的接班人最终被证明是个废物。

伊梅尔特下台的消息公布之后，韦尔奇发表了言辞冷淡的声明。"在过去的十六年里，杰夫每天都在全力以赴，"声明说，"祝他在未来的美好岁月里一切顺利。"[1]伊梅尔特也用同样简洁的口吻回应这个让他获得美国企业界最梦寐以求职位的人："杰克是优秀的领导者，感谢他为我所做的一切。"

两个百万富翁竭力避免将通用电气的混乱局面归咎于对方，但彼此的敌意显而易见。"这两个通用电气前首席执行官的关系非常糟糕，"耶鲁大学管理学院领导力研究中心主任杰弗里·索南菲尔德表示，"韦尔奇对伊梅尔特所作的决策深感

---

[1]　参见NBC财经频道2017年6月12日刊文《通用电气的杰夫·伊梅尔特即将卸任，约翰·弗兰纳里被任命为新的董事长兼首席执行官》（"General Electric's Jeff Immelt is stepping down; John Flannery named chairman and CEO"），作者劳伦·托马斯（Lauren Thomas）。详见：https://www.cnbc.com

遗憾，伊梅尔特则对韦尔奇留给他的某些遗产失望透顶。"[1]

　　接替伊梅尔特的新任首席执行官约翰·弗兰纳里在通用电气工作了一辈子。在职业生涯的大部分时间里，弗兰纳里都在通用金融负责执行韦尔奇和伊梅尔特敲定的并购交易，一直是通用电气并购团队的核心成员，掌握了韦尔奇式的交易技巧，后来被派去负责亚洲市场。因此，弗兰纳里不是从整体上考虑如何重振一家曾经辉煌的工业巨头，而是以会计师般的精打细算，冷酷、勤奋地履行自己的职责。几十年来他忙于置换资产、摆弄金融工具，如今掌管通用电气，他唯一能做的就是资产重组。他宣布公司的经营将集中于三个核心业务：电力、航空和医疗保健。至于其他业务，借用韦尔奇的口头禅"要么修理，要么关掉，要么卖掉"，都将被抛弃。弗兰纳里先后卖掉了仍在制造铁路火车头的运输业务部门、代表公司根基的照明业务部门以及伊梅尔特投入巨大却回报甚微的石油及天然气部门。虽然许多投资者认为这些措施都是通用电气早就该采取的，但弗兰纳里的亡羊补牢并不能让投资者恢复信心，公司股价仍在下跌。

　　上任几个月后，弗兰纳里遇到了令人不快的意外事件。

---

[1]　参见福克斯商业网站（FoxBusiness.com）2018 年 1 月 10 日刊文《通用电气首席执行官之间的恩怨：韦尔奇 vs. 伊梅尔特》（"GE CEO feud: Welch vs. Immelt"），作者布莱恩·施瓦茨（Brian Schwartz）和查理·加斯帕里诺（Charlie Gasparino）。详见：https://www.foxbusiness.com

尽管外界都以为通用电气退出了保险市场——这是伊梅尔特在任时大肆宣传的，但事实并非如此。通用电气依然持有大量长期护理保险，一种覆盖养老机构的保险类型，共涉及约150亿美元保额。鉴于在回购股票上已经花了太多钱，通用电气很难再应付如此巨额的现金缺口。美国证券交易委员会对通用电气资金短缺情况展开调查，最终通用电气不得不支付2亿美元罚款。次月，司法部表示正在对通用电气名下尚未完全剥离的不良次级抵押贷款业务进行审查。通用电气称此举可能引发该业务部门破产。韦尔奇离开通用电气的办公大楼这么久了，通用电气仍在为他的罪孽埋单。

2018年6月19日，随着韦尔奇错误决策造成的后续影响不断叠加、发酵，公司股票被移出了道琼斯工业平均指数成分股。该指数纳入的都是大蓝筹，是美国经济的风向标。多年来，诸多伟大企业都被纳入该指数，后来财富散尽时也被无情地移出，如伯利恒钢铁公司、西尔斯百货、柯达等大企业都曾经历过进出道琼斯指数的命运轮回。然而纵观整个20世纪，通用电气历经大萧条、两次世界大战、互联网泡沫和其他动荡始终屹立不倒，它倔强地提醒着人们曾令美国骄傲的那些产业的光辉历史、那些在资本主义黄金时代所创造的巨大财富。

然而韦尔奇主义最终影响了通用电气。长达数十年投资不足让它再也没有能力推出具有突破性的新产品，草率的并购交易又让它不得不背负亏损业务。通用金融早就无法靠最后一分钟盈利魔法力挽狂澜了。标准普尔道琼斯指数公司表示，将通用电气移出"使得该指数能更准确地评估经济和股票市场"。这实在令人难以反驳。过去一年，通用电气股价下跌55%，道琼斯指数在受其拖累的情况下却上涨了接近50%。取代通用电气被纳入道琼斯指数成分股的是连锁药店沃博联。这一选择富有象征意义。美国不再是电器用具和喷气式飞机发动机的生产国了，它如今更像是处方药和加工食品的主要消费国。但通用电气落魄至此还是令人痛心，想想它辉煌的过去，再看看它可悲的现状。一名高级基金经理一针见血地指出："通用电气已不再是美国最重要企业之一。"①

韦尔奇退休十七年之后，通用电气依然在为中子杰克的遗产付出代价。沉迷于金融化、热衷于股票回购——最终导致了这一刻，而新任首席执行官无力回天。虽然股市大盘在特朗普总统任期的头几年进入牛市，但通用电气股价在弗兰纳里任内持续下滑。

通用电气被移出道琼斯指数成分股不出数月，弗兰纳里被解雇。董事会开始遴选公司这么多年来的第三任首席执行

① 参见《华尔街日报》2018年6月19日刊文《通用电气在一个多世纪后跌出道琼斯成分股行列》（"GE Drops Out of the Dow After More Than a Century"），作者迈克尔·沃斯特霍恩（Michael Wursthorn）、托马斯·格里塔（Thomas Gryta）。详见：https://www.wsj.com

官候选人时，好像终于意识到再次选择韦尔奇——应该为公司的种种麻烦负全责的人——的门徒或许不是一个好选择。126年来的第一次，通用电气董事会把目光转向局外人。曾管理过小型工业集团丹纳赫并短暂担任过通用电气董事会成员拉里·卡尔普被任命为新任首席执行官。他上任后，通用电气的韦尔奇阵营终于瓦解。

第七章　负外部性

"我们不被当作人"

　　一个世纪前，亚瑟·塞西尔·庇古就深入思考过现代资本主义的发展轨迹，预见了即将发生的未来。这位任教于剑桥大学的英国经济学家不仅关注产品和服务将以何种方式实现交换，还关注到所有这些经济活动可能对全社会产生的影响。1920 年，他出版了开创性的著作《福利经济学》[①]，指出一个无论在当时还是当下都能引发共鸣的关于资本主义的核心真理：负责经营企业的个人在物质激励的刺激下将追求自身利益的最大化，不顾及社会其他方面。《福利经济学》还扩展了商业的"外部性"概念，即商业活动的副作用。以往的经济学家绝大多数考虑的是经济增长的正外部性——比如商品成本随着供应增加而下降——但庇古把注意力转向了负外部性：企业追求利润时可能会造成的所有伤害。他认为，假如企业家在关注共同利益方面缺乏信誉，那么他们的商业行为造成的后果迟早会溢出到更广阔的世界。他在书中列举了

---

① 原书名 *The Economics of Welfare*，中文版译本较多。——译注

一些显而易见的负外部性例子，如伦敦的污染问题等（他的结论是烟囱里冒出的烟雾遮蔽了大量阳光）。他同时提出了一些显而易见的解决方案，包括监管和税收，认为这些措施可能会遏制企业在其所在地恣意妄为。

然而一百年前生活在绿树成荫的剑桥校园里的庇古想象不到当今的商业世界导致的危害会如此种类繁多、规模庞大、影响深远。从气候变化失控、极端不平等到被寻求更廉价劳动力的企业抛弃的空心化社区……企业造成的危害有时似乎与它们带来的好处平分秋色，而这些危害就是我们目前仍在与之共存的负外部性。一个多世纪前的庇古虽然可能无法阐明具体细节，但他知道接下来会发生什么。

在韦尔奇任内，来自通用电气的负外部性不断积累、加剧，这使得我们评价通用电气给这个世界造成的影响时再也无法只去考虑它曾为我们的生活带来的好东西。我们也无法忽视被它解雇的数十万工人、倒进哈德逊河里的多氯联苯污染物以及为了欺骗美国政府而耍的各种手段。即使如今韦尔奇及其大多数门徒退休的退休、过世的过世，但韦尔奇主义的三个主要特征——裁员、并购和金融化——仍是现代经济的通病，仍在制造无穷无尽的负外部性。

先说裁员。自韦尔奇发动"反忠诚运动"以来，过去了两个世代，但企业领导者们仍然没有放松对工人的攻击。我们几乎每周都能听到美国的大企业宣布新一轮裁员，作为全新"重组计划"的一部分，用来"提高盈利"。2015 年，在现金充裕的情况下，美国运通公司仍宣布进行新一轮裁员，试图在短期内提高公司利润率、推高股价，可惜未能如愿——运通股价持续下滑，低位运行长达两年。2016 年，斯普林特赚足利润后仍削减了呼叫中心的数千个工作岗位来压缩开支，此举不仅对员工生计造成了严重伤害，还导致公司客服质量变差。离岸外包也是如此。2017 年，空调制造商开利公司不顾特朗普总统干预，将工作岗位转移到墨西哥。纳贝斯科、美国电话电报公司、布鲁克斯兄弟等大企业近年来也纷纷把工作岗位转移到国外。

虽然越来越多的研究揭露了裁员的真相，企业高管却依然信奉大规模裁员的简单算式：员工越少，利润越高；劳动力是成本，而不是资产。"没有研究证明裁员能帮企业提升业绩，"宾夕法尼亚大学沃顿商学院教授彼得·卡普利说，"也没有证据表明靠裁员提高盈利能给企业带来切实的好处，除了即时、短期的账目压缩。"[①] 相反，一项研究表明，零售商裁员后，短期内节约下来的所有成本最终都会变成长期损失。事实证明，当店里只剩下零星店员时，店面销售额也会迅速萎缩。尽管如

---

① 　参见沃顿商学院在线期刊《沃顿知识在线》(*Knowledge@Wharton*) 2016 年 4 月 12 日刊文《裁员如何对企业造成伤害》("How Layoffs Hurt Companies") 一文。详见：https://knowledge.wharton.upenn.edu

此，卡普利写道，裁员仍大行其道，因为企业"强调压缩工资支出、强调完成短期（往往是月度）绩效目标"。

近年来，除了常规裁员，一些企业还找到了排挤员工的新手段。"反忠诚运动"的工具包里不只是大规模裁员和强制排名了。今时今日，企业采取更多手段去重新定义"有一份工作"意味着什么。韦尔奇时期启动的业务外包——把员工从通用电气的工资名单转到外包服务提供商的工资名单上——走到了新的极端，企业向承包商、自由职业者及零工经济获取尽可能多的劳动力。企业坚持认为，激励原则没有变：劳动力成本越低，利润就越高。新的玩法是：创建一整套基础设施来保护这种临界就业状态，让经济不安全成为新常态。就连这个国家最大的雇主们都心照不宣地把员工们待遇向临时工看齐，渴望把人变得像机器零件一样可以互换。

新的裁员手段花样百出，不同行业有不同的玩法。零工经济兴起，靠影子劳动力就可以创办万亿美元级别的新企业。优步和来福车①拥有数百万名司机，Instacart 和 Seamless②雇了数十万名送货员，跑腿兔和 Upwork③之类的平台上有数千甚至更多人在线兼职。一些人把这类工作当作赚点小钱的副业，但对很多人来说，零工就是一份全职工作，一份没有

①　美国两大打车应用平台。——译注
②　美国的两家配送企业。——译注
③　美国的自由职业者网络平台。——译注

稳定薪酬、体面福利、可追责的雇主等劳动保障的全职工作。
零工经济原本是为了撮合那些临时需要在某地完成一些零碎
工作的企业和希望赚点外快的当地人而出现的，却形成了一
种新型劳动力。优步之类的千亿美元企业把公司的首要劳动
力——司机——归类为承包商而非员工，照此标准对待他们。
零工经济企业把韦尔奇曾经的幻想——"把拥有的每一家工
厂都装上货船"——推向了他所能想象的狂喜之巅。如今它
们可以在没有一名正式雇员的情况下正常经营了。

对员工生计造成伤害的不仅是零工经济企业。在餐饮连
锁店，随时打乱员工排班表早已司空见惯，据称这可以最大
限度地避免低效率、充分利用精益化劳动力。塔可贝尔[①]的店
员每七小时排一轮班，其间只有几小时空闲时间，店员几乎
无暇照顾家人或放松自我。星巴克门店也经常要求员工随时
作好轮班准备，却很可能在最后一刻取消排班。小时工常常
被安排值夜班，打烊后只能睡几个小时就要起床准备开门营
业，即所谓"关开"[②]。快餐连锁店 Chipotle[③]在法律明令禁止
的情况下不事先通知就无规律地修改员工排班，纽约市政府

---

① 美国连锁餐饮品牌。——译注
② 原文为 clopening，即 close+opening 的缩略形式，指有些连锁餐饮企业
没有做到提前向员工出示排班表，因此引发了前一天晚上很晚（如 11 点）
关店，第二天凌晨很早（如 4 点）又要去开店的过度用工现象。2014 年，星
巴克曾因此行为而引发争议。——译注
③ 主打墨西哥卷饼、卷饭的半自助快餐店。——译注

为此对其提起诉讼。有研究表明，无规律排班对员工及其家庭都会造成严重不良影响，这种影响还会波及员工子女发展及情绪健康。此外，很多企业要求钟点工也要签署竞业禁止协议，进一步拉低了整个行业的工资水平。

韦尔奇式理念依然影响着白领阶层，大大小小的企业仍在沿用他的"活力曲线"（末位淘汰制）。这种管理手段自韦尔奇在通用电气推行以来，短短数年，在福特、3M 等传统企业迅速普及并引发诉讼，连高科技企业也难以幸免。在伊梅尔特前同事斯蒂夫·鲍默的领导下，微软公司迅速效仿，但不出所料地引发员工普遍不满情绪，损害了公司内部的合作精神，因为它引发了员工之间的对立。"它让人们拒绝帮助他人，"一名微软员工说，"不仅因为帮助他人会挤占自己的工作时间，还因为在强制排名体系下，'帮同事提高效率，实际上会损害自己获得更高评分的机会'。"[1] 这种做法在员工内部引发广泛失望，微软后来逐步取消了这种做法，但一些新企业没能吸取历史教训。共享办公联合创始人亚当·诺依曼就为公司设定了每年裁员 20% 的目标。"我们完成了目标，但

---

① 参见鲍勃·萨顿（Bob Sutton）2012 年 7 月 6 在博客专栏《工作事项》（*Work Matters*）发表的文章《微软内部竞争失调：我们看到了敌人，那就是我们自己》（"Dysfunctional Internal Competition at Microsoft: We've seen the enemy, and it is us"）。详见：https://bobsutton.typepad.com

我并不感到自豪。"[1] 共享办公人力资源部的一名员工这样说。

在全球规模最大企业之一的亚马逊，员工福利看起来总是靠边站。该公司旗下规模庞大的配货中心、送货车队和办公园区有超过 100 万名员工在工作，仅次于拥有 200 万员工的沃尔玛。这家电子商务巨头是美国招聘人员和员工人数最多的企业之一。然而，即使雇用了如此多的员工，亚马逊最关心的并不是这些穿着印有其无处不在的弧形箭头标志的安全背心的员工如何适应工作、获得就业保障，相反，因为多年来抢占市场份额的同时也在亏损，亚马逊如今更专注于如何为投资者谋取更多季度盈利。

与其前辈韦尔奇如出一辙，亚马逊公司创始人杰夫·贝佐斯似乎有一种狂热的信念：工人，本质上是一种消耗品。曾经协助设计亚马逊仓库系统的一名高管称，贝佐斯早就明确表示过，他不想要一支稳定、忠诚的员工队伍。他认为，如果员工太舒服，就会不可避免地"走向平庸"。贝佐斯推定，假如没有被解雇的威胁，员工就不会竭尽全力地工作，他解释称"人类的本性就是付出尽可能少的精力去获得自己

---

① 参见里夫斯·维德曼（Reeves Wiedeman）著《十亿美元级输家：亚当·诺依曼与共享办公史诗般的崛起与轰然衰落》（*Billion Dollar Loser: The Epic Rise and Spectacular Fall of Adam Neumann and WeWork*）第 207 页。纽约布朗出版社（Little Brown）2021 年版。中文版书名为《亿万负翁》，北京联合出版公司 2022 年版。

想要或需要的"。[1]

为了确保亚马逊的员工不过于松懈，贝佐斯制定了一项自认为能让员工时刻保持注意力的策略：尽可能让员工处于脆弱的工作状态。事实上，亚马逊的人力资源策略就是要确保大多数员工与公司的关系处于最脆弱的状态，雇佣关系随时可能终止。韦尔奇尚且要靠强制排名去发号施令，贝佐斯则借助科技就直接把亚马逊仓库变成了实验室，在这里，对工人的管理越来越反乌托邦，人被视为机器，工伤屡见不鲜，不允许有任何感情用事的痕迹。"我们不被当作人，甚至不如机器人，"一名工人说，"我们被当作数据流的一部分。"[2]

这不仅仅是一个比喻。在亚马逊，管理员工的不再是人类，而是软件。让电脑监管人类，其财务优势反映在亚马逊持续膨胀的利润上，季度盈利高达数十亿美元。然而，对亚马逊的员工来说，有一个算法老板，实在让人头疼。遇到实际问题时，员工常常找不到人回答。每周打卡五十五小时的

[1] 参见《纽约时报》2021年6月15日刊文《消费者看不到的亚马逊》（"The Amazon That Customers Don't See"），作者乔迪·坎托尔（Jodi Kantor）、凯伦·维斯（Karen Weise）和格蕾丝·阿什福德（Grace Ashford）。详见：https://www.nytimes.com

[2] 参见《阵线》（Frontline）2020年2月14日刊文《你只是耗材：亚马逊前雇员的新说法引发对该公司工作条件的质疑》（"'You're Just Disposable': New Accounts from Former Amazon Employees Raise Questions About Working Conditions"），作者帕特里斯·塔多尼奥（Patrice Taddonio）。详见：https://www.pbs.org

员工会突然被强行安排加班却找不到人反映。有时，算法会一不小心地解雇员工，后者即使哀求留下也还是会失去工作。摄像头和电脑每一天、每一分钟都在监视亚马逊的员工。走在仓库地板上的员工总是被跟踪，传感器记录下他们打包的速度有多快、停顿的时间有多长，或许还包括呼吸的频次。上厕所的时长或将拉低绩效评分。生产力的任何滞后都会被判定为工人偷懒。货车司机不得不在瓶子里小便，走太慢的工人受到纪律处分。曾有员工提醒管理层，员工实际上不仅仅是数据流的一部分。"重要的是，分区经理们应该明白，他们的同事不只是数字，"一名员工在斯塔顿岛仓库的内部意见板上写道，"我们是人。我们不是实现他们制定每天或每周目标与评级的工具。"

把人当作一部机器中的齿轮——可随意更换的一次性零件——不出意外地导致了亚马逊员工流失。该公司每周流失约3%的小时工，相当于每年约150%的流动率。然而这天文数字般的高流动性只是现象，而非缺陷。这家公司似乎就是要把员工敲骨吸髓后丢掉。为了防止工人们在亚马逊太舒服，贝佐斯取消了入职三年后的自动加薪，并想方设法开除不够积极的员工。亚马逊一心想要长期临时工，不惜花现金发奖金叫小时工走人。这就是贝佐斯想要的雇佣关系，完全不同于资本主义黄金时代将雇主与员工绑定的社会契约，而是使工人们无根、贫穷、身体被摧残。

抛开这些不人道的用工行为，没有迹象显示亚马逊在不久的将来会面临招工难。制造业工作岗位已大量流失，亚马逊本身又摧毁了当地零售业，因此它轻轻松松就能招到工人。在很多曾拥有大量工厂的地区，亚马逊的仓库成了求职者唯一的选择，然而当地政客还在竞赛谁提供的减税力度更大，争取下一个亚马逊配货中心入驻。

饱受贝佐斯赤裸裸"反忠诚运动"摧残的不限于在亚马逊仓库及在路上的工人。正如当初的通用电气，连管理层也必须长期忍受焦虑。尽管亚马逊的高管们收入不菲，但高福利并不保障终身就业。就像韦尔奇治下的通用电气，亚马逊实施了一套给员工排名的系统，虽然他们对此否认，但大致流程与韦尔奇的"活力曲线"并无二致。亚马逊要求经理们评出 20% 的精英员工、75% 不同层次的有价值员工和 5% 的低效员工。排名靠前的有资格获得津贴和晋升，排名垫底的则被纳入绩效改进计划，而且经常被扫地出门。

贝佐斯甚至可以说是他这个时代的杰克·韦尔奇，拥有无与伦比的金融、政治与文化影响力。韦尔奇控制过 NBC，贝佐斯则拥有《华盛顿邮报》，掌控亚马逊影视频道。当贝佐斯离开陪伴多年的妻子麦肯齐·斯科特，恋上超模外形的直升机飞行员劳伦·桑切斯时，八卦小报炒翻了天，借此赚得盆满钵满。自韦尔奇离开简恋上苏茜以来，再没有过如此轰动的首席执行官离婚事件。

　　韦尔奇似乎感受到了这种亲近感。2015 年，《纽约时报》发表对亚马逊恶劣工作条件的调查报道时，他为贝佐斯辩解。该报道披露亚马逊的高管因压力过大而时常伏在办公桌上哭泣，蓝领工人长期处在电子监控之下，对美国最强企业之一进行强烈谴责。贝佐斯的回应是用一封致全体员工的信为这种文化辩护。"我们的员工都是精英中的精英，"他在信中写道，"你们每天都在被其他世界级企业相中，你们想去哪儿就可以去哪儿。"①

　　亿万富翁的陈词滥调无法安抚亚马逊员工，但他至少找到了一个同道中人。"我喜欢杰夫·贝佐斯对《纽约时报》关于亚马逊那篇可笑文章的回应。"韦尔奇在推特上发文称，附带两个自夸话题："# 领导力""# 赢"。

"我们只是把它们拼凑在一起"

　　并购与金融化如今已牢牢确立为现代经济特征。说到大企业贪得无厌的并购胃口，没有比美国电话电报公司更能代表企业屡屡误入歧途、对非自然增长的欲望。

　　2015 年，一股并购浪潮重塑了美国的传媒行业。康卡斯特从通用电气手中买走 NBC 环球，在韦尔奇通过并购美国广

---

① 参见《纽约时报》2015 年 8 月 17 日报道《亚马逊总裁给员工的寄语》（"Amazon Chief's Message to Employees"）。详见：https://www.nytimes.com

播唱片公司拿下 NBC 约三十年之后成为其完全控制人。奈飞崛起。迪士尼扩容，准备推出流媒体服务。内容制作与发行在过去几十年里被视为截然不同的业务，如今传媒企业突然想同时控制它们了。于是就在那一年，美国电话电报公司——当时主要还是一家电话企业——以 670 亿美元收购了卫星电视运营商直播电视公司[1]，随后又以 850 亿美元买下时代华纳，拿下包括 HBO、CNN、华纳兄弟在内的海量影视资源宝库。

起初这像是一笔不错的买卖，同时获得了海量内容和发行渠道。这些并购也让美国电话电报公司成为股票市场的巨兽，暂居全美市值最高企业之一。随后，该企业帝国的首席执行官兰德尔·斯蒂芬森进入了"中子杰克"模式——每年裁员 2 万人，个人薪酬升至 3000 万美元，加大了公司回购与分红的力度，2020 年退休时领取了近 1 亿美元奖金。

斯蒂芬森卸任后没多久，他这些策略的实际代价就开始显现。美国电话电报公司的债务堆积如山，运营困难。员工们怨气冲天。直播电视用户流失。新任首席执行官开启了另一波并购热潮。这一次，该企业决定将一年前刚刚买入的资产剥离，以巨额亏本价将直播电视公司卖给私募机构。2021 年，他们同意合并旗下娱乐产业，包括新收购的时代华纳，

---

[1] DirecTV，美国卫星电视巨头。——译注

加上多年来作为二流有线电视提供商的探索通信公司 ①。在韦尔奇任内获晋升的 NBC 高管大卫·扎斯拉夫精心安排了这笔交易，打造了全球最大传媒企业之一。数十亿美元易手，银行家和律师们获利丰厚，扎斯拉夫跟着赚了不止 1 亿美元，或许远超这一金额。接下来的几年里，多家公司重新洗牌，多种业务被合并，协同效应被强化，盈利都用于还债，而数万名工人则将失去工作——这几乎是不可避免的。

　　探索通信公司与美国电话电报公司的交易不仅仅是由韦尔奇门徒推动的一次权力转移，也是美国企业并购上瘾的一个典型案例。自韦尔奇并购美国广播唱片公司以来，兼并与收购交易兴起。仅 1985 年，全美就成交了 2300 笔，总价值 3000 亿美元。韦尔奇退休时，这两个数据都增至三倍——2001 年成交近 1 万笔，总价值 1 万亿美元。这些数据仍在飙升。2019 年成交 1.8 万笔，总价值逼近 2 万亿美元，一场由私募机构与上市公司推动的大规模经济调整仍在继续。

　　但美国的上市公司数量如今只有韦尔奇巅峰时期的一半。这在一定程度上是因为新规加重了上市公司的责任。过量的风险资本让如今的新企业公开上市经常被推迟，等待时间更长。但在过去三十年，导致约 4000 家上市公司蒸发的最主要原因是长达数十年高烧不退的并购热潮，它让一些企业做大，

---

① Discovery Communications，探索频道的母公司。——译注

也让很多行业更集中。无论是有线电视、移动通信、航空、太阳眼镜、超市零售还是健康保险，消费者的选择比三十年前反而更少。在一个又一个行业里，大企业的市场份额大幅上升，占主导地位的玩家只有少数真正有分量的对手竞争。今时今日，全美四分之三的行业比二十五年前显著集中。

整个经济的市场集中度上升，对普通人产生了切实的影响。从某些方面来看，公司合并让美国人的年均工资降低了约 1 万美元。[①] 在高度集中化的行业里，与并购兴起前相比，企业的资本支出——往往能创造更多就业机会——也在下降：仅占年收入的 3%，而在 1990 年这个数据为 9%。同时，头部企业的利润率从 7% 攀升至 18%。总体来看，行业集中度越高，经济越缺乏活力。目前，美国新增企业数量已经低于 20 世纪后半叶水平。用工企业越少，工薪跳槽的频率越低，小型企业在国内生产总值中所占的比例就越小。少数大企业主导了某个行业，所谓竞争就名存实亡了，商品价格就越有可能上涨，形成所谓"垄断税"。事实上，韦尔奇多年前掀起的那波并购潮从未真正退潮，每个人仍在付出代价。

美国电话电报公司因狂热的并购潮——曾助力通用电气

---

① 参见彭博社 2021 年 5 月 21 日刊文《主导全球的超级明星企业变得更大、更科技化、更中国化》（"World-Dominating Superstar Firms Get Bigger, Techier, and More Chinese"），作者汤姆·奥利克（Tom Orlik）、贾斯汀·希门尼斯（Justin Jimenez）和塞德里克·山姆（Cedric Sam）。详见：https://www.bloomberg.com

实现高增长——而蒸蒸日上，其他企业也想方设法在一家企业中融会韦尔奇的裁员、并购和金融化等手段。以3G资本为例：这家私募股权集团旗下有百威、汉堡王、卡夫亨氏等品牌。3G资本由几位巴西金融家创办，这些幕后人士都是21世纪的"中子杰克"，他们毫不留情地吞并企业、压缩成本、大幅裁员，只考虑为个人和投资者榨取利润，无视员工福利，无视研发需求。

领头的是豪尔赫·保罗·莱曼，他进入商界前是网球明星，曾代表巴西参加戴维斯杯和温布尔登网球公开赛。他在商场上和在球场上一样争强好斗，很快将其入门级银行经验充分应用在一系列非比寻常的并购行动上——与两名合伙人在不到二十年的时间里先后接管了一家证券交易所、一家零售商和一家啤酒厂。收购啤酒厂最为关键，三人由此开始疯狂的国际并购，于1999年成立巴西最大啤酒企业安贝夫饮料公司。五年后，他们买下比利时酿酒商英博；三年后又收购了百威和百威昕蓝的生产商安海斯－布希，成了全球最大酿酒商。一路走来，这几个巴西人以野蛮的成本杀手和无情的裁员机器而闻名。接管新企业后，他们往往裁员数千人。收购安海斯－布希后不久，他们立即开除圣路易斯工厂的1400名工人。这家百威英博啤酒集团臭名昭著，为了压低成本而无情地更换供应商，一有机会就提高消费端价格，而且选择在最廉价市场建厂——其所谓"比利时"啤酒很可能产自美国的圣路易斯。到了 2016 年，百威英博又接管了南非的米勒啤酒公司，全球规模最大酿酒商进一步扩张。规模最大，却不怎么灵活。交易过后，公司股价低迷，百威英博负债超过1000 亿美元，创新停滞。

　　3G 的管理手段出自何处没有悬念，莱曼也毫不讳言。2014 年，当被问及如何解析其影响力，莱曼开门见山："我们读过关于杰克·韦尔奇的一切。通用电气的年度报告是我们的《圣经》。"[①] 虽然也有其他因素——高盛名列前茅——但对这些巴西人而言，韦尔奇居首。当今世界不乏韦尔奇的模仿者，但 3G 幕后这些人如此显眼，不仅因为他们高度复制了通用电气的剧本，还在于他们愿意招供："我们就是照抄，真的。"[②] 莱曼说，"我们就是这样。我们学到的大部分东西都来自杰克·韦尔奇、吉姆·柯林斯（《从优秀到卓越》作者）、通用电气和沃尔玛。某种程度上，我们只是把它们拼凑在一起。"

---

① 　参见弗朗西斯科·S. 霍姆·德·梅洛（Francisco S. Homem de Mello）著《3G 之道：关于一个吸收了美国资本主义某些精髓的三人组的管理风格》（ *The 3G Way: An Introduction to the Management Style of the Trio Who's Taken Over Some of the Most Important Icons of American Capitalism* ）第 124 页，巴西阿贾克斯出版社（Ajax Books）2014 年版。
② 　参见《财富》杂志 2015 年 3 月 25 日刊文《如果你的企业被 3G 资本收购将会发生什么》（"Here's what happens when 3G Capital buys your company"），作者丹尼尔·罗伯茨（Daniel Roberts）。详见：https://fortune.com

商业媒体一度对他们大加赞赏。莱曼和 3G 资本其他高管的形象被吹捧，投资者为他们无情的并购和精明的财务管理而倾倒。与此同时，3G 想方设法让韦尔奇战术重获新生。除了疯狂并购，巴西人还借鉴韦尔奇的其他独家管理实践，比如采用强制排名制度，照抄韦尔奇提出的 20%、70%、10% 的绩效打分体系。莱曼手下的核心高管卡洛斯·布里托说："对，总有人垫底。就是这样：垫底的人会感觉懊恼，会想往上爬。"[1]

这些巴西人在削减成本方面也有斩获，采用所谓零基预算制度，简称零基预算[2]。不同于以往根据上年支出制定预算的常规做法，零基预算要求管理人员每年制订预算时必须从零开始。每笔预算都必须合理，没有任何一笔是"理当如此"。这种制度虽然能有效降低整个组织的成本，但也有可能导致无休止的推倒重来。例如一旦在预算审查期间发现某些业务部门甚至某条业务线对达成业绩目标的贡献度不足，很可能一夜之间整个部门被裁掉。

征服了啤酒行业，莱曼及其同伙又将目光投向了食物行业。他们成立了私募股权公司 3G 资本，2010 年从某私募股权财团手中签约买下餐饮连锁企业汉堡王。交易完成两个月后，汉堡王迈阿密总部裁员 400 多人，留下的则要适应斯巴

---

[1] 参见《3G 之道》第 42 页。
[2] 全称 Zero-Base Budgeting。——译注

达式的办公条件——每张办公桌上只允许摆放一件个人物品，要求员工周六也要来上班[1]。还有更多韦尔奇式操作——裁减研发部门，增加外包，对供应商态度强硬，要求高达 20% 的折扣。四年后，3G 资本收购加拿大甜甜圈连锁品牌蒂姆霍顿，与汉堡王合并，新公司名为国际餐饮品牌集团。和在汉堡王发生的一样，蒂姆霍顿的员工立刻被甩掉，成本被削减，供应商被盘剥。

　　2013 年，3G 资本的大动作是同意收购番茄酱标杆生产商亨氏。这回，另一名投资者沃伦·巴菲特加入了莱曼及其合伙人。巴菲特虽然享有平易近人的美誉，拥有普通人形象，具备核心价值观和谦逊品味，但他其实和韦尔奇一样精明。巴菲特的投资组合包括向贫穷租户收取高利息的移动住宅公园，也持股可口可乐、麦当劳等兜售不健康食品饮料的快餐连锁店。他也精打细算地管理着旗下公司，像韦尔奇要求通用电气那样残酷无情地专注于盈利。巴菲特与 3G 资本的这些巴西人臭味相投，他赞美他们的"才华与操守"。"3G 资本是完美的合作伙伴。"[2] 他说。至于亨氏，他们认为，是完美的猎物。

---

[1]　参见《财富》杂志 2013 年 10 月 10 日刊文《挤压亨氏》（"Squeezing Heinz"），作者詹妮弗·雷因戈德（Jennifer Reingold）。详见：https://fortune.com

[2]　参见《国家新闻》（*National News*）2015 年 4 月 3 日刊文《3G 资本老板豪尔赫·保罗·莱曼在温布尔登初试牛刀》（"3G boss Jorge Paulo Lemann cut his teeth on Wimbledon lesson"），作者罗伯·麦肯齐（Rob Mckenzie）。详见：https://www.thenationalnews.com

　　亨氏创办于 1869 年，引领了美国的食品加工业，是匹兹堡商业社区的支柱。亨氏与通用电气早期的一些做法如出一辙，善待自家员工，提供的福利远远不止一笔薪水，是资本主义黄金时代的模范雇主。在亨氏，有员工图书馆、游泳池和淋浴间，企业在当地还是乐善好施的慈善家。即使当 3G 资本和巴菲特出现时以上大部分已成为历史，但亨氏总部及其重要的生产部门依然留在匹兹堡地区。

　　3G 资本向亨氏保证会继续待在匹兹堡，但仅此而已。3G 资本任命的新任首席执行官对亨氏的五十名高管发表首次讲话时将他们带到某个房间里，一对一地通知他们是否留任——前 12 名中的 11 名被打发回家了。匹兹堡总部超过四分之一的员工被解雇。不动产被整合，员工们挤在共享工作区，工时长——包括周末上班——成为常态。抠门到不放过办公室打印机，员工每个月不得打印超过 200 页。禁用迷你冰箱。然而当 3G 资本试图进一步压缩成本时，只发现处处都是新的高效率。亨氏已经是精益运营，3G 唯一能压缩的成本似乎只剩下打印纸。不过莱曼做得不错。他适时抛售股票，长期持有购得企业的股票，2021 年坐拥 260 亿美元，跻身全球最富有 70 人。

　　3G 资本旗下企业做大规模往往不是靠内生增长而是靠收购，这几个金融家不久就开始寻找能与亨氏合并收购的新目标。2015 年，他们找到了。3G 和巴菲特一致同意收购卡夫，一家生产盒装通心粉、奶酪及奥斯卡·梅耶牌热狗的食品公司。合并后的新公司卡夫－亨氏一下子成为全球最大食品企业。熟悉的成本压缩又开始了。这一次，员工们被告知必须使用二手纸，而且公司不再发放免费果冻。交易完成未满一个月就裁员5%，共2500人。两年后，裁员20%。但不出所料的是，企业难再推出新产品，很快导致销售疲软。

卡夫－亨氏的抨击者说它是纸牌屋，除非有再次并购，否则其业务将陷入困境。事实很快证明此言不虚：销售下滑，创新乏力。2019年，卡夫－亨氏宣布对其标志性的卡夫和奥斯卡·梅耶品牌减记资产价值154亿美元，等于承认企业经营不善。麻烦还在后面。卡夫－亨氏因现金短缺，称将大幅减少股息派发。随后有投资者起诉该企业，指控其高管在一连串坏消息公开前参与内幕交易（虽然最终被驳回，却使人意识到3G资本的违规操作）。不久，卡夫－亨氏再次减记资产价值，这次是12亿美元。2021年，联邦监管局宣布与卡夫－亨氏就长年财务欺诈达成和解。2015年至2019年，美国证券交易委员会指控卡夫－亨氏使用韦尔奇式的一整套不良会计手段粉饰业绩——虚报来自供应商的折扣、合同造假且误导供应商、捏造不存在的节约成本等。美国证券交易委员会称卡夫－亨氏同意为故意虚报盈利、向分析师群体夸大所谓利润支付6200万美元罚款。亲自批准上述做法的巴西籍首席执行官既不认罪也不否认，代价是同意支付民事罚款30万美元。在

21世纪的前二十年里，韦尔奇主义标志性的三板斧——裁员、并购和金融化——仍被全球最大企业之一沿用着。

　　3G资本绝非个例。韦尔奇率先在通用金融使用的盈余管理至今仍是那些想炮制其专属"超出平均水平的盈利持续增长"的企业最喜欢的手段。总部位于巴尔的摩的运动服饰品牌安德玛曾宣布，截至2016年，公司销售额连续26个季度实现惊人的20%增长，有时甚至更高。这些数据实属海市蜃楼。该公司一直在透支未来的销售额，逼迫零售商在产品尚未准备交付时就接受订单，靠来回搬运存货制造已从货架上卖掉的假象。该公司的一名销售主管透露："一切都是为了让数据好看，而且是公开操作。他们不认为这有什么不妥。"①

　　这绝非几个害群之马所为。安德玛创始人兼首席执行官凯文·普朗克对这一切心知肚明，但安德玛最终只受到轻微处罚，仅花900万美元就与美国证券交易委员会达成和解，不承认或否认存在不当行为，所有高管无一被追责。一部分是因为当局执法不严，盈余管理的做法依然很普遍。麦肯锡的一项研究表明，61%自称拥有"长期"愿景的企业在季报盈利预期不佳时都会采取某些措施去优化财务报表，即便那

---

① 参见《华尔街日报》2019年11月14日刊文《安德玛的销售争夺战内幕："每季度都在向前推进"》（"Inside Under Armour's Sales Scramble: 'Pulling Forward Every Quarter'"），作者卡迪贾·萨夫达尔（Khadeeja Safdar）、阿鲁纳·维斯瓦纳塔（Aruna Viswanatha）。详见：https://www.wsj.com

意味着违法。

亚马逊、3G 资本、美国电话电报公司和安德玛也不例外。在今天的经济活动中随处可见韦尔奇的影子。在一家又一家企业中，杰克·韦尔奇式的经营方式——有时甚至是由韦尔奇亲自指导——导致了毁灭性后果。负外部性无穷无尽，企业自身及其遭罪的员工，还有那些坐实了这个国家的财富分配极度不均衡的数据都可以见证。

大企业曾慷慨地与其遍布全国的员工分享利润，如今却把大部分财富输送给机构投资者和公司高管。20 世纪 80 年代，给投资者的回报不会超过企业盈利的一半，但在过去十年，这一占比飙升至 93%。

财富的聚集效应也体现在地缘上。超级明星企业往往集中在市中心，而非黄金时代一度繁华的锈带城市 ① 和乡村。伊利和斯克内克塔迪这样的地方——通用电气公司曾在当地雇用数千名员工——早已经陷入萧条，丹佛和波士顿却一派欣欣向荣。程序员、管理顾问、税务律师们都很好过，缺乏高学历的工人、电商仓库和大卖场的员工们则每况愈下。这不仅仅因为普通劳动者很少有机会获得股票作为薪酬的一部分，也因为他们的工资几十年来持续下降。

如果联邦最低工资标准能跑赢 1968 年以来的通货膨胀，

---

① 原文 Rust Belt cities，指工业衰退的城区。——译注

就应该是每小时超过 24 美元，但目前仍是 7.25 美元。这一水平低于美国大部分地区的贫困线。2019 年的一项调查发现[①]，约 44% 的美国工薪阶层领取低薪，年收入中位数仅为 1.8 万美元。最贫困的美国人，约半数基本上一无所有。这些低收入者并非指那些上大学前在冰激凌店打工赚零花钱的年轻人，而是指大多数正值 25 岁至 54 岁黄金就业年龄、平均时薪仅 10.22 美元的劳动力。"近一半的工人无法靠挣工资获得经济保障。"该研究报告的作者指出，"许多美国人面临的经济困境不仅对其生活质量，甚至对其寿命都产生了可量化的影响。"近年来，美国人的预期寿命下降，颠覆了一个世纪以来社会进步取得的成就。美国人——主要是工人阶级——正早死于自杀、吸毒过量、酗酒和健康状况不佳。经济学家安妮·凯斯和安格斯·迪顿称之为"绝望之死"。

与此同时，高级管理层却获利丰厚。在二战后的大约三十年里，首席执行官和普通员工的薪酬比一直是同步的。高管赚得越多，普通员工就赚得越多。然而自从韦尔奇接管通用电气，这一趋势线就开始背离。员工工资持平，在某些年份，与通货膨胀叠加后甚至下降；另一方面，首席执行官的薪酬却在暴涨。在资本主义的黄金年代，首席执行官的薪

---

① 参见 CBS 新闻 2019 年 12 月 2 日的刊文《几乎半数的美国人正在从事低收入工作》（"Almost half of all Americans work in low wage jobs"），作者艾米·皮奇（Aimee Picchi）。详见：https://www.cbsnews.com

酬大约是普通员工的 10–15 倍，如今这个数字扩大到了数百倍甚至数千倍。

今天，一家美国大企业首席执行官的年收入相当于该公司普通员工 320 年的收入。顶级企业的首席执行官年收入的中位数约为 1270 万美元，处于中等水平。一些头部企业的首席执行官年收入超过 1 亿美元，相当于其员工 1000 年的收入。以沃尔玛为例，2017 年的工资中位数是 19177 美元，要工作一千多年才能赚到该公司首席执行官道格·麦克米伦同年 2220 万美元的年收入。即使这些现金没有挥霍在高管身上，也会以股息派发和股票回购的形式发出去。今天，最富有的 1% 的美国人拥有全美近 45% 的财富，净资产中位数远高于 1000 万美元。

在顶层，阶层分化更明显。财富集中在最富有的美国人手中，更甚于镀金时代。1913 年，全球前 0.00001% 的四位顶级富豪，约翰·D. 洛克菲勒、亨利·克莱·弗里克、安德鲁·卡内基和乔治·费舍尔·贝克，占有全美财富的 0.85%。到了 2020 年，代表这 0.00001% 财富的是杰夫·贝佐斯、比尔·盖茨和马克·扎克伯格，这三位科技公司创办人的财富加起来约占全美财富总量的 1.35%。美国最富有的 0.01% 个家庭，也就是约 1.8 万个家庭拥有的财富也远超过镀金时代，约占全美财富的 10%，而在 1913 年，这一比例仅为 2%。更令人震惊的也许是财富累积如此之快。要知道在 20 世纪 70

年代后期韦尔奇上任前，0.01% 的最富有家庭占有的财富也只是全美的 2%。

这些刺眼的统计数字是四十年来韦尔奇主义盛行的必然结果。生产率与工人工资在韦尔奇上任前是同步增长的，是自他的"反忠诚运动"之后开始背离的，而且工人工资再也没有重回正轨。韦尔奇登场前，首席执行官只是企业里的高薪经理，但韦尔奇给自己开出天价薪酬之后，其他企业的高管纷纷效仿，工人的收入不断减少，高管的收入大幅提升，收入不平等迅速加剧。韦尔奇接手通用电气时，全美制造业工作岗位达到峰值，此后便随着他将工作不断外包到海外而一路下滑。在他任内，兼并和收购活动激增，行业权力集中在少数几家企业手中，物价上涨，就业减少，整体经济缺乏活力。企业缴纳的税款大幅减少，股票回购和股息分红却爆炸式增长。

这就是韦尔奇留给我们的新世界。一个杰夫·贝佐斯可以有钱到把自己送入太空、亚马逊的小时工却被机器人监控的新世界，一个少数私募股权高管可以收购美国标志性食品公司、将它们榨干的新世界；一个传媒集团可以举债 800 亿美元收购竞争对手、再以盈利为由解雇数万名员工的新世界。韦尔奇主义让美国更穷、更不平等、更没有安全感。它掏空美国的工厂和城镇，把钱塞满华尔街的金库。它让企业无须为失败承担责任，让更多普通人被高薪高管们的突发奇想拖累。他创造的经济模式让曾经自豪的工业企业迷失了方向，甚至造成致命的恶果。

两次坠机事故

2018 年 10 月 29 日凌晨，载有 189 人的狮航 610 航班从印度尼西亚的雅加达起飞，前往附近岛屿。这是一架全新的波音 737 Max，也是印度尼西亚廉价航空公司狮航购买的数十架飞机之一。起飞后不久，机长和副驾驶发现难以控制飞机，机头会毫无征兆地突然下沉。他们于是不断拉抬控制杆，希望把飞机拉回水平继续爬升，然而机头一次又一次地冲向下方的海面。起飞十三分钟后，飞机坠入大海，机上人员全部遇难。

得知坠机事故后，波音高管起初不以为然。他们认为这只是在一个航空安全记录不佳的国家发生的一次不幸事故。印度尼西亚航空公司素有缺乏培训、保养不足的坏名声，狮航以前也曾发生过坠机事故。然而过了几天，波音从修复的飞行记录仪数据中了解到，安装在 737 Max 上的新系统 MCAS 对坠机事故负有责任。出于某种原因，机身上突出的迎角传感器发生故障，机载计算机误认为飞行角度危险，于是反复压低机头，最终导致飞机向下俯冲，直至坠落。也就是说，波音最重要的新一代机型 737 Max 存在可怕的缺陷。

但令人难以置信的是，波音最高领导层仍没有意识到这场危机的严重性。他们没有认真思考坠机事故的潜在影响以及可能给波音造成的损害，而是将这次事故视为令人遗憾的意外。他们认为狮航的飞行员没有能力应对驾驶舱内的紧急情况，维护不当又让飞机很容易出故障。波音在公开声明中巧妙地暗示了这一点。在与美国航空公司飞行员的私下交谈中，波音高管再次强调737 Max是安全的。他们暗示，狮航的坠机事故只是飞行员操作失误造成的。

波音提醒飞行员如何处理与狮航航班类似的情况。尽管如此，他们不仅依然在飞行员手册中省略有关MCAS系统的内容，连这次提醒也丝毫不提MCAS。他们只是轻描淡写地透露计划更新MCAS系统，这相当于默认飞机存在缺陷。但他们仅仅回应到这种程度而已。

如果波音去切实了解在雅加达海岸附近究竟发生了什么，它将面对一场全面危机。如果真是MCAS系统导致那架飞机坠毁，那么其他数百架崭新的737 Max就会受影响。果真如此，这个机型将被停飞。这一巨大打击将让波音公司损失数十亿美元，引发股价崩盘。

但波音的高管们没有去认真调查坠机的原因，也没有去确认波音的产品在质量上是否可靠，反而把注意力转回华尔街。空难发生后不到两个月，12月17日，波音首席执行官丹尼斯·穆伦伯格以"强劲增长的经营业绩、财务状况以及乐观前景"为由，宣布将股息提高 20%，并斥资 200 亿美元回购股票。这是自 1997 年斯通塞弗执掌波音以来二十年里坚定不移地为投资者奉献的巅峰，进一步明确了穆伦伯格的优先事项——他接任波音的几年里，公司将 90% 以上的经营现金流用于股票回购和分红。

股东们享用着波音最新资本回报计划提前带来的意外之财，737 Max 也在世界各地继续飞。几个月来，数以千计的航班安全无虞地起飞和降落，越来越多的航空公司接收了波音交付的最新型飞机。MCAS 软件原本计划在 2019 年初推出，却一再推迟。

到了 2019 年 3 月 10 日，一架 737 Max 从埃塞俄比亚的亚的斯亚贝巴起飞，前往肯尼亚的内罗毕。这趟定期航班很受外交官和国际救援人员的欢迎，被亲切地称为"联合国班车"。机上共有 157 名乘客，其中很多人是前去出席联合国环境会议的。起飞后不久，飞机又出现自动压低机身的故障。飞行员试图进行干预，拉起操纵杆，并采取其他措施重新控制飞机，但都是徒劳的。与不到五个月前在印度尼西亚发生的情况一样，MCAS 系统再次失灵。起飞六分钟后，航班坠落在偏僻的田野，所有乘客和机组人员全部遇难。

这一次，全球航空业都注意到了。几天之内，几乎所有国家的航空监管部门都宣布停飞 737 Max。虽然还不清楚坠机的具体原因，但两次事故的相似之处太明显了。在美国，由

于美国联邦航空局不愿停飞波音这款最重要的机型，737 Max
在美国又飞行了几天。穆伦伯格还亲自致电特朗普总统，向
他保证 737 Max 是安全的。但几天之后，美国联邦航空局也
宣布停飞这款飞机。

很快就调查清楚 MCAS 系统是导致埃航 302 航班坠毁的
罪魁祸首。这场事故并非个例，而是印度尼西亚坠机事故的
可怕重演。不知何故，可能是被鸟类撞击，机身前部突出的
一个传感器遭到损坏。传感器失灵导致 MCAS 系统误判正在
向上抬升，便反复下压机头，导致飞机撞向地面。这次，波
音无法再将事故归咎于飞行员经验不足或飞机维护不当了，
因为埃航拥有全非洲最优秀的飞行员，而且那架飞机在坠毁
前没有任何故障。事实证明，是 737 Max 本身有问题。

第二次坠机事故发生数周后，波音公司试图采取和稀泥对
策，一方面对受害者表示同情，一方面拒不承认对坠机事故负
有责任。他们承诺会更新 MCAS 软件，但不承认 737 Max 存
在缺陷。穆伦伯格表现得像个机器人，拒绝回应任何问题。这
初步显示他似乎缺乏处理如此重大危机所需要的必要手段。他
就坠机事故发表公开声明时没有流露任何真情实感，显得敷衍
冷淡，一心只想草草了事，随后便将整件事抛诸脑后。波音起
初表示希望能在几周内或者最多一两个月内让 737 Max 复飞。
然而公众了解得越多，事实似乎越确凿：波音明知 MCAS 系

统存在风险，却让 737 Max 继续飞；他们还将安全功能列为收费的附加品；他们也明白 MCAS 系统不完善，缺乏必要的冗余设计。

7 月，波音公司大幅削减了 737 Max 产量。这一举动标明该机型的停飞将是漫长而昂贵的。但新的麻烦不停地冒出来：737 Max 训练模拟器无法正常运行，分包商为 MCAS 系统编写的更新代码也出问题。随着埃塞俄比亚空难遇难者家属对这场悲剧的深入了解，他们得出了一个让波音无法回避的结论。"第二起空难是波音公司的过失杀人。"[①]齐波拉·库里亚这样说，他的父亲在 ET302 航班坠机事故中遇难，"他们明知道有问题，却不愿采取任何补救措施。假如他们在第一次事故后就停飞这款机型，我的父亲就会活着"。

第二次坠机事故发生后的几个月里，波音公司一直承诺会解决问题。尽管受害者家属在国会作证，但调查人员询问事故原因时，波音始终坚持说距离期待已久的 MCAS 系统更新只要几个月，737 Max 也会很快复飞。然而又过了几个月，到了 2019 年底，737 Max 已经成了商业航空史上停飞时间最长的机型。而且当波音用 MCAS 作为借口进行拖延和搪塞时，737 Max 又出现了更多新问题。各大航空公司愤怒不已，飞行员们不再信任波音，连华盛顿方面的议员们也大为光火。

---

① 出自本书作者 2019 年与齐波拉·库里亚（Zipporah Kuria）的讨论。

10 月中旬，波音董事会撤销了穆伦伯格的董事长头衔，提拔戴夫·卡尔霍恩成为新的董事长——此人也曾是通用电气高管，一度被视为韦尔奇接班之战中的黑马选手。波音对外宣布，此次人事变动只是形式上的，主要是为了让穆伦伯格能够专注于推动 737 Max 的复飞进程。但很显然，波音公司正在恭候下一任首席执行官，通用电气的另一名忠实门徒掌管波音只是时间问题。

　　宣布贬黜穆伦伯格、提拔卡尔霍恩几天之后，波音董事会又解雇了通用电气前高管、波音商用机业务负责人凯文·麦卡利斯特。他在公司内部处理危机不当，激怒了主要的航空公司客户。他也是第一名因 737 Max 坠机事故而被解雇的波音高管。此时，距离第一次坠机事故发生已经过去一年多，穆伦伯格即将在国会进行为期两天的作证，届时他的表现将决定他的命运。

　　在听证会上，穆伦伯格首先表达了忏悔，向遇难者家属道歉。"我们非常抱歉，"他说，"我们深深地、由衷地表达歉意。"随后他被议员们不断指责——他们出示了确凿的新证据，证明波音的工程师曾考虑过向飞行员介绍 MCAS 系统，但后来改了主意；还提供了波音曾竭力让美国联邦航空局从培训手册中删除有关新软件部分的细节。"我宁愿步行也不愿乘坐 737 Max 了，"蒙大拿州民主党参议院参议员乔恩·泰斯特说，"你们不该偷工减料。我看到你们偷工减料了。"[①]

　　穆伦伯格又苦苦支撑了数月，一连串的坏消息接踵而至：美国联邦航空局明确表示短期内不会批准 737 Max 复飞。波音于是彻底叫停了该机型的生产。接着，新的举报人披露了有关波音公司及其管理层的破坏性信息。9 月，《纽约时报》刚发表严厉指责穆伦伯格的文章——引用了美国西南航空公司首席执行官的严厉批评——没几天，波音董事会解雇了穆伦伯格，他在波音公司的职业生涯就这样不光彩地结束了。但凭借回购股票和派发股息来哄抬公司股价所作的贡献，他并没有空手而归——获得高达 6200 万美元的解约金。公司首席财务官格雷格·史密斯临时接任，卡尔霍恩将在次年 1 月正式出任首席执行官，韦尔奇门徒再次掌管波音公司。

　　ET302 航班坠机前，我很少关注波音公司，几乎没注意狮航空难事件。但在 2019 年 3 月 11 日，我走进《纽约时报》的新闻编辑室，马上就被一名财经编辑叫过去。又有一架波音飞机出事了！报社需要人手协助报道此事。当时我还不是一名航空领域记者，但对报道大企业有着丰富的经验，于是我开始打电话。接下来的一年里，我和同事娜塔莉·基特罗夫被指派为追踪报道波音坠机事故的主要记者之一。我们跟

---

① 参见《纽约时报》2019 年 10 月 29 日刊文《波音公司首席执行官在第二次坠机事故前已获知来自飞行员的警告》（"Boeing CEO. Knew About Pilot's Warnings Before Second Crash"），作者娜塔莉·基特罗夫（Natalie Kitroeff）、大卫·盖勒斯（David Gelles）。详见：https://www.nytimes.com

着线索走遍这个国家，会见遇难者家属，出席国会听证会，联系波音和美国联邦航空局的高层，发掘素材。我们报道了北查尔斯顿787梦幻客机工厂的种种乱象之后，该工厂的负责人被解雇了；我们揭露了许多主要客户对麦卡利斯特表达强烈不满之后，他也被解雇了；我们发表了关于穆伦伯格处理危机不当的重大调查报告的第二天，波音董事会用卡尔霍恩取代了他。可惜在那段时间里我们始终未能获准采访穆伦伯格本人。后来有一天，在纽约经济俱乐部主办的一场活动中，我终于在中央车站楼上的君悦酒店堵住了他。但我刚作完自我介绍，他的经纪人就意识到我是谁，急忙拽着他离开了，我甚至没来得及向他提问。因此当卡尔霍恩接任不久，波音公司邀请娜塔莉和我去面对面地采访新任首席执行官时，我们大吃一惊。据说我们是第一批获得采访机会的纸媒记者，而且话题不受限制。

在采访前一周的大部分时间里，波音公关团队一直在跟我们反复讨论采访地点。在生产制造737机型的西雅图还是在波音总部所在地芝加哥？最后他们选定位于圣路易斯郊外的波音领导中心，这是斯通塞弗掌管麦道时购买的综合性大楼，如今是波音的克罗顿维尔。卡尔霍恩正试图让波音重回正轨，希望将自己与通用电气的渊源引入波音。他把临时办公室设在这里，试图重振这家公司。

我们在2020年3月第一个周一从纽约飞往圣路易斯。那时新冠疫情已经开始在全球蔓延，尽管当时我们对此还一无所知，但一周多过后，整个美国就会陷入停滞。飞机降落后，波音管理人员带我们参观了战斗机工厂和附近的创新实验室，然后又领着我们去到领导力中心。在那里，我们参观了仿照克罗顿维尔设计的园区，有能俯瞰河流的坡面场地，大型自助餐厅有高耸的教堂式窗户。某个休息区的墙上挂着致敬波音传奇历史的海报，彰显着历任首席执行官的成就，其中一人曾显赫一时如今却已过气的首席执行官是刚刚被赶解雇的穆伦伯格。最后，我们与卡尔霍恩在一间狭窄昏暗的会议室里坐下来。闲聊时，我问他为什么要在这里接受采访，卡尔霍恩立刻把握住谈话节奏。

"我永远的导师曾把学习中心作为公司总部所在地。"[①]

"永远的导师是指……"虽然早已知晓答案，但我还是继续问道。

"杰克·韦尔奇，很讽刺吧，"卡尔霍恩回答，"真是太讽刺了。"他又说了一遍，因为就在我们会面的前一天，2020年3月1日，韦尔奇刚以84岁的高龄去世。

卡尔霍恩并没有过多谈论韦尔奇，他想谈正事。但有关于我们为什么会在这里见面这件事，他又补充了一些解释：因为这里刚完成翻修，翻修后的样子与二十年前巅峰时期通

---

① 出自本书作者2020年与戴夫·卡尔霍恩（Dave Calhoun）的谈话。

用电气的培训中心十分相似。"它就是按照那个中心翻建的，"他说，"由通用电气的前雇员按照克罗顿维尔的样子修建的。我们希望它能像克罗顿维尔在通用电气那样发挥作用。我会使用我所能想到的一切方式来振兴它。"

娜塔莉和我花了一个多小时完成采访，询问了他对波音领导力问题的看法、为何长期支持穆伦伯格以及可能会采取什么措施重振波音公司等。卡尔霍恩坦言，尽管他曾担任董事会主席，但波音内部的情况比他预料的更糟。"老实说，超出我的想象，"他说，"这暴露出我们领导层的脆弱。"[①] 当我们问及穆伦伯格下台以及波音在推出接班人时缺乏计划性时，卡尔霍恩回答："我们其实有备用计划。"他补充说："就是我。"

卡尔霍恩在职业生涯中获取了巨额薪酬，他也是批准穆伦伯格天价解约金的董事会成员之一。他批评了前任推动波音热衷提高 737 Max 产能的做法。"我永远无法判断丹尼斯的动机究竟是什么。是为了让股价继续上涨还是仅仅为了打败谁？"他说。他又补充道："假如真有人想在彩虹的尽头挖到金子，那这个人非他莫属。"[②] 卡尔霍恩还为波音的企业文化进

---

① 参见《纽约时报》2020 年 3 月 5 日刊文《超乎想象：波音新任 CEO 面临挑战》（"It's More Than I Imagined': Boeing's New C.E.O. Confronts Its Challenges"），作者娜塔莉·基特罗夫（Natalie Kitroeff）、大卫·盖勒斯（David Gelles）。详见：https://www.nytimes.com/ 2020/03/05/business/boeing-david-calhoun.html

② 源自爱尔兰神话，传说绿精灵会把金子埋在彩虹的尽头。有人追着彩虹试图找到金子，但总在半路上不知去向。——译注

行辩解，称最近公开的大量证明波音公司有罪的电子邮件只是个别害群之马的违规举动。"我就遇见过好几个写这种可怕邮件的人。"他对我们说。

谈到坠机事故，他试图两者兼顾，一方面承认波音犯了一个"致命的错误"，自以为飞行员会采取所有正确的步骤来处理 MCAS 系统故障。紧接着，他话锋一转，暗示印度尼西亚和埃塞俄比亚的飞行员"不像美国飞行员那么经验丰富"，也负有部分责任。当我们追问他是否相信美国飞行员有能力处理 MCAS 的软件故障时，他要求不作记录，我们拒绝了。"算了，"他接着说，"你们能猜到我的答案。"

这完全不是我们期待的从波音公司领导者那里听到的应有忏悔。这家企业的产品导致 346 人死亡，自身业务正在遭受沉重打击，卡尔霍恩的态度反而是挑衅和指责，带着韦尔奇招牌式的咄咄逼人。几天后，报道发表，波音内外一片哗然。卡尔霍恩向公司高层写信致歉称："这篇报道让我既尴尬又懊悔，似乎暗示我违背了对前任首席执行官、高管团队和员工所作的承诺——在最重要的时刻永远支持他们。我向各位保证，我的承诺没有改变。"虽然他在信中没有解释，但消息人士告诉我和娜塔莉，卡尔霍恩曾向一名密友透露是什么让他的表现如此古怪，是因为他"永远的导师"杰克·韦尔奇去世，让他心烦意乱。

尽管卡尔霍恩在 737 Max 和 MCAS 研发的关键时期担任董事会成员，但他没有承担任何责任。他曾支持任命穆伦伯格，但他公开否定过这位前任首席执行官。尽管所有的证据都表明波音公司设计了一款存在致命缺陷的飞机，导致数百人死亡，但卡尔霍恩仍将责任归咎于飞行员。他好斗、不悔改、浑身上下都带着几十年前从韦尔奇那里学来的 A 型人格的自命不凡。这种相似性令人印象深刻，无法忽视，连受害人家属都感受到了。

埃航 302 航班上有一名叫萨米亚·斯图莫的乘客，来自马萨诸塞州，年仅 24 岁，是个聪明又满怀理想的年轻人。她的父母是迈克尔·斯图莫和纳迪亚·斯图莫，叔叔拉尔夫·纳德是长期从事消费者权益保护的活动家，多年来一直抨击航空公司和美国联邦安全局。第二次坠机事故后，纳迪亚和迈克尔成了受害者家属群体的组织者，致力于追究波音公司的责任。他们都很了解 737 Max 和 MCAS 系统的技术细节。迈克尔直言不讳地批评波音的企业文化，纳迪亚则在国会听证会上与穆伦伯格对质。卡尔霍恩接任首席执行官后不久，迈克尔为《今日美国》撰写专栏文章①，质疑新任首席执行官是否胜任。他担忧的原因何在？"因为卡尔霍恩曾在通

---

① 参见迈克尔·斯图莫 2020 年 1 月 17 日在《今日美国》（*USA Today*）发表的文章《波音 737 Max 坠机事故夺走了我的女儿。波音董事会和首席执行官让情况更加不容乐观》（"A Boeing 737 Max crash killed my daughter. Boeing's board and CEO don't inspire optimism"）。详见：https://www.usatoday.com

用电气的杰克·韦尔奇手下工作过，”他写道，“当时通用电气的经营方式正从制造伟大产品转向以金融业为导向。”

737 Max 在五个月内两次坠毁，原因不止一个。迎角传感器失效，MCAS 系统只依据单个传感器数据就作出判断，飞行员手足无措，在可以避免灾难发生的关键几秒钟内无法正确应对，等等，都是引发悲剧的原因。然而这些只是压倒骆驼的最后一根稻草，这场灾难终究难以避免。事实上，自从波音背弃工程制造、将注意力全部投向短期利润，这家企业就一直在滑向这样的时刻。斯通塞弗、麦克纳尼、穆伦伯格、麦克阿里斯特和卡尔霍恩作出的所有决定都催生了一种支离破碎的文化，这种文化反过来制造出了有缺陷的飞机。韦尔奇主义感染了这家伟大的美国航空业巨头，杀死了 346 人。

“一个是唐纳德·特朗普，一个是杰克·韦尔奇”

数十年来，杰克·韦尔奇或多或少、或直接或间接地为唐纳德·特朗普的崛起推波助澜，与他合作房地产生意，为他提供信誉担保，在竞选总统和担任总统期间支持他。他们以同事和朋友的身份相处，这两个自大狂利用了彼此的财富和信誉，各取所需。韦尔奇聘请罗杰·艾尔斯执掌 CNBC（福克斯新闻台由此诞生），第二年便开始与特朗普做生意。1994 年，通用电气公司养老信托基金（通用金融的一部分，主要为公司退休人员管理储蓄存款）与这个房地产大亨合作，在纽约中央公园西南角改造了一座塔楼。2004 年，当时仍隶属通用电气的 NBC 收购了《学徒》节目，为特朗普提供全国性平台和新的财富机器。

韦尔奇热爱《学徒》节目。"当我和苏茜及她两个孩子躺在床上看这个节目时，我就知道它肯定会成为热门节目，因为他们总会情不自禁地跟着节目里的人大喊：'你被解雇了！你被解雇了！'"韦尔奇说，"那可真是一记漂亮的全垒打。"[①] 这个节目是对他本人生活的超现实模拟，他可以坐在自家舒适的沙发上观看裁员。对特朗普来说，这个节目是一场首席执行官角色扮演，让他尝到"中子杰克"曾经拥有的实权的滋味。而当韦尔奇需要推销杰克·韦尔奇管理学院时，就去特朗普的《学徒》节目客串，他还在另一档名为《今日秀》的节目中担任嘉宾。

他们各自有一些让对方梦寐以求的东西。韦尔奇喜欢媒体的噱头，但他厌恶媒体对他的审视。对韦尔奇来说，特朗普是一个完美的名人，一个刀枪不入、一周七天二十四小时都在散发成功光环的大明星，在争议声中起舞，从一个不可能的冒险到另一个，而且似乎每一步都在赚钱。特朗普远没

---

① 参见《新闻周刊》2004 年 2 月 29 日刊文《特朗普眼中的世界》（"The World According to Trump"），作者基思·诺顿（Keith Naughton）。详见：https://www.newsweek.com

有他在电视节目中所扮演的商人那么成功，在他看来，韦尔奇才是首席执行官的终极化身，是全球最值钱企业的掌舵人。

他俩似乎也很享受与对方相处，时常结伴四处闲逛，一起观看新英格兰爱国者队的比赛。这是一种互相仰慕的交情，他们向任何愿意倾听的人吹捧对方。2004 年，韦尔奇听闻特朗普的新书拿到 500 万美元预付金，比自己拿到的 400 万美元多了 100 万美元时，前任首席执行官耸了耸肩，带着些自嘲的口吻说："与唐纳德·特朗普相比，杰克·韦尔奇不过是个小角色。"① 而在金融危机期间，特朗普曾在福克斯新闻台的节目中建议任命韦尔奇为监督汽车行业复兴的总统特使。简言之，特朗普就是韦尔奇在娱乐圈里的自我投射。就连狡猾、腐败的政治特工罗杰·斯通都注意到了他俩的相似之处。"我们的私营企业里孕育出了我们最伟大的头脑。一个是唐纳德·特朗普，一个是杰克·韦尔奇，还有一个是沃伦·巴菲特。"斯通曾在 2007 年对福克斯新闻台的主持人塔克·卡尔森说，"他们都是最伟大的谈判家，也是我们社会中最了不起的家伙"。

在奥巴马总统第二任期内，韦尔奇与特朗普之间的亲密关系比他想象得更重大。他长期出现在特朗普左右，逐渐成

---

① 参见《纽约邮报》2004 年 2 月 6 日刊文《韦尔奇在出版交易方面输给了特朗普》（"Welch Book Deal Trumped"），作者基思·凯利（Keith Kelly）。详见：https://nypost.com

了他的支持者，像很多人一样，为这个房地产商披上了合法外衣，继而赋予其权力。特朗普不止一次被问及会选择哪些人组成内阁，而他每次都表示一直把韦尔奇看作未来的财政部长人选。对此，韦尔奇声称，假如真被提名，他会拒绝，就像他自称曾经拒绝过里根内阁和布什内阁的邀请那样。当时韦尔奇年事已高，健康状况欠佳，脾气也比以前更暴躁，但他仍毫不犹豫地选择支持特朗普。"凡是他露面的节目，我几乎每期必看。"①韦尔奇对 CNN 记者说。接着，他继续吹捧特朗普的商业诚信："他的确能把事情干成。"

2016 年，总统竞选进入最后阶段时，韦尔奇公开表示，特朗普作为一名支持自由市场的共和党人，胜过任何一名民主党候选人。"我认为，他会带来更多工作机会和更宽松的监管。"②他说。随着大选临近，韦尔奇再次参加 CNBC 的节目，为特朗普宣传造势。他喜欢特朗普对工会采取的强硬态度，相信他会以"中子杰克"的方式缩减联邦劳动力。"我希望特朗普这样的商界人士能进入庞大的官僚体系，包括国防和所有政府部门，给它们瘦瘦身。"韦尔奇还宣称环保部门已经

"失控"，特朗普比希拉里·克林顿更有可能解决公共教育问题，说希拉里"欠着工会的人情"。他还认为美国已经被"淹没在监管之中"，还重复了特朗普关于打击移民的呼吁。

特朗普欣然接受韦尔奇的奉承，还争取到他的信用背书。然而在竞选过程中，他抨击那个在韦尔奇的引领下创造出来的"新世界"，把自己定位为受压迫工人阶级的捍卫者。这个电视真人秀明星当然不太可能是工人的救世主，他其实是个发型一丝不乱、假装关心普通人的亿万富翁。但特朗普巧妙地把瞄准了那些被通用电气等大企业抛弃的城市里正在蔓延的幻灭情绪。"我们工人的忠诚得到的回报是背叛，"他在竞选期间一场重要的关于经济问题的演讲中称，"我们的政治家积极推行全球化，把我们的工作机会、财富和工厂转移到墨西哥或其他国家……全球化让那些给政客捐款的金融精英赚得盆满钵满，留给我们数百万工人的却只有贫穷和痛苦……政客们剥夺了民众赖以谋生和养家糊口的工作机会，熟练的工匠、商人和工厂的工人只能眼睁睁看着他们热爱的工作被转移到了数千英里之外……全球化浪潮消灭了美国的中产阶层。"特朗普竞选材料里的每句话看上去似乎都是对韦尔奇主义的驳斥。

历史学家可能要花费数年才能弄明白特朗普当选的复杂原因。种族、性别、民族主义和媒体都在其中发挥了作用。但同样不容置疑的是，特朗普的很多选民都曾在通用电气的工厂工作过，后来陷入困境。美国制造业的解体、中产阶层的空心化、工厂岗位被服务业取代……这一切都在无数选民心中播下了深深的不满情绪。特朗普或许根本无意去满足他们的诉求，却抓住了他们的愤怒，将这种愤怒化作竞选活动的燃料。

然而当特朗普试图进一步挖掘导致这些问题的根本原因时，却没能抓住要害。虽然他指出华盛顿尤其是民主党人才是罪魁祸首，但实际上最应该受到谴责的是韦尔奇这样的企业高管，是这些企业高管而不是国会议员下令关闭了俄亥俄州的工厂、把制造类工作机会转移到了墨西哥，狠狠压低了工资水平。正是韦尔奇、伊梅尔特、纳德利、麦克纳尼这些人扭转了财富的流向，把巨额财富要么汇入自己的银行账户，要么汇给华尔街的银行家，而不是斯克内克塔迪等地的工人大众。通用电气是第一家背叛劳工阶层的美国大企业，在许多地区发动了对当地经济的缓慢腐蚀。此外，政客也应受到谴责：长期以来，大多数共和党人一直在支持自由贸易、自由市场、削弱工会和减少监管。2016 年大选期间，大多数选民似乎已经不在乎自己不满的根本原因，重要的是有人公开承认了绝望。四十五年来，白人工人阶级的地位不断下降，如今终于有个人站在他们这一边，理解他们的处境和愤怒了。然后还有韦尔奇这样的名人为这个人摇旗呐喊，成千上万心怀愤懑的蓝领工人便人人头戴一顶"让美国再次伟大"的帽子，前去参加特朗普的竞选集会。特朗普难以置信地赢了。

特朗普正式就职后不久就在白宫召见了韦尔奇。"我们的会面棒极了！"[1] 韦尔奇在白宫南草坪对福克斯商业频道的记者说，"自 1980 年以来，我多次拜访过白宫。不过，这次是我第一次参加总统会议，就像与一个同行交谈。"这是一句俏皮话。他似乎在说，在他见过的所有美国总统中，只有特朗普让他感到和自己很像。

不久，韦尔奇声称民主党人"捏造"了特朗普竞选团队与俄罗斯私下串通的所谓"通俄门"事件，称特朗普是一个天赋异禀的总统。"这位老兄会卷起袖子讨论实际问题，他对每个问题了解之深令人惊叹。"韦尔奇与新总统再次会面后这样评价。这是阴谋论者韦尔奇的又一次公开表演，不过这次他不再胡言乱语奥巴马政府捏造就业数据了，而只顾不停地美化特朗普。"世纪经理人"被千禧年骗子骗到了。

特朗普上任数月后，韦尔奇在电视上对特朗普赞不绝口。"在政策和内阁提名方面，我要给他打个 A。"他说，"他挑选的人都不错。"接着，他赞扬教育部长贝齐·德沃斯和环境保护署署长斯科特·普鲁伊特，前者致力于让公立学校得不到资金，后者不久因深陷丑闻而辞职。"在激励商界士气、国家

---

[1] 出自韦尔奇 2017 年 2 月 3 日在福克斯新闻台节目《杰克·韦尔奇：我们与特朗普的会面棒极了！》(Jack Welch: We had a "hell of a meeting" with Trump)。详见：https://www.youtube.com

士气、国家精神方面，我认为他应该得一个 A。"①韦尔奇的连番夸奖让特朗普深感陶醉，也为韦尔奇在特朗普的小圈子里赢得了一席之地。

特朗普赢得大选之前，主流大企业领导者们基本上对他不屑一顾。即使在竞选期间，也很少有人表达过对他的支持。然而，特朗普刚上任就成立了两个顾问组，成员都是名声显赫的大企业首席执行官，一致对外宣称要为新总统提供经济方面的建议。其中战略与政策顾问组的成员名单简直是全美大企业首席执行官名人录，包括摩根大通的杰米·戴蒙、沃尔玛的道格·麦克米伦、通用汽车的玛丽·巴拉等行业领军人物。韦尔奇自然位列其中。但这些顾问组实际上从未发挥过什么作用。首席执行官们在白宫齐聚一堂，主要充当与总统合影的背景板。这些聪明的商业头脑聚在一起没能规划任何战略，也没有任何明确的政策。总之，这场游戏并未持续太久。

2017 年 8 月 12 日，白人种族主义者在弗吉尼亚州夏洛茨维尔举行示威游行。他们手持火把和纳粹标志，身穿支持特朗普的竞选服装，头戴"让美国再次伟大"的帽子，在街头制造了一场骚乱。一名反对者被打死。暴力事件发生

① 出自韦尔奇 2017 年 5 月 17 日在 CNBC 节目《杰克·韦尔奇：在管理和官僚体制方面，我给特朗普的打分是 "D"》(*Jack Welch: I Give Trump a D-on Management and Bureaucracy*)。详见：https://www.youtube.com

后，特朗普煞费苦心地强调"'双方阵营'中都有'非常好的人'"。这种模棱两可的态度引发了新闻舆论场的车轮大战，先是民主党人严厉谴责特朗普是不辨是非的领导人，共和党人也跳出来找借口或干脆假装没听到特朗普的话。然而所有人之中，只有首席执行官们鼓起勇气采取了行动。

起初只有一个人。在特朗普发表"双方阵营"论的第二天，默克公司首席执行官肯·弗雷泽——祖父出生于奴隶制时代的非洲裔美国人——宣布将退出总统的某个商业顾问组。"美国领导人必须尊重我们的基本价值观，明确批评那些带有仇恨、偏见和族群至上主义色彩的观点，因为那违背了人人生而平等的美国理想。"弗雷泽称。他的批评当即引发特朗普在推特上猛烈回击："现在，默克制药公司的肯·弗雷泽已经从总统制造业顾问组辞职。所以，他应该会有更多时间去降低仿制药的价格！"但弗雷泽的举动似乎给了其他首席执行官行动的勇气，或者至少有了借口。几天后，首席执行官们几乎以全票通过，决定解散那些顾问组。只有极少数人打算继续支持总统，他们认为，无论特朗普的言论有多出格，放弃一位坚定支持商界的总统都不是合理选项。这些支持者包括波音前首席执行官、通用电气最高职位之战中的亚军吉姆·麦克纳尼和韦尔奇。

在特朗普发表有关夏洛茨维尔那番讲话后依然支持他，需要一种特殊的忠诚。虽然他在白宫西翼的追随者们设法证明继续支持一个为白人至上主义提供掩护的总统是合理的，但这种忠诚未必是对特朗普本人的忠诚。单就韦尔奇和麦克纳尼而言，他们更像是对特朗普全盘接受其经济优先事项（降低税收、减少监管）的忠诚。企业高管真的会因为特朗普对新纳粹分子表现出明显同情就放弃这些经济政策吗？对大多数主流企业的首席执行官来说，答案显而易见：结束了。但对麦克纳尼和韦尔奇来说：情况还不明朗。他们明白，特朗普也许在道德上名声不佳，但他毕竟是"自己人"。

韦尔奇和麦克纳尼的反对无法挽留特朗普的商业顾问组，但这并不重要。虽然新总统上台时承诺要处理霸主企业并授权给劳工，但一上任就反其道而行之了。他的主要政策成就是对税法进行全面改革，但并不触及大企业和富人的利益。相反，他不仅大大降低跨国公司和小型房地产投资者的纳税额，还刺激离岸外包，刺激企业把利润转移到国外。他还撤销了环境法规和对工人的保护，阻止工人获得更多话语权。他执政后，工作场所的安全检查越发松懈，企业更容易逃避向工人支付加班费，农民的工资也降低了。韦尔奇主义似乎正在全美国范围内上演。这么多年过去了，"中子杰克"塑造的不再只是商业世界。随着他的老友唐纳德·特朗普入主白宫，他的价值观开始影响所有美国人的生活。

第八章　超越韦尔奇主义

"一种更负责任的商业模式"

　　如今，辨别韦尔奇主义在哪些企业中扎根并不特别困难。在整个职业生涯和退休时期，他的影响力无处不在，以至于通用电气式的经营方式成了美国企业的常态，从亚马逊到波音、卡夫亨氏……概无例外。我们很难找出那些主动抵制诱惑、不追随他的企业，但毕竟还是有的。展望未来时最重要的一点是要认识那些勇于探索不同发展路线的首席执行官，让他们来提醒世人，当领导者能够超越底线绩效评估时，将会拥有怎样可能的未来。

　　2009 年，荷兰人保罗·波尔曼接管了英荷合资快消品企业联合利华。最初，几乎所有人都以为他不过是又一个靠提高跨国公司利润而获得个人成功的传统高管，毕竟在加入联合利华前，他曾在宝洁供职数年，还曾担任雀巢公司的首席财务官。然而波尔曼以其独特的经营理念开始了这份工作。步入商界之前，他曾在神学院学习过，希望成为耶稣会牧师。若不是因为他就读的神学院因为缺乏生源而不得不关闭，他很可能已经完成了学业，成了一名神职人员。辍学后，波尔曼转投商界，在逐级晋升的过程中，他把自己在教会养成的同理心带到了商界。

波尔曼接手时，联合利华正处于困境，刚从金融危机中勉强恢复，但步履维艰，销售额急剧下降。但波尔曼坚信这家企业拥有光明的未来和强大的品牌，毕竟旗下拥有多芬香皂、本杰瑞冰激凌等多款经典产品。他也明白联合利华需要一次艰难的重启。为此，他试图带领公司回归根本。联合利华是由 19 世纪晚期的英国企业家威廉·利弗勋爵创办的。利弗起初在英格兰南部的阳光港建了一家工厂，开始大规模生产肥皂，他还在工厂周边建了一座小镇，为员工提供医疗保健、福利和娱乐。"他在工厂完全开工前就建好了阳光港，为员工提供住房，"波尔曼说，"第一次世界大战时，他招募到的志愿者最多，因为他保证为员工发放工资、提供就业保障、帮扶遗孀。他在阳光港禁烟禁酒，提高了当地人的预期寿命。他大力提倡六天工作制，在英国引入养老金制度。他把这些价值观带到了企业，他相信共享繁荣。"①

上任后没多久，波尔曼就带领管理团队前往阳光港进行为期数天的休养。他打算在那里重拾一个世纪前曾让联合利

---

①　参见《纽约时报》2019 年 8 月 29 日刊文《他经营着一个生产肥皂和蛋黄酱的帝国，现在他想改造资本主义》（"He Ran an Empire of Soap and Mayonnaise. Now He Wants to Reinvent Capitalism"），作者大卫·盖勒斯。详见：https://www.nytimes.com

华充满活力的仁慈精神。波尔曼相信联合利华这样的企业能同时兼顾发展业务和善待员工。他认为，即使一家大企业在生产过程中使用了大量资源也能对自然界产生积极影响。因此，在阳光港，除了正常的业务讨论，波尔曼还与高管们一道回顾利弗勋爵的历史，回顾是什么让联合利华成为一家伟大的企业。他和团队提出了一个雄心勃勃的愿景：在不破坏环境的前提下实现自身发展。也就是说，即使公司业务不断扩大也会努力减少使用自然资源。"追根溯源，我找到了推行变革的动力，"波尔曼说，"我们需要一个更负责任的商业模式。"

他透露，当初接手联合利华时，他发现这家公司正在玩弄通用电气和其他许多企业都已娴熟无比的利润管控把戏，想方设法粉饰季报来取悦华尔街。"我们也那样做了，"他说，"一切都被季报支配着。要缩减开支，一个月后再来一轮，或者去做一些不符合公司最大利益的事。我想摆脱这种状态。我们要为人们创造一个各方都获益的环境。你无法靠短视地关注季报来解决贫困、气候变化或粮食安全等问题。"

波尔曼需要向市场发出一个信号，表明他对变革的认真态度。股价回落后不久，他宣布联合利华将停止发布季报指导。他是在提醒华尔街，明确表示他不再接受用短期业绩来衡量公司价值的做法。联合利华的股价大幅下跌，投资者纷纷抛售这家似乎不再专注于底线考评的企业股票。然而随着时间推移，联合利华的股东群体转变了，一些更有耐心、新的投资者开始购入该公司股票。不出四个月，公司股价就开始上涨。

被问及为何不再发布季报预测时，波尔曼提到韦尔奇："我们必须摆脱季度报告和季度行为的激烈竞赛。"他说，"许多企业操纵行为，操控支出，来避免与预期不符。杰克·韦尔奇在他的自传中曾谈到，通用电气一次又一次地完成了季报预期，只有两次因为差一分钱而未能达标，这是多么棒。"他直言不讳地指出，韦尔奇这个前通用电气首席执行官全靠财务魔术才能公布如此亮眼的业绩。"假如他真有那么棒，那他应该在拉斯维加斯。"在波尔曼眼中，韦尔奇不过是个赌徒。

波尔曼制订了一项雄心勃勃的计划，致力于减少联合利华的碳排放，减少企业给地球带来的负面影响，并寻找能对人们生活产生积极影响的新领域。在他的领导下，联合利华减少了对棕榈油的使用，因为棕榈油会对热带雨林造成损害。他转向有机作物，连赫尔曼蛋黄酱这样的美国人日常食品也不例外。他开始提高工人工资，向供应商支付更多报酬。这些努力都需要投入成本，但也得到了回报：开始从竞争对手那里夺取市场份额；消费者愿意支持一家有良心的企业；员工们士气高涨，积极投入工作。

即将退休时，波尔曼面临一份魔鬼契约的考验。食品巨头卡夫亨氏主动向联合利华提出收购要约，拟议交易价值高达 1430 亿美元，很可能让波尔曼变得富可敌国，联合利华的股东们所持资产也将获得巨额增值。在 3G 资本看来，收购联合利华能让他们大赚特赚，因为这家企业拥有遍布全球的庞大业务网，削减成本的空间巨大，能榨出无尽的财富。假如合并成功，卡夫亨氏将成为全球最大食品公司之一，完美实现韦尔奇所谓"行业内数一数二"的目标。这笔交易还具有深远的象征意义：最信奉韦尔奇主义的企业吞并了谋求新发展路线的少数派企业。

然而巴西人错判了对手。波尔曼在可持续发展和企业善治方面深耕十年，建立了十字军战士般的声誉，他断然回绝了这一提议。除了报价太低，联合利华还明确表示，他们几乎不考虑这笔交易。波尔曼与巴西人的经营理念截然相反，波尔曼不打算把联合利华卖给卡夫亨氏和 3G 资本的隐形韦尔奇们。"这纯粹是一笔金融交易，表面看来很有吸引力，但实际上代表了两种相互冲突的经济体系。"波尔曼说，"联合利华追求长期发展，专注于我们所服务的数十亿人；卡夫亨氏显然只关心少数聪明的亿万富翁，该公司在人权指数、减少森林砍伐等方面都排名垫底。卡夫亨氏的理念是削减成本。"[1] 这不啻是对 3G 资本的一记响亮回击。波尔曼在董事会

---

[1]　同上，见第 283 页。

的支持下坚持了原则，卡夫亨氏悻悻而归。至少在那一刻，韦尔奇主义商业理念遇到了对手——这个前神学院学生经营企业时不会只考虑股东回报和自己的股票期权。

波尔曼拒绝收购要约后，接下来的几年里，卡夫亨氏股价暴跌。缺乏对新产品的投资、员工积蓄不满、财务反复无常的企业文化让这家公司渐渐陷入困境。与此同时，联合利华的股价持续上扬，表现优于同行，让 2019 年退休的波尔曼意气风发。他在每件事情上都选择了与韦尔奇相反的做法。他的成功证明了做生意还有另一种方式，进一步证明了韦尔奇主义不是一种制胜策略。拒绝卡夫亨氏多年后，再次回顾这笔交易，波尔曼不禁看起了好戏："从那时算起，他们的股价下跌了 70%，还面临有关报告的法律纠纷。我们的股价上涨了大约 50%。有些人认为贪婪是好事，但事实一再证明，慷慨终将是更好的选择。"

波尔曼接管联合利华时是业界异类，是少数敢于质疑现状、设定雄心勃勃的目标、减少企业对世界造成伤害的首席执行官之一。如今他有了众多同路人。过去十年间，他与许多企业领导者一同找到了反击韦尔奇主义的方法，他们的努力从联合利华欧洲总部延伸到了硅谷科技园。在线支付平台贝宝于 2015 年从易趣网分拆出来单独上市，首席执行官丹·舒尔曼尝试改变公司与员工的关系，第一步就从员工薪酬开始。

2014 年，舒尔曼接手贝宝时也接受了硅谷的理想主义话语，鼓吹企业的使命感，认为科技能解决世界上的一切问题。"作为一家企业，我们的使命是努力让资金的管理和流动民主化——从根本上说，管理资金并使之流动应该是所有公民的权利，而不仅仅是富人的特权。"舒尔曼说，"这是一种包容性很强的理念。我们之所以秉持这种理念，是因为世界上还有这么多人无法通过金融体系获利，每到月底都在努力维持收支平衡。"[①] 他还指出，这并不仅仅是发展中经济体所面临的问题："顺便说一句，这相当于美国成年人的三分之二，总计约 1.85 亿人。"

舒尔曼原以为贝宝的大多数员工都较为富足，毕竟这家企业的市值超过 1000 亿美元，而硅谷科技巨头素来又以薪酬慷慨闻名。但直到 2017 年，他才了解到贝宝的许多基层员工很难靠薪水维持生计。于是公司设立了一项 500 万美元的专用基金，帮助遭遇意外财务危机的员工。基金一经宣布就收到铺天盖地的申请。舒尔曼说："我们发现，越来越多的紧急求助是出于日常琐事，比如意外的高额医疗费账单、助学贷款或者车子出了故障。"

次年，贝宝决定对低薪员工和新员工进行调查，调查对象包括许多在呼叫中心工作的男性和女性，约占公司总数的一半。舒尔曼满怀希望地参与了实际调查。"说实话，我之所

---

① 出自本书作者 2021 年与丹·舒尔曼的谈话。

以参加，是因为我觉得调查结果将令人满意。贝宝是一家高科技企业，我们在世界各地招聘时都会遵循当地的市场价，甚至出价更高，因为我们想吸引真正优秀的人才。"

但事实并非如此。约三分之二的受访者表示他们在两个发薪日之间日子过得非常拮据。"我们收到了调查结果，我大吃一惊。我们的小时工——比如呼叫中心的员工、新员工——与就业市场上的其他人一样，都在为了维持生计而苦苦挣扎。"舒尔曼惊呆了，"调查结果告诉我，对我们大约半数的员工来说，市场价薪酬毫无意义，资本主义行不通。"在全世界最赚钱的企业里，竟有超过 1 万名员工的收入几乎无法满足日常生存需要。他说："我们发现，很多员工们每天都要在各种必要支出上做取舍，例如，要么花钱购买医疗保健，要么用来养家糊口。这简直太荒谬了。"

舒尔曼决心做些什么。但他明白，不能指望多发点儿奖金就能解决问题。相反，他需要一些数据，一些能评估贝宝设计的干预措施是否奏效的数据。他想找到一种方法去衡量"员工的财务健康状况"，而不仅仅是依据当地的最低工资标准、该标准在当地对应的购买力等基础指标。花了几个月的时间，贝宝与学术界、非营利组织合作，创建了新的衡量指标：NDI（净可支配收入）。舒尔曼解释说，这相当于"一个人付完所有税款和基本生活花销（住房、食物等费用）之后，手上还能剩下多少钱"。

据贝宝及其合作伙伴估算，20% 的 NDI 大约是一个家庭维持日常生活的最低限度。即除去住房、食物等基本开支和医疗费用、学习用品、服装等经常性开销，仍然能有些积蓄。有了这个新指标，舒尔曼的团队又重新审视了调查数据。结果不容乐观：大约半数贝宝员工的 NDI 仅为 4%。也就是说，付完基本生活支出，他们手上就所剩无几了。面对这样一份残酷的统计数据，舒尔曼又制定了一个新目标：让所有贝宝员工的 NDI 达到至少 20%。当然，要达成这个目标不可能一蹴而就。于是贝宝首先为低薪员工制订一个包含四项内容的财务健康计划。这在大企业中是独一无二的。

第一步，贝宝提高 NDI 指数较低员工的工资。虽然公司已经支付了高于最低工资标准的薪酬，但显然远远不够。因此贝宝再次上调呼叫中心工作人员的时薪。

之后，公司允许所有员工甚至包括刚入职的新人都有机会持有公司股票。这绝不是象征性地做做姿态。考虑到股票升值能创造出不成比例的高回报，这可能是普通员工能积累真正财富的一种有意义的方式。不出所料，推出这一计划后，贝宝股价一年内翻倍。

接下来，贝宝为员工推出了一项全面的金融教育普及计划，提供有关储蓄、投资和理财方面的指导。至此，所有这些都超出了大多数大企业提供给员工的待遇范畴，但舒尔曼随后又迈出关键性的一步。

财务健康状况调查中有一个令人惊讶的发现，那就是贝宝员工的医疗费用。即使在这家全美国最赚钱的公司里工作，贝宝的员工们每个月仍必须在看病和为孩子购买教科书、在找医生开处方和给汽车加油之间做选择。健康保健方面的支出大大拉低了他们的 NDI 水平。因此，舒尔曼把收入最低的那部分员工的医疗保健支出降低了 60%。

这是贝宝最有效的干预措施。舒尔曼说："我认为，哪怕只搞定医疗保健费用这一项，对员工而言也将是巨大的解脱。"这项措施实施几个月后，公司再次对员工进行了调查。这一次，许多目标员工的 NDI 都超过了 20%，最低的也达到了 16%。

贝宝的财务健康计划最终花费数千万美元，这些钱并不是以股票回购或股息分红的形式花掉的。"这是我们对员工最重要的物质投资，"舒尔曼说，他将这种投资视为与广告、基础设施有同等意义的业务投资，"我确信，一家企业唯一可持续竞争的优势，就是员工的技能和热情。"

他认为这笔钱花得物有所值。上述计划开展后几个月，公司客户满意度上升，员工更积极地投入工作，贝宝股价继续上涨。在韦尔奇及其众多追随者眼中，劳动力是一项需要压缩到最低的成本。舒尔曼却认为，员工队伍是贝宝最大的资产。"从中长期来看，这笔投资将为股东带来回报，"他说，"认为利润和目的相互矛盾的想法是很荒谬的。我的意思是，如果你有机会从一家好公司变成一家伟大的公司，就必须拥有最优秀的员工。员工热爱他们正在做的事情，对这些事情充满热忱，就会给企业带来一切。"

　　舒尔曼和波尔曼是新一代企业领导者的代表。他们正在改写长期以来灌输到企业高管的有关如何经营企业的固有规则。他们都是所谓利益相关者资本主义的支持者，想根除目前在企业界根深蒂固的旧思想。他们面对逆境时，没有下意识地裁员，而是在员工身上投资。他们不是通过压榨社区来获取廉价劳动力，而是选择保护他们的工厂和办公室所在地区的利益。他们不把股东价值最大化看成经营企业的唯一目标，而仅仅把投资者视为利益相关方中的一员，除了他们，企业还要兼顾员工、政府、客户、供应商、环境等各方面利益诉求。总之，是韦尔奇主义的对立面。

"诚信义务的新方向"

　　在很多层面上，利益相关者资本主义是对资本主义黄金时代的致敬，是韦尔奇登场前盛行一时的集体主义精神的回归。它并不是什么新发明。事实上，即使在韦尔奇主义大行其道的时候，商业界仍有一些孤独的声音持之以恒地呼吁采取更重视整体利益的管理方法。德国学者、世界经济论坛创始人克劳斯·施瓦布数十年来一直倡导这种精神。五十年来，世界经济论坛一直在瑞士达沃斯召集政界人士和企业高管闭门探讨各种议题，只有受邀者才能出席。

1971 年，当施瓦布开始举办达沃斯年度会议时，他找到了一种方法，能明确解释其商业和社会思想。他重新拾起1932 年由小阿道夫·A.伯利和加德纳·C.米恩斯合著的《现代公司与私有财产》①一书中提倡的精神，呼吁企业不应把股东放在首位，而要多去关注给员工、环境和整个社会造成了什么影响。在以往的四十年里，虽然施瓦布提出的利益相关者论在大多数时候不得不让位给韦尔奇及其信众所鼓吹的理念，但近年来，随着大企业的负外部性不断外溢，施瓦布的观点重新回到人们的视野中，成为企业领导者思考如何履行其职责的替代性框架。

利益相关者运动引起关注的第一个信号是共益企业的出现。2006 年，少数理想主义资本家发起共益企业运动，他们设计出一种体系，用于衡量企业对员工、环境、社会的整体影响。企业可以申请认证，假如被认定为在道德层面上合乎标准，就被允许在自家产品上印上共益企业标志。这在很大程度上是作秀。这种认证没有约束力，难以衡量客观性，对大企业来说几乎不可能实现。尽管如此，当时一些有抱负的企业正在寻找新的方式脱颖而出，这种认证便逐渐流行开来。

---

① 原书名 *The Modern Corporation and Private Property*，中文版由商务印书馆于 2005 年出版。——译注

户外服装品牌巴塔哥尼亚、家用环保产品厂商第七代等都与该组织签订了协议。甚至某些大型企业，如法国乳制品制造商达能、巴西化妆品制造商纳图拉，也都设法获得了共益企业认证。

这些最初从营销层面发起的尝试最终推动了监管层面的变化。部分归功于公益企业运动，如今的企业又多了一种可以在美国注册的新名头：公益型企业。虽然大多数营利性企业都以所谓 C 类企业的形式创办的，其公司章程中也规定了公司董事和高管必须遵从"符合公司最佳利益"的行事标准，但实际上，所谓"最佳利益"并没有具体定义。与之相反，公益型企业章程中却提出了相当明确的要求，例如要求企业必须明确承诺将会对社会施加积极影响、善待工人、保护环境和所在社区等。2010 年，马里兰州成为美国第一个允许成立公益型公司的州。十年后，美国几乎所有的州都通过了相关立法，允许企业选择公益型发展路线。一些知名企业如众筹网站 Kickstarter 和巴塔哥尼亚等都已成为公益型企业。

公益型企业的管理者将一套全面的优先选项写进了公司管理规范，借此将自己所信奉的价值观升华为企业信条，同时谴责那些仍把追求短期利润最大化视为公司应尽义务的观念。正如巴塔哥尼亚公司创始人伊冯·乔伊纳德引领其公司转型为公益型公司时所说的："公益型企业通过内部立法建立起一套法律框架，使得巴塔哥尼亚这样的使命驱动型企业能通过人事更迭、融资甚至所有权变更，通过将创始人的价值观、文化、流程、高标准等制度化等手段，保持公司的使命感和驱动力。"[1]

股东至上论在其他方面似乎也在失去对市场的控制。近年来，包括全球最大资产管理公司黑石在内的少数主流投资者开始鼓励企业不要将利润视为衡量成功与否的唯一标准。很长时间以来，黑石曾靠毫无顾忌地追逐利润最大化，实现了快速增长。假如黑石投资的企业能提高季度利润，黑石自身当然能获取更多回报。因此黑石公司的投资经理一直敦促企业要不惜一切手段提高投资回报率。然而自2014年起，黑石首席执行官拉里·芬克也开始接受利益相关者资本主义的观点。

"金融危机过后，很多企业都不愿投资企业的未来增长，这让我们深感不安。"芬克在当年写给美国企业界的一封公开信中称，"太多企业削减了资本支出，甚至不惜提高负债，用于增加分红和股票回购。"[2]在随后的年度公开信中，他再次阐释了自己的观点。他认为，企业仅仅赚取利润已经不够了。相反，如果企业想获得黑石的支持，还需要为周围的世界作

---

① 参见巴塔哥尼亚公司网站刊文《公益型公司最新动态：巴塔哥尼亚公司通过了 B 类影响力评估，得分提高到 116 分》（"Benefit Corporation Update: Patagonia Passes B Impact Assessment, Improves Score to 116"），详见：https://www.patagonia.com

② 参见《哈佛商业评论》2014 年 9 月号刊文《不会带来繁荣的盈利》（"Profits Without Prosperity"），作者威廉·拉佐尼克（William Lazonick）。详见：https://hbr.org

出积极的贡献。"社会要求企业，无论是上市公司还是私有化企业，都应服务于社会的总体目标。"① 2018 年，芬克再次撰文称："为了跟上时代脚步，保持长期繁荣发展，企业不仅要提供优良的财务业绩，还要展示它们为社会作出了哪些积极贡献。企业必须让所有利益相关方都能获益，包括股东、员工、客户和它们运营所在地的社区。"

连数十年来一直将韦尔奇奉为神明的全美大企业联合会也改变了看法。他们上一次重新修订组织宗旨时还是 1997 年，那一版修订将韦尔奇主义视为引领一切的世界观，宣称管理层和董事会的首要职责是对公司股东负责。修订后的宗旨处处突显对自由市场信条的由衷认可，再次重申美国企业所信奉的股东至上理念。即使在互联网泡沫破灭、金融危机扰乱全球市场等动荡之后，全美最有影响力的首席执行官们也从未考虑过重新评估他们的既定使命。

2019 年 8 月，全美大企业联合会忽然接受了利益相关者资本主义概念。随着特朗普入主白宫，民粹主义者对收入不平等的愤怒情绪日益高涨，加上越来越多的进步政治家呼吁制定新法规，这个国家的商业领袖们，包括亚马逊、苹果、美国银行、摩根大通、沃尔玛等企业首席执行官的态度忽然

---

① 参见哈佛大学法学院公司治理论坛 2018 年 1 月 17 日刊文《使命感》（"A Sense of Purpose"），作者拉里·芬克（Larry Fink）。详见：https://corpgov.law. harvard.edu

来了个 180 度大转弯。"虽然我们每家企业都有各自的理念，但我们对所有利益相关方的基本承诺是一致的。"声明中列举了企业应该公平、道德地对待客户、员工、供应商、社区和投资者。"为了我们的企业、社区和国家都能在未来取得成功，我们承诺为所有人创造价值。"这份新声明被视为一次突破，商业巨子们终于开始认真考虑赚钱以外的事了。

　　然而，真正的改变需要的不仅仅是漂亮话。为了根除韦尔奇主义，创造更公正的经济体系，企业领导者、董事会成员、政策制定者甚至消费者都可以迅速做出改变。

※ 提供更好的薪酬和福利 ※

　　首先，企业应承诺善待自己的员工。在薪酬方面，企业应为员工支付足以过活的工资——既能满足生活的基本需求，还能为将来存钱——这应当被视为理所当然。我们不能待在一个盈利的跨国公司员工竟会穷到申请政府免费食品券的世界里。只有当雇主承诺为员工提供保障生活的薪酬，才能消除这种荒谬的现象。大量研究表明，提高员工工资不会导致失业或通货膨胀。相反，有研究表明，提高最低工资标准能有效提高生产力，提振员工士气。简言之，善待员工的企业将获得更好发展。

此外，企业还应拿出更多利润去补贴低收入员工的医疗保健、儿童保育等。我们已经看到贝宝是怎么做的。降低员工医疗保健费用之后，员工士气高涨，个人储蓄增加，贝宝自身的利润也不断增加。想象一下，如果有更多大企业管理者效仿舒尔曼，将会产生多么大的收益？

※ 分享利润和股权 ※

在当今经济环境下，一个人仅靠领工资，哪怕是够过活的工资也不可能真正实现财富积累。鉴于此，企业应该养成与员工分享利润的习惯，这可以通过简单的利润分享计划来实现。例如上市公司达美航空公司经常从公司利润中拨出一大块，以年度奖金的形式分配给一线员工。

其他大企业有以合作方式运营的，如户外用品连锁店REI是一家私营企业，它把一部分利润分配给员工；另一种方式是发放股票或期权。在今天的经济结构中，仅靠工资很难获取真正的财富，只有通过投资才能获得。企业的股价上涨时，普通员工理应因此而获益。在这方面，有大量的研究表明，分享利润能提高工人的士气，提高生产效率，从而让企业的实力变得更强。

※ 提高员工技能 ※

企业还应当积极发挥作用，确保员工作好准备，以应对日新月异的技术需求。假如韦尔奇当初能对他的员工进行投资，提供各种新技能和高级培训，他或许可以借此提高通用电气的生产力，而不是解雇他们，去海外寻求廉价劳动力。同样，亚马逊和其他大企业也应积极为员工提供新的上升通道，让他们有机会学习更多有价值的技能，胜任更高级的职位，并让他们的薪酬随着时间推移而增加。提高员工技能既能为企业培养更具活力的劳动队伍、随时适应市场变化和技术进步，又能让员工在离开企业或被裁员时有所准备。

※ 让员工进入董事会 ※

如果一家企业诚心诚意地要服务于除华尔街投资者之外的其他利益相关者，或许可以通过在董事会中纳入更广泛的视角——包括基层员工的视角——来监督对这些承诺的落实。这种情况曾经发生过，尽管时间很短。例如在 20 世纪 70 年代，克莱斯勒曾接纳过最大工会——汽车工人联合会——的领袖进入董事会，他加入董事会后立即投票反对给首席执行官李·艾柯卡的巨额薪酬方案。[1]

---

[1]　参见《纽约时报》2019 年 1 月 6 日刊文《工人进入董事会？德国已践行数十年》（"Workers on Corporate Boards? Germany's Had Them for Decades"），作者苏珊·霍尔姆伯格（Susan Holmberg）。详见：https://www.nytimes.com

可惜克莱斯勒的尝试没有持续多久。但如今在欧洲，员工在董事会中设立代表、被称作"共同决定"的做法正在兴起。在德国，工人有权选举监事会——相当于美国的董事会——的半数成员，还可以选举员工委员会的成员，该委员会负责处理管理大量员工的具体事务，如加班、裁员等。类似的做法在美国越来越受欢迎。微软、沃尔玛等大企业中，少数股东已提议让员工进入董事会。民主党议员则更进一步，提议立法，赋予员工选举董事会 40% 席位的权利。这都是让员工在董事会争取一席之地的第一步。

※ 着眼于长期 ※

大部分上市企业无法回避季度盈利预期带来的无情压力。这种压力以最糟糕的方式扭曲了高管们的行为，刺激了他们只能作出短期决策，限制了他们将在未来数年中可能会创造价值的投资。然而，我们不止一次地看到，能创造出最大财富的往往是那些能超越眼前 90 天周期、着眼于长期规划的企业。

从事单一业务的企业想要做到这一点就必须明确拒绝市场的苛求。正如保罗·波尔曼在联合利华及其他一些大型科技公司所做的那样，采用双层股权结构，同时保持耐心，因为长期规划有时会让公司数年内盈利微薄。

企业还应采取更明智的并购方式，寻找能实现业务增长和扩张的收购目标，而不是为了分拆后榨取现金。前一种并购，不仅能让企业做决策时更为克制，在资金使用方面也会更加慎重。韦尔奇退休后的二十年间，通用电气公司向其顾问机构——鼓励他们进行并购的投资银行和白鞋律师事务所①——支付了高达 72 亿美元的费用。这些钱本可以更有效地用在其他地方。

不过，宽宏大量的企业领导者们目前也只能做到如此程度了。韦尔奇主义风行四十年已经清楚地表明，来自金融市场的压力、巨额薪酬的诱惑以及持续半个世纪的坏风气，对大多数企业领导者来说实在是太强大了，以至于难以反抗。与其单纯地寄希望于高管们改变管理模式，不如去推动那些真正能创造公平经济环境所必需的系统性改革，这需要华盛顿的政策制定者们采取强有力的行动。他们可以试着从以下几方面入手：

－ 提高最低工资标准 －

正如我们在过去半个世纪中所看到的，不能指望企业主动为工人支付公平的薪资，更不用说能跑赢通货膨胀的步伐

---

① 指美国律师行业中为最有影响力客户处理最重要事务的老牌精英律师事务所，也隐含古板、守旧的普遍印象。——译注

了。因此联邦政府必须介入，强制提高最低工资标准。假如最低工资标准在过去半世纪里能与通货膨胀保持同步，那么今天的最低工资标准将是现有标准的三倍多。这是一个拖延太久、简单易行的步骤，将直接影响几百万人的生活。

- 提高税率 -

许多富有的美国人享受着低税收，甚至比工薪阶层缴的还要少。许多企业或个人利用法律漏洞逃避几乎不纳税。虽然税收改革艰巨而复杂，但几十年来，保守的经济政策削减了税基，导致联邦和地方政府资金不足，从而助长了一系列不断恶化的社会弊病，从糟糕的公共教育到缺乏技能的劳动力，再到储蓄不足、难以应付紧急医疗情况下基本需求的家庭。税收改革是一项非常必要的纠正措施。

总体来说，我们应该对资本收益——房地产交易、股票交易等——征收更高的税，同时减少对劳动收入或其他劳动所得的税。对最富有的美国人征收财富税也可能有效。据估计，对净资产5000万至10亿美元之间的人每年征收2%的税、对净资产超过10亿美元的人群征收6%的税，将在十年内增加大约3.7万亿美元税款。

公司税也应上调，但不是全部。不利于企业雇用更多员工的税目，如工资税等，应降低税率；利润所得税，包括企业在海外获得的利润，应提高税率。其中至关重要的是，对资本回报计划——用于回购股票和派发股息的利润——则应该更严格地征税。

最后，市政当局应停止用税收优惠来吸引企业投资。假如当初没有这项刺激，波音就不会从西雅图搬到芝加哥，通用电气也不会在 2016 年从康涅狄格州的费尔菲尔德搬到波士顿，这次搬迁让他们获得了 8700 万美元的税收减免。这类激励措施很少能为当地政府带来真正的价值，通用电气的搬迁就很好地证明了这一点：他们搬到波士顿时承诺新的公司总部预计有 800 名高管入驻，公司将为此投入巨资。然而仅仅三年过后，他们就叫停了在海滨新建十二层大厦的计划，还卖出相关地块，并明确表示只在波士顿雇用 250 名员工。

– 强化反垄断措施 –

虽然现在去阻止那些让电信、航空和食品等行业竞争更固化的并购案为时过晚，但更严格的反垄断措施将有助于防止未来引发市场份额更进一步集中、最终造成整体经济活力下降的并购交易。在考虑市场过分集中的后果时，反垄断监管机构应着眼于更长远的角度，更专注地干预那些具有潜在危害性的交易。通过全面评估某项交易将会给消费者带来不利影响的可能性，包括潜在的失业风险、拉低工资水平等，而不仅仅是商品价格上涨，监管机构可能会对哪些交易值得他们关注有更广泛的评估。

- 设置高管薪酬上限 -

美国证监会已经开始要求企业披露其首席执行官与中层员工的收入比。下一步，他们应该限制企业高管的薪酬，不允许超过一定的门槛。我们想不出有什么理由一个首席执行官的年收入应当是普通员工的 300 倍甚至 1000 倍。设置薪酬上限并不会影响持有原始股、在市值上涨后靠股权获得巨额回报的创始人，但能限制企业高管的贪欲，避免造成收入不平等，最终实现让企业高管少赚一些，员工收入则提高一些。

上述种种政策，不仅更道德、更公正，而且对企业有益。无数研究表明，劳动者工资越高，整体经济发展就会越强劲；政府资金充足时，民主也会欣欣向荣；当企业处于充满活力和竞争的大环境时，将产生更多就业机会，消费者也会因此受益；当财富被普通人分享而不是被企业高管独揽时，所有人都将是赢家。相关证据比比皆是。从联合利华的保罗·波尔曼避谈季度盈利目标，进行长期投资，到丹·舒尔曼提高贝宝员工的薪酬待遇，越来越明显的一点是，当大企业善待所有的利益相关者，就能蓬勃发展。"到那时，假如企业想实现股东回报最大化，就会自动进入一种更负责的 ESG 体系 ①，一种多利益相关者受益的商业模式。"波尔曼说，他指的是环境、社会和公司治理，旨在让企业成为更好的行动者，"这是数据一直在告诉我们的，也是企业受托责任的新方向。"②

"杰克设定了一种路径"

杰克·韦尔奇于 2020 年 3 月 1 日去世。他的葬礼在纽约圣帕特里克大教堂举行。家得宝公司创始人、前通用电气董事肯·朗格尼，人称刀子、辞职后一度掌管联合信号和霍尼韦尔的前通用电气高管博西迪及曾在"9·11"事件当天采访过韦尔奇的 NBC 前主持人马特·劳尔等都出席了葬礼。亿万富翁、传媒大亨巴里·迪勒和爱国者队教练比尔·贝利奇克都是名誉护柩者。

他们是真的悲痛。很多人真心爱韦尔奇，这个人直到生命最后时刻都有众多朋党。苏茜衷心哀悼丈夫，称他有巨大的影响力，称他俩是多么努力。她在一份声明中称："领袖、

---

① 即 Environment, Social and Governance 三个单词首字母的缩写，是一种从环境、社会和公司治理三个维度评估企业经营的可持续性及其对社会价值观念影响的体系。——译注

② 参见环保商务公司（GreenBiz）网站 2020 年 7 月 22 日刊文《保罗·波尔曼：企业在一个失败的社会中不可能取得成功》（"Paul Polman: 'Businesses cannot succeed in societies that fail'"），作者迪奥娜·安德森（Deonna Anderson）。详见：https://www.greenbiz.com

商业偶像、管理天才……虽然这些他都当之无愧，但比这些更重要的是，杰克是一种浑身都是爱的生命力。"①

探索通信公司首席执行官戴维·扎斯拉夫策划了与美国电话电报公司的巨额并购案，建立起自己的商业帝国。他奉韦尔奇如神明。"杰克是开路人。他看得见全世界。他凌驾于全世界之上，"扎斯拉夫说，"他在通用电气的发明成了今日企业的运作方式。"②

摩根大通首席执行官杰米·戴蒙是他那一代最坚忍、最受尊敬的商业领袖之一。他把韦尔奇描述成了道德楷模。"他高屋建瓴，总是为企业、为国家做正确的事。他为首席执行官树立了标准，不仅体现在他如何经营企业、如何当一名传奇领袖，还体现在他的高度诚信、宽广胸襟和战略眼光。"③

没有一个哀悼者稍微想到韦尔奇任内成千上万的失业者，也没有人提到他如何裁减员工、亏本并购、虚报利润。盟友们隐瞒了他遗留物中令人憎恶的部分，帮他延续圣人神话。

---

① 参见 CNBC 网站 2020 年 3 月 2 日刊文《通用电气前 CEO 杰克·韦尔奇逝世，享年 84 岁》("Jack Welch, former chairman and CEO of GE, dies at 84")，作者马蒂·斯腾伯格（Marty Steinberg）。详见：https://www.cnbc.com

② 参见雅虎新闻 2020 年 3 月 2 日刊文《杰克·韦尔奇去世：传奇的通用电气首席执行官止享年 84 岁》("Jack Welch Dies: Legendary General Electric CEO Was 84")，作者吉尔·戈德史密斯（Jill Goldsmith）。详见：https://www.yahoo.com/now

③ 参见路透社 2020 年 3 月 2 日刊文《特朗普及商业领袖们就杰克·韦尔奇过世发表看法》("Trump, business leaders comment on Jack Welch's death")。详见：https://www.reuters.com

然而还是有一个崇拜者不希望世人忘记韦尔奇的真面目。听闻他去世的消息，特朗普总统发了一条推文，向这个老朋友兼合作人致意。但特朗普没能夸在点子上，反而把韦尔奇看不上的绰号当成荣誉勋章："再也没有中子杰克这样的企业领导者了，"特朗普在推文中写道，"他是我的朋友，也是支持者，我们一起完成了很棒的交易。"

葬礼当日，恰逢新冠疫情在美肆虐，此后一年多，再无如此规模的商业名流聚会。短短几周内，全球大部分地区的经济都陷入停滞，旅游业几乎停摆。餐馆纷纷停业。办公室里空空荡荡。工厂关闭了。全球供应链崩溃了。股市暴跌，大规模裁员开始了。美国的失业率飙升至15%，疫情引发的连锁效应似乎看不到尽头。

疫情对那些呼吁利益相关者价值观和有难同当的企业来说是一次测试，使它们有机会重拾资本主义黄金时代的精神，兑现全美大企业联合会的新承诺。敢于接受挑战的企业很少。新冠疫情暴发后的几周内，面对这场百年未有的危机，大多数企业显然都选择了继续把股东和高管的利益放在首位。尽管利益相关者资本主义的意图以及围绕这一话题所展开的种种讨论都是善意的，尽管有了加强监管的承诺，甚至有了波尔曼和舒尔曼这样的示范角色，却改变不了什么。韦尔奇虽死，但韦尔奇主义还在。

企业利润源源不断，工人却被抛弃。沃伦·巴菲特管理的多元化企业集团伯克希尔·哈撒韦公司在 2020 年实现利润 425 亿美元，却在同一年解雇了 1.3 万名员工，其中很多是车间里的工人。[①] 虽然巴菲特的企业集团现金充裕，虽然那些工人在疫情期间失去收入和医疗保险后将面临健康风险和生存风险，但这都不重要，伯克希尔·哈撒韦公司显然认为，在一个将股东价值凌驾于一切之上的经济体系中，裁员是最理性的决定。

亚马逊此时却因疫情而大量招聘。大部分人被困家中，网络购物兴起，亚马逊为满足这一激增的需求而雇了超过 10 万名工人，其股价在 2020 年几乎翻倍，创始人杰夫·贝佐斯成了有史以来首个身家超 2000 亿美元的个人，这些钱，一部分被他用于在月球上建基地，去实现他殖民火星的梦想。他的净资产在一个交易日内就增加了 130 亿美元。然而这家全球市值最高企业之一的亚马逊，并不打算与其团队的新成员分享这创纪录的盈利，大多数新入职员工时薪为 15 美元，这个数字虽然比联邦最低工资高一点儿，却不足以在美国的大

[①]　参见《华盛顿邮报》2020 年 12 月 16 日刊文《美国各大企业在疫情期间财源滚滚，却导致数千人失业》（"America's biggest companies are flourishing during the pandemic and putting thousands of people out of work"），作者道格拉斯·麦克米兰（Douglas MacMillan）等。详见：https://www.washingtonpost.com

多数城市里过上适宜的生活。贝佐斯以每小时 1340 万美元的速度积累财富时，他的新员工进入的却是一家长期被指控虐待员工、吝啬于福利、镇压工会员工的企业。

疫情期间，连白领阶层也保不住工作。受益于远程办公，许多科技企业觉得有必要在失业率创新高之际裁员，将数百万人丢进史上最不景气的就业市场。微软、甲骨文、康卡斯特、美国电话电报公司等都在疫情期间实现了销售收入、盈利和股价的快速增长，都在 2020 年裁减办公人员。有时，裁员是在首席执行官誓言绝不在危机中让任何人失业后实施的，而那个批准裁员的首席执行官往往获得 2000 万美元甚至更多奖励。

挪威邮轮在疫情的第一年亏损了 40 亿美元，解雇了 20% 员工，首席执行官弗兰克·德尔·里奥却在 2020 年收入 3640 万美元[1]。希尔顿酒店集团裁员数千人，亏损近 10 亿美元，首席执行官克里斯·纳塞塔弗却收入 5590 万美元。总体来看，在疫情的第一年，标普 500 指数成分股企业付给首席执行官的平均薪酬是普通员工收入中位数的 264 倍。事实上，首席执行官的薪酬在 2020 年的实际增幅为 16%，而普

---

[1]　参见《纽约时报》2021 年 4 月 24 日刊文《企业因疫情而承压，首席执行官们的薪酬却居高不下》（"C.E.O. Pay Remains Stratospheric, Even at Companies Battered by Pandemic"），作者大卫·盖勒斯。详见：https://www.nytimes.com

通员工的薪酬增幅不超过 2%。一项研究显示[①]，在疫情头几个月，签署了全美大企业联合会宣言的企业比那些没有签署该宣言的企业更有可能宣布裁员，承诺了为所有利益相关者服务的企业比那些没有承诺这一点的企业实际上给股东发放了更多利润。也就是说，他们口头上的道德与实际行动是相悖的。

"自疫情暴发以来"，该研究称，全美大企业联合会宣言"未能在一个开明态度至为重要的危机时刻实现企业目标的根本性转变"。上述宣言签署者之一万豪国际集团解雇了大部分美国雇员，同时继续给股东分红，给高管加薪。另一签署者梅西百货强迫大部分员工无薪休假，同时继续给股东分红。许下空洞承诺的企业俯拾皆是，以致参议员伊丽莎白·沃伦致信全美大企业联合会的领导人，斥责其虚伪。她还官方发布了新闻稿，直言全美大企业联合会："你们在 2019 年关于'促进为所有美国人服务的经济'的承诺是一个空洞的宣传噱头。"[②]

---

① 参见 2020 年 8 月 6 日大西洋月刊网站刊文《小心企业的承诺》（"Beware of Corporate Promises"），作者杰瑞·尤西姆（Jerry Useem）。详见：https://www.theatlantic.com

② 参见伊丽莎白·沃伦办公室 2020 年 9 月 17 日发文《参议员沃伦告全美大企业联合会：你们 2019 年关于促进为所有美国人服务的经济的承诺是一个空洞的宣传噱头》（"Senator Warren to Business Roundtable: Your 2019 Commitment to 'Promote an Economy that Serves all Americans' Was an Empty Publicity Stunt"）。详见：https://www.warren.senate.gov

经年累月的股票回购和分红费用让许多企业在经济快速下滑时束手无策。仍挣扎着从 737 Max 空难事故中恢复的波音公司不得不裁员 3 万人，关闭生产线，承担 120 亿美元的亏损，却仍想尽办法向首席执行官卡尔霍恩支付了 2110 万元薪酬。几家主要的航空公司在疫情暴发之前的几年里花费数十亿美元去回购股票，却在遭遇危机时缺乏现金储备，得从华盛顿拿到 500 亿美元救助才能活下来。

在通用电气，疫情造成的麻烦更多。约翰·弗兰纳里在疫情暴发前一年就已被解雇，拉里·卡尔普接任，成为这些年来通用电气第三任首席执行官。尽管他上任时有着"扭转局面的艺术家"的美名，董事会也充分信任他，但看不出来他有任何可行的方案，打从一开始就没有能力扭转通用电气不断下滑的股价。在他担任首席执行官的第一年，股价又下跌了 8%。随着疫情蔓延，航空旅行停滞，作为通用电气仅存的利润丰厚部门之一的喷气发动机，其市场需求消失了。电厂的销售额也萎缩了。总体来看，通用电气的收入一路下滑。为了保留现金，公司又开始裁员，每个部门都裁员，解雇了数万人。伊梅尔特被赶下台后的三年里，通用电气大约裁员 14 万人，接近员工总数的 45%。中子杰克时代重演，通用电气的劳动力被掏空。即使面临如此挑战，通用电气董事会也为卡尔普重拟了一份合同，内含全新的天价薪酬方案。因为这份新的长期合同，加上董事会所谓"领导力绩效股票奖励",卡尔普获得的通用电气股票市值可望高达 2.33 亿美元。

　　在疫情中苦苦挣扎的通用电气还得处理一些不光彩的旧账。2019 年,公司最终同意就次贷危机期间的不当交易与美国司法部达成和解,并支付 15 亿美元罚款。"我们很高兴这件事终于彻底结束了。"通用电气发表声明称。十年来,西方资产抵押资本发行的不良贷款被打包成证券化按揭,毒害了整个金融体系,成了通用电气挥之不去的梦魇。

　　随后在 2020 年 12 月,美国证监会宣布对通用电气处以 2 亿美元罚款,因其于 2016 年和 2017 在电力部门利润来源上误导投资者,并于 2015 至 2017 年在通用金融风险方面误导投资者。这是典型的虚报盈利,且自韦尔奇退休持续至伊梅尔任内。"投资者有权准确了解上市公司的实际经营业绩,"美国证券交易委员会执法部门负责人斯蒂芬妮·阿瓦基安称,"但通用电气披露多个业务信息时一再重复失误,在如何实现已公布的盈利、现金增长以及保险业务中的潜在风险等方面严重误导了投资者。"对此,通用电气方面既不承认也不否认,只声明"本公司的财务报表无需更正或修改"。

　　卡尔普终于在疫情暴发的一年里取得了一些突破。他卖掉了通用电气的飞机租赁业务,这是通用金融最后的遗物。此举既有象征性,也有策略性。清理完这项业务,通用金融终于彻底解散了。"今天是一个标志,通用电气将转型为更专注、更简单、更强大的工业企业。"卡尔普在交易当天表示。

韦尔奇将视线越过通用电气的传统制造业务四十年之后，该企业回归原点。韦尔奇的帝国建设到头来一文不值。

随着经济回暖，通用电气一度被重创的业务开始复苏，投资者终于看到该企业几十年前曾经的光芒：一家可靠的制造商，提供着不可或缺的工业产品。但几乎就在通用电气重新站稳脚跟的同时，卡尔普又最后一次使出韦尔奇式招数：2021 年即将结束时，通用电气宣布将一次性、完全地自我分拆。大型企业集团时代落幕了。卡尔普将电力部门和医疗保健部门分拆成新的上市企业，通用电气——正如我们所知，它实际上创造了现代美国经济——则仅仅只是一家飞机发动机供应商。

这不啻是对韦尔奇愿景的彻底否定。数十年前，他一手打造成全球市值最高公司的通用电气——拥有庞大的产业矩阵、黑盒般的金融部门和帝国主义野心——如今已无法跻身美国伟大企业之列。相反，它正被精心地细细拆解，高管和投资银行家想方设法要把他建的这栋房子的遗迹充分利用。

杰夫·伊梅尔特在南卡罗来纳家中的办公室里望着这一切，不禁为自己所目睹的一连串历史性厄运扼腕叹息。他享受作为全球最有权力的首席执行官长达十六年，像管理一个小国家那样经营通用电气，像寡头那样赚钱。如此结局令他蒙羞：通用电气支离破碎，他的声望受损，与韦尔奇的关系一落千丈。被解雇后的那几年，他也曾试图保持影响力，试图把自己打造成硅谷的大前辈。当优步创始人特拉维斯·卡兰尼克因一系列丑闻被赶下台时，伊梅尔特曾公开寻求成为该公司的新任首席执行官。他加入斯坦福大学商学院，开课讲述他如何带领通用电气度过重重危机。他还加入风险投资机构，为想要实现业务腾飞的创业者提供咨询。2021 年初，他出了本书：《如坐针毡》。

书出版前不久，我与伊梅尔特交谈了两小时，回顾了他在通用电气的任期、怎么看待韦尔奇的遗产以及他当时是怎么做的。他喜欢为初创企业提供咨询，他能够让年轻的管理者真切地体会到挣扎奋斗的滋味。"我是董事会里真正感受过艰辛时刻的那个人，"他说，"企业家是孤独的。若能有个人不是坐在那里翻报表，而是能对你说：'嘿，我明白你的感受。换成是我，会考虑这两三件事。'事实证明这很有价值。"①

伊梅尔特依然走不出那些艰难时刻。他承认通用电气在韦尔奇的领导下实际上已经停止创新。"杰克并没有引发对科技、对工程师的高度尊重。"他说。他还承认反忠诚运动损害了中产阶层，破坏了雇主与员工之间的社会契约。"我这样的首席执行官是在工资套利②时代成长起来的，那时我们觉得，

———————

① 同上，见 145 页注 ①。
② 即跨国工资套利，金融套利的一部分，通过在低成本国家进行投资并将产品销往高收入国家来套利。——译注

想把工作岗位放在哪里就放在哪里，而且依然能让人们喜欢我们。"伊梅尔特说，"那样的日子早就结束了。"

他试图证明自己是把工作岗位从墨西哥转回美国的先行者。事实上，他在通用电气任职期间的确做了些工作。但总体来说，他和韦尔奇一样，把员工队伍看作成本而非资产，因此结果可想而知。"随着时间推移，我开始明白为什么美国社会总是不相信企业，"他说，"这与工资套利及业务外包有莫大的关系——它们的确对重要的高级产业工人造成了负面冲击，而这些人又是不可或缺的。比如在宾夕法尼亚州的伊利，在通用电气拿时薪 36 美元的工人失业后，不是去另一家工厂干时薪 30 美元的活，而是从时薪 36 美元降到了时薪 15 美元。这种落差无疑产生了巨大的负面冲击，我知道。"

至于通用电气毫无顾忌地操控盈利，伊梅尔特承认，这是他很难戒掉的瘾。"杰克在 20 世纪 80 年代末和整个 90 年代采取的策略令人难以置信，那就是拿制造业的现金流，加八倍杠杆，打造金融服务业，像高科技公司那样评估盈利。"他说，"对公司来说，诱惑太大了。我真的不想去碰财务那一摊，压力巨大。但在那段时期，我的确觉得那些策略性的玩意儿太具有诱惑力，这一点无需否认。"

伊梅尔特知道自己在"9·11"事件后原本有机会重塑通用电气，他懊悔当时没有迫切地采取行动。"我以为还有大把时间，"他承认，"我以为可以一步一步来，用五到八年的时间做成。"然而他又说无法对维持盈利数据不败的压力说不，"9·11危机刚过去，你有最受尊敬的企业、最受尊敬的团队，"他说，"你站出来说：'嘿，这家公司垮了。'——我没有底气这么做。"于是他做了相反的动作，让通用金融继续坐大、难以操控；让外包和离岸业务继续加速，敲定更多亏本的并购案，花更多的钱回购股票、发放分红。

但总体来说，伊梅尔特总有些意难平。他认为，韦尔奇设定了过高的期望值，非常不切实际，而这就注定他自己必然会走向失败。他极力强调自己所取得的成就，驳斥那些诸如他在并购交易中出价过高，又或是对坏消息充耳不闻的说法。而另一件让他痛苦不堪的事则是：因为通用电气的股价急剧下跌，让数百万退休人员和养老金领取者的投资化为乌有。他终于意识到，韦尔奇的教科书早已过时了。"如果一家今天的企业仍在沿袭20世纪90年代曾经奏效过的管理方法，那他肯定走错了方向，"他说，"而且恐怕会摔个大跟头。"

大萧条之后的半个多世纪以来，美国的资本主义就像一台保养良好的机器，始终在飞速运转，带动了无数企业、家庭、华尔街金融机构乃至整个美国实现经济增长。科技上的突破——包括许多由通用电气公司贡献的工程成就——带领我们登上了月球，过上了现代化的生活，推动经济不断发展。成千上万的企业成长为大公司，创造的利润惠及多方，比如投资者，这是理所应当的；还有工人和税务机关，以及最终以资本支出和研发的形式回流到企业本身。长期以来，这套体系一直运转良好，直到 1981 年被韦尔奇破坏。

当然，应为此负责的并不只有韦尔奇。米尔顿·弗里德曼和其他自由市场派学者为韦尔奇革命铺平了道路；企业掠食者则发现了利用少量股份去挣大钱的戏法，引发裁员潮与兼并潮。还有一些首席执行官如可口可乐公司的罗伯特·戈伊苏埃塔、克莱斯勒汽车公司的李·艾科卡、IBM 的郭士纳等人，都在拉低大企业行为准则方面贡献良多。而韦尔奇的众多门徒则学到了他的无情手段并付诸应用。

然而韦尔奇比其他人尤甚，是他在资本主义黄金时代和当下我们所处的这个不平等、不可持续的股东至上时代之间制造了分裂。他是第一个明明接手了一家健康的企业却认为它需要彻底改变并解雇数万名工人、开启大规模裁员与外包及离岸外包时代的首席执行官；他是第一个通过并购交易把公司业务扩张至所有可能的领域，启动了长达数十年的兼并浪潮，导致行业高度集中化、宏观经济失去活力的首席执行官；他是第一个把管理重心放在季报盈利上，通过玩弄金融化、平衡盈利、回购股票及任何可能手段去操纵通用电气股价持续上涨的首席执行官。

尽管如此，他依然备受推崇。在掌管通用电气的二十年里，他制定的标准被用来衡量其他所有首席执行官的成就。他采用冷酷无情的管理手段为个人赚取巨大财富，借助通用电气的传奇名声维护公司信誉不受质疑。可以说，韦尔奇重新定义了什么是成功的首席执行官。在他的价值体系里，衡量首席执行官的成就，不是看他创造了多少工作岗位，而是看他削减了多少工作岗位。衡量企业创造的价值，不再以超过一年的长周期，而是以零散、单调的九个月为周期。企业的盈利数据凌驾于产品质量之上。韦尔奇上任后没多久，就制定了这套衡量标准，即使在利益相关者资本主义兴起的当下，很多高管仍以他为榜样。虽然已死去多年，但这个世纪经理人的幽灵仍在企业界游荡着，轻而易举地占据着全世界首席执行官的大脑。

为韦尔奇主义奠定基础的那场认知革命的主要先驱之一弗里德里希·哈耶克曾预言，一种新思想通常要经过"一代甚至几代人"[①]，才能引发真正的关注。那是韦尔奇把当时仅存在于哈耶克想象中的观点变为现实的多年之前，哈耶克在演讲中承认，站在一个野心项目的起点，意识到"我们当下的想法似乎无法影响事件"时，是会感到绝望的。如今，当韦尔奇霸权及其所代表的一切看起来无可撼动时，这段话是会让人产生共情的。我们有这么多的企业、这么巨量的经济依

[①] 参见《通讯记者》（*The Correspondent*）杂志 2020 年 5 月 14 日的文章《新自由主义时代正在落幕，接下来会发生什么？》（"The neoliberal era is ending. What comes next?"），作者鲁特格尔·布雷格曼（Rutger Bregman）。详见：https://thecorrespondent.com

然受制于韦尔奇的符咒，而且我们似乎依然活在韦尔奇打造的那个世界里。很多大企业依然优先考虑短期盈利，贬低员工价值，伪造财务数据，塞给高管不合理的高额回报。我们所消费的产品和服务依然在支撑着一个财富分配极度不平等的经济体系持续存在。高管们只是在表演做对事情，事后往往被揭穿不过是"绿漂"行为，引发长期的、系统性变革的迹象更是少之又少。

　　然而历史证明，变革是有可能到来的。极度不平等的镀金时代就让位给了资本主义的黄金时代，类似的转变似乎也已近在眼前。几十年过去了，头一次有了真正的希望。韦尔奇做生意的方式暴露出的负外部性已经显眼到无法忽视的地步，企业无所约束地攫取利润最大化极大损害了整个社会的共同利益。过去数十年的数据清楚地显示，短期主义和股东至上主义难以为继。长远来看，企业总是致力于裁员、并购和金融化，终将陷入困境的。高管们开始明白，后世评估他们时是不会去看季报表现的，而会看他们对社会的普遍影响。

　　终结韦尔奇主义，不能单靠心地善良的首席执行官和心底无私的政策制定者。如果不想再要一个破坏岗位者被奖赏、下岗工人受惩罚的社会，就该首先摒弃那些导致当下体系严重失衡的有害谬论。法律并没有规定说企业必须实现股东价值最大化——经历了持续半世纪的发烧梦，公众、政策制定者和很多企业的首席执行官似乎都开始接受这一点了。我们需要对一整套全新的、旨在推动普遍繁荣而非普遍不平等的共同目标作出清晰的阐释。利益相关者资本主义是有效的第一步，但只在企业敢于作出勇敢承诺并采取同样勇敢的行动时才能产生真正的意义。

为了创造全新的经济体系，我们需要全新的成功标准。我们要赞美更重视长期发展而非短期盈利的领导者，彻底终结将韦尔奇之流奉为英雄的败家做法；要提高员工工资，改善员工福利，与员工共享财富。最难的一点或许是，要根除那个来自波士顿郊区、爬上全世界最有权势首席执行官位子的狠小子所留下的一切。这些并非易事，然而一旦成功，将有可能催生真正持久的价值：一个超越韦尔奇主义的世界。

致 谢

　　书脊上只印了作者的名字，但全靠一群全情投入、才华横溢的人，才有了这本《韦尔奇陷阱：美国资本主义崩坏之源》。我的妻子艾莉森，我最忠实的支持者和朋友，在被疫情折腾的岁月里，是她给了我完成这项工作所必需的爱、鼓励、耐心与空间。谢谢你，亲爱的。我们的孩子弗兰妮和克拉克，为我提供了不可或缺的视角和轻松时刻，提醒我永远不要忘记生活中最重要的事。我的父母都是作家，能从事与他们同样的职业，我很自豪。特别感谢我父亲乔治·盖勒斯，是他对本作后期草稿进行了有价值的文字编辑，为其增了色，也是他在过去几十年里鞭策我成为更敏锐的读者和作者。谢谢我母亲邦尼·皮特曼，是她教会我生活有目标、享受每一天的意义所在。

　　我很幸运，能与图书业的顶尖人士合作。我的编辑埃蒙·多兰出版的书籍改变了人们的观念，他在西蒙和舒斯特出版公司拥有一支由助理编辑、文字编辑、律师及公关人员组成的王牌团队。我的版权代理人宾吉·乌尔班[①]可以说是

---

① 美国出版人宾吉·乌尔班（Binky Urban），代理过托尼·莫里森、村上春树等作家的文学作品，也代理过伊莎贝尔·维尔克森《美国不平等的起源》等非虚构作品。——译注

国家宝藏，我很幸运能与她合作。此外，娜塔莉·奇特罗埃夫 ①、斯科特·贝利纳特 ② 和阿南德·格里哈拉达斯 ③ 都协助推动了本书的出版。一路走来，我在《纽约时报》多名同事都对本书的出版给予了支持，尤其是艾伦·波洛克和丽贝卡·布兰肯斯坦。

　　我要感谢众多记者同行，在我意识到这个题材之前，他们就在数十年如一日地勤奋报道通用电气、韦尔奇及其追随者的起起落落。《财富》杂志的杰夫·科尔文、斯特拉特福德·谢尔曼等多年来提供了关于韦尔奇和通用电气在其鼎盛时期的宝贵记录。托马斯·F. 奥博伊尔的《不惜一切代价》，早就对韦尔奇的恶行进行了全面审视。最近出版的《灯灭》由泰德·曼恩和托马斯·格里塔合著，简直是一部关于伊梅尔特任期的杰出编年史。如果没有他们的诸多努力，本书不可能完成。

　　最后，感谢诸多素材提供者——首席执行官、学者和以前的工厂工人——帮我完成了关于本书的思考、关于企业领导力多年来在各方面出现的问题，以及更公平的美国经济可能的样子。

---

① 《纽约时报》记者娜塔莉·奇特罗埃夫（Anand Giridharadas）曾与本书作者合作调查波音 787 工厂安全漏洞问题并联合撰文报道。——译注
② 《哈佛商业评论》编辑、作家和内容架构师斯科特·贝利纳特（Scott Berinato），倡导可视化商业语言。著有《用图表说话》，中文版由机械工业出版社于 2020 年出版，王正林译。——译注
③ 《纽约时报》网站专栏作家阿南德·格里哈拉达斯（Anand Giridharadas），曾担任印度麦肯锡公司管理咨询师，著有《印度的呐喊：亚洲崛起与壮大的见证》，中文版由中信出版社于 2013 年出版。——译注